国家社会科学基金项目

分化与整合

——当代中国私营企业主阶层研究

李宝梁 著

中国财富出版社

图书在版编目（CIP）数据

分化与整合：当代中国私营企业主阶层研究/李宝梁著．—北京：中国财富出版社，2013.12

ISBN 978-7-5047-4970-3

Ⅰ.①分…　Ⅱ.①李…　Ⅲ.①私营企业—企业家—阶层—研究—中国
Ⅳ.①D663.9

中国版本图书馆 CIP 数据核字（2013）第 259891 号

策划编辑	寇俊玲	**责任印制**	方朋远
责任编辑	张小玲　谷秀莉	**责任校对**	杨小静

出版发行	中国财富出版社（原中国物资出版社）		
社　　址	北京市丰台区南四环西路 188 号 5 区 20 楼	**邮政编码**	100070
电　　话	010-52227568（发行部）		010-52227588 转 307（总编室）
	010-68589540（读者服务部）		010-52227588 转 305（质检部）
网　　址	http://www.cfpress.com.cn		
经　　销	新华书店		
印　　刷	北京京都六环印刷厂		
书　　号	ISBN 978-7-5047-4970-3/D·0098		
开　　本	710mm×1000mm　1/16	**版　　次**	2013 年 12 月第 1 版
印　　张	14.5	**印　　次**	2013 年 12 月第 1 次印刷
字　　数	276 千字	**定　　价**	43.00 元

序

改革开放以来，我国的经济社会发生了一系列变革，国有经济与包括个体、私营企业在内的民营经济的共同发展，创造了中国经济长达30多年的辉煌。私营企业的不断壮大，已成为社会主义市场经济的重要组成部分和促进社会生产力发展的重要力量。私营企业主的快速崛起更成为中国向市场经济体制转型过程中最引人注目的事物，成为与原有社会结构异质性最高的成分。他们形成了许多不同于其他阶层和群体的社会经济特征，未来他们或将对中国的经济社会政治走向产生更加深刻影响，因此，极有必要对这一新生阶层的形成发展走势，尤其是阶层构成和阶层意识与认知状况开展深入研究，对此需要给出科学界定和系统阐述。

由李宝梁教授撰写的《分化与整合——当代中国私营企业主阶层研究》是作者主持完成的国家社会科学基金项目“关于私营企业主阶层意识与阶层认同的实证研究”的最终成果。该书的一大特点是在广泛调研的基础上，紧密结合私营企业主形成发展的时代特点，运用社会生态分析方法，对改革开放以来我国私营企业主阶层的崛起，特别是他们的阶层意识与阶层认同的形成演变进行了深度观察。研究不只局限于对现有阶层状况进行解读和描述，更着眼于如何将阶层意识转化为阶层责任。立足构筑和谐社会发展机制，探求共同致力于中华民族走向富强的发展之路，这是该研究的重要指向，也是研究要达到的目的之一。

社会是一个构造复杂的生态系统，在这个生态系统中，存在着诸多既各自独立，又相互依存的分支系统，它们各部分建构合理、运行有序、相互和谐会产生共同的推动力，促进社会的发展与进步，反之，配载不合理，超越或是滞后于社会所提供的时空要求，这个社会就不能产生高效运动，就会引发种种矛盾，甚至出现危机。兴起于变革时代中的私营企业主阶层，既是中国新社会力量的焦点，也是观察中国社会变迁的一个重要方面。

从历史和生态的角度看，当代中国私营经济及私营企业主阶层的形成发展有深刻的历史根源和社会意义。一方面，私营经济及私营企业主的兴起过程，与一定历史阶段和时代要求相结合，反映着社会需求和民众愿望，这是其获得生存和发展的条件。另一方面，私营经济与私营企业主的产生是一种生态过程，私营企业的复生和私营企业主的再生与改革开放的方针构想，与尊重客观的破冰实践密不可分。当我们对私营企业主进行系统考察的时候不难发现，只有将当代中国的私营经济及私营企业主阶层的成长作为一个历史过程，作为一个完整的生态单位，作为一个生命系统加以考量分析，才能找到它的生存依据，才能看到它的历史作用，才能得出客观准确的结论。

基于以上认识分析，作为一项实证研究，李宝梁的专著立足于私营企业主的形成演化，将私营企业和私营企业主的成长作为生命系统来考察，注重对阶层意识与阶层认同的生成条件、生长过程及未来趋势的综合关照。其关注领域集中在探讨国家与社会、厂商与政府、企业主与执政者之间所发生的关系变化和利益调整，通过对内外生态环境的整体观察和互动分析，探寻私营企业主阶层结构和社会政治属性的基本特征，透过他们的阶层意识与阶层认同的形成演变，为总体上把握这一阶层性质、地位和发展走势提供前瞻性分析，这种研究既给人们耳目一新的感觉，也体现出作者对私营企业主阶层成长的生态关怀。

作者认为：当代中国私营企业主阶层的兴起，不仅源于经济改革和市场化带来的巨大推动，还有赖于社会的整体变革以及企业主对这一变革的理解把握程度。私营经济及私营企业主阶层的发展是一个历史过程。在它全部的社会经济功能没有充分发挥出来之前，是不会自然消失的。而他们全部利益的实现与其所承担义务的完成状况，则取决于与政治主体间所建立的关系和利益的协调程度。因此，开展阶层意识与阶层认同研究，不能脱离时代所提供的生存和发展条件，这是历史唯物主义的基本观点，也是实事求是、客观务实的分析思想。

作为实证研究，本成果除采用了社会生态的分析方法外，还有两个重要特色。

第一，在认识路径上，突出将阶层意识研究与阶层成员的行为活动、行动逻辑相结合的探索思路。提出阶层意识与阶层认同不是给定的，而是他们在与社会环境相互作用中，在利益博弈中形成的。阶层意识与阶层认同研究，必须通过对行为进行观察分析，来获知隐藏在表象之下的真实存在。将阶层利益与社会变革、阶层行动联结起来，考察私营企业主的阶层意识与阶层认同的形成发展，这是一个恰当而又重要的认识思路。

第二，在研究目的上，注重阶层在提炼内涵中的塑造与升华。研究不只局限于对现有阶层状况进行解读描述，更着眼于将阶层意识转化为阶层责任，提高他们的阶层意识与阶层认知水平。在实证分析中，只有将阶层意识提升到阶层的社会责任以及两者的结合上，才能促使其履行好社会角色，发挥其应有的社会功能。私营企业主政治经济利益的提出、表达与实现过程，地位和作用不断提高的过程以及逐渐走上政治舞台、实现参政议政的过程，不仅标志着这一阶层的成长壮大，也表明他们是这个社会中重要的一分子，他们用行动诠释了改革的发展历程，用创造改变着人们的生活。一大批私营企业主的成长，正反映出我国社会各个生态主体在新的历史条件下，重新确立起新的发展坐标。

本书还有一个值得称道的特点，就是作者秉持学术研究的规范要求，在理论取向的选择、假设和分析框架的设计方面表现出扎实的理论功底和求真、严谨的学术风格。作者在对已有的重要学术观点和研究文献进行评析的基础上，确定的理论假设和解释模式以及逻辑思维是清晰明确，有说服力的。同时，运用的相关资料也是翔实可靠，具有原创性和亲历性特点的。从全书的内容设计编排上，可以看出是作者经过了缜密思考和推敲，具有重要的学术参考价值。

当然，与其他任何开拓性研究一样，本书也有一些不足之处，如对阶级阶层本身所具有的多样性和复杂性、阶层意识与阶层行动之间的关联性等的分析还不够透彻；有些重要的个案研究很有代表性，但挖掘和阐述得不深入。还有书中提到“中国模式”和“关系性合意”等命题，我们期待相关研究的更多问世。

对私营企业主的阶层研究是一个很重大的命题，当前至少有这样几个方面值得关注：一是关于阶层演化问题，在市场多元性促发利益主体多元化、政治诉求多元化、价值取向多元化的情势下，私营企业主不仅在现实社会中的群体意识与行为取向上是一个复杂的变数，他们对社会稳定和发展的作用更不可小视。政治系统应采取更加积极务实的变革，建立起国家与社会的良性互动机制。二是发展动力问题，即如何让私营经济发挥出更大更好的正能量，真正代表国家和民族利益走向世界。防止既得利益者对改革成果的侵蚀，防止经济寡头的出现，为不断深化改革发展提供更大空间和更有力保障。三是研究方向上，应该看到私营经济的异军突起不仅促成了国民经济微观基础发生了变化，还直接和间接地引发了一系列宏观层面的变革。对此，学术界要鼓励多学科结合，从理论与实践上继续深化有关探索。

总之，作为国家社会科学基金项目的最终成果，我们在表示祝贺的同时，更期盼本书的公开出版有助于加深人们对私营企业主的正确了解和认识，有助于推动构建社会主义和谐社会的研究和实践。

中国社会学会副会长

天津社会科学院首席专家、资深研究员

2013年9月

目 录

导　论

众所周知，肇始于经济体制变革而不断展开的改革开放，不仅使中国经济彻底摆脱了贫穷落后的状况，也使我国的社会生态发生了总体性变化，社会运行机制和人们的观念形态、生活方式等也相应发生了深刻变革。伴随利益主体的多元化和清晰化，社会成员间的利益差异也在不断增长，呈现出不同的利益特征、要求和格局。面对这种迅速而明显的社会分层，如何看待这种变化，怎样化解其中的矛盾，是否能够建立起更加充满活力和富有成效的现代社会治理结构，这都需要更广阔的视角和更全面的观察。

这里呈现的是国家社会科学基金项目的最终成果。本书通过对新兴私营企业主阶层的阶层意识与阶层认同的系统考察，分析这一阶层地位获得与利益形成的机制、特点，探究该阶层内在成员结构与思想意识形态的衍生变化，为总体上把握该阶层发展提供前瞻性分析，并为进一步深化有关研究，提供认识和方法上的路径与参考。

备受关注的新兴阶层

在世界公认的中国经济发展成就中，有一条不同于其他转型国家的根本区别，就是中国推行了“以公有制为主体，多种所有制经济共同发展”这样一个基本经济制度。国有经济与包括个体、私企在内的民营经济的共同发展，创造了中国经济长达30多年的辉煌。在特定的社会结构体系和独特的改革发展之路中，私营企业和私营企业主的形成壮大，始终成为中国向市场经济体制转型过程中最引人注目的事物，成为与原有社会体制异质性最高的成分，从而引发出人们许多思考。不管人们承不承认，喜不喜欢，它都已经深深嵌入社会的机体之中，成为我们这个社会生态系统循环的一部分。

从学术的角度及从理论与实践相结合出发，本书确定以私营企业主的阶层结构和阶层意识与社会认同作为切入点，主要有以下3方面考虑。

第一，私营企业主作为我国经济结构、利益结构和社会关系重新组合的产物，在经历了30多年的积蓄与发展之后，已经形成了许多不同于其他阶层和群体的社会经济特征。他们由以往只注重个体的眼前利益，转而开始关注阶层的存在和集团利益；他们对政治活动表现出一定热情，如要求以纳税人身份参与政府决策管理，要求确立私有财产保护，要求提高政治地位和待遇；他们对社会事务表现出特有的关注和参与，希望获得更多表现舞台和证明自己的机会。因此，对于这一新生阶层的形成、发展、走势，尤其是他们的阶层构成和阶层意识与认同、社会政治属性与特征等，需要加以深入研究，对此需要给出科学界定和系统阐述。

第二，兴起于变革时代中的私营企业主阶层，是中国新社会力量的焦点，也是观察中国社会变迁的一个重要方面。由于私营企业主的成长具有一定特殊性，如政府的扶植鼓励，使私营经济获得了超常规发展；私营企业主的生长还不是一个独立的市场培育过程，而是具有某些不健全的成长方式等，因此，也就决定了他们有着不同于其他阶层和群体的社会特质，有着某些特殊的利益要求。本书通过对私营企业主的阶层意识与阶层认同进行研究，不仅可以更确切地解析这一阶层形成和演化特点，把握其内在构成变化与社会生态环境的结合调试规律，还可以看到中国社会阶层结构的变迁特点和发展趋势。

第三，中国私营经济的崛起是政策性和市场化共同作用的结果。随着私营企业主阶层在我国政治经济生活中的地位和作用的日益凸显，怎样看待这一新生阶层的兴起，怎样消除不同阶层之间的摩擦与隔阂，他们能否撑起民族经济振兴的大旗，是否可以成为民族复兴过程中坚定的依靠力量，这些既是人们关心的热点问题，也是党和政府关切的重大问题。因此，需要全面历史地看待他们的地位和作用；系统深刻地阐述他们的立场观点和阶层意识；准确把握他们的变动趋势和发展方向。这对于增强不同阶层人士的理解和沟通，对于培养一支优秀的企业家队伍，对于更广泛地调动和团结各方面力量，都将产生积极的作用。

需要指出，本书的研究对象是私营经济和私营企业主，由于种种原因，目前对这一研究对象的称谓和认识还不统一，也不甚规范，这里有必要对相关概念做一说明。

本书所称的私营经济是指一种以私人投资、所有并从中经营、获益为特征的经济类型，其组织形式就是私营企业。顾名思义，私营企业是指私人投资，私人经营，自负盈亏，独立承担市场风险，独立行使并承担法律责任的工商组织。这种经济组织在本书中主要是指改革开放后，在中国内地范围内中国公民以个人名义进行投资、拥有和经营、获益的企业。私营经济（私营企业）不同于民营经济（民营企业），私营企业主也不同于民营企业家，二者既有交叉包容的一面，也有内涵和侧重点不同的一面。

第一，民营经济是一种经营方式，不是所有制范畴。与民营经济相对应的是国营经济或公营经济。各种所有制都有它最适宜的实现形式，即经营方式。由于所有权和经营权可以适当分离，在一定条件下，公有制经济可以民营经济为其实现形式，如在改革实践中出现的个体私人业主通过承包、租赁国有或集体企业进行经营，这是“公有民营”方式。同样在一定条件下，私有资本也可以公营经济为其实现形式，如注入由国家控股的企业或集体企业中，凭所投入的股份获取资本收益。换言之，各种所有制都可以按民营形式进行经营管理。

第二，民营经济不强调所有权。它可以是国有民营、集体所有民营、社区所有民营、股份合作等形式，也可以是私有、外资等形式；而私营经济不但强调经营机制，还强调所有权也必须归私人所有，其组成形式可以是个人所有、合伙人所有或有限责任公司等。从两个概念的内涵上看，私营经济包含在民营经济中，私营经济一定是民营经济，而民营经济可以是私营经济，也可以是公有经济。民营经济的内涵体现在民管、民享上。而私营经济则突出了经济实体的资产所有者性质和经营收益的分配方式。

关于什么是私营企业主，我们认为，所谓私营企业主就是指私营企业的注册法人代表，是投资人，也是经营者，更是直接获益人。他是私营经济的人格化身，是私营经济真正活的灵魂，在“私营企业主”指称下体现的是投资、经营、收益的三位一体。

诚然，从学术角度讲，“私营企业主”不是一个规范的概念，它只是对于从事私人经济活动，并以此作为营生手段的那部分业主的称谓，是一种具有描述性的身份概括。这一称谓被长期运用在各种场合，也反映了中国社会变迁过程和发展现状。从改革初期的“个体工商户”到出现具有雇佣劳动性质的私营企业；从“专业户老板”到我们所说的“私营企业主”，虽然这些表述所涵盖的对象有所不同，概念本身也不很规范，但却能说明这部分特定人群的形成和演变特点。

我们承认私营企业主与民营企业家还是有区别的。你可能是一个投资者、企业法人，但未必成为一个企业家。从私营企业主到民营企业家这当中还有一段很长的路要走，还需要不断地超越自我，使自身的价值得到不断提升，才能获得社会的认可和民众的赞许。而成为一个真正的民营企业家，私营企业主必须要实现由企业主向企业家的根本转变。

本书关注的主要领域

社会学关于阶层结构和阶层意识与阶层认同的研究，通常包括两个层面。

一是认识论和发生论方面，即如何认识阶层意识的生成和演变，以怎样的视角分析阶层意识的存在与发生机理，其中最为核心的是关于阶层意识产生的客观因素研究。在这方面主要有3种认识理论，即社会结构决定论、相对地位变动论、意识形态建构论。所谓社会结构决定论，强调人们的阶级/阶层意识，主要是受其客观社会经济地位决定和制约，如马克思的社会存在决定社会意识理论，从阶级冲突的视角揭示了以财产关系为核心的剥削与被剥削的不平等关系；后结构主义以多元性视角，强调阶级、制度、文化等阶层意识特征，这些是静态的分析。而相对地位变动论是从动态角度，突出社会流动和生活境遇带给人们的主观感受、观念、态度的不同，强调对于共识和行动的描述，如E. P. 汤普森和Burawoy的分析①。与上述两种理论取向不同，意识形态建构论则认为，所谓阶层意识是通过知识分子的定义和宣传建构起来的，这种认识显然更强调阶层意识的主观性特点。

二是有关不同阶层或群体的实证研究。近年来，随着社会变迁加剧，人们对此问题的关注也在增强，形成了一些相关研究成果，如“大陆城市居民的阶层意识研究”（刘欣，2001）；“深港两地女工群体的主体性研究”（Lee，1998）；“社会冲突与阶级意识：当代中国社会矛盾问题研究”（李培林、张翼、赵延东、梁栋，2005）；“消费社会与‘新生代打工妹’主体性再造”（余晓敏、潘毅，2008）。其中李培林、张翼对于“客观阶级、认同阶级与行动阶级”的划分，以及他们提出的“客观阶级归属与主观阶级认同存在着不一致”的观点，对于本书内容具有方向性的指导意义。

中国的市场经济转型与分层结构变化，是近年来社会学界一直关注的热点问题。让一部分人先富起来，既是中国改革的现实经历，也是改革进程中居于支配地位的意识形态之一。随着我国经济结构和社会结构的变化，人们之间社会经济地位差距的日益显著，阶层分化以及随之产生的阶层认知问题

① ［英］汤普森（Thompson，E. P.）《英国工人阶级的形成》（The Making of the English Working Class 1963）；《共同习俗》（Customs in Common 1991）；迈克尔·布洛维（Michael Burawoy），《Manufacturing Consent ：Changes in the Laber Process under Monopoly Capitalism》（1979）；《The Politics of Production：Factory Fegimes Under Capitalism and Socialism》（1985）；《The Radiant Past：Ideology and Reality in Hungary's Road to Capitalism》（1992）。

也逐渐显现出来，国内外学者在这方面开展了许多研究和交流，如 Bonnell 与 Thomas B. Gold 合著的《The New Entrepreneurs of Europe and Asia》(2002)，中国台湾、中国香港、新加坡三地华人社会中产阶级社会政治意识比较研究（萧新煌、尹宝珊，1999）等。2000 年由中国香港中文大学亚太研究所主办的“华人社会阶层研究讨论会”，更是汇集了来自两岸三地的社会学者，就市场与阶级变迁、企业家阶层认知、新兴中产阶级等问题进行了深入讨论，随后出版的《市场、阶级与政治：变迁中的华人社会》则集中了这方面的最新研究成果（香港亚太研究所，2000)。

作为一项实证研究，本课题在吸收借鉴前人研究成果的基础上，其关注领域主要集中在探讨国家与社会、厂商与政府、企业主与执政者之间所发生的相互关系和利益的变化调整，试图通过对私营企业主阶层兴起过程中内外生态环境的整体观察和互动分析，找出私营企业主阶层结构和社会政治属性的基本特征；透过他们的阶层意识与阶层认同的形成演变，为总体上把握这一阶层性质、地位和发展走势提供前瞻性分析。当然，我们的研究不仅局限在对现有阶层状况的描述上，更着眼于如何将阶层意识转化为阶层责任，提高他们的阶层意识与阶层认知水平，对此我们提出了有价值的参考建议。

主要结构、方法和内容

1. 核心概念：阶层意识与阶层认同

作者认为，所谓阶层意识与阶层认同是人们对自己所处的社会历史条件和经济条件的一种关系反映，它是客观经济结构和社会结构的思想反映。阶级/阶层意识的产生和发展，同社会变动的剧烈程度有关。在一个相对稳定的社会结构中，尽管阶层分化也程度不同地存在，但未必会导致鲜明的阶层意识。在一个急剧变动的社会中，人们所处的社会经济地位的相对变化，会使人们敏感于自己的得失，更有可能导致明确的阶级/阶层意识的形成。

关于阶层认同，其实是有关主客体关系的认知形成和定位问题。一是有关我与“我”的关系问题，即我（I）为什么是我（me)，它涉及“自我”(self) 以及身心关系；二是讨论我与他者（others）的关系问题，亦即人的归属感问题。从阶层认同的一般视角来说，几乎所有的认同问题都是围绕着这两个方面及其关系展开的。现代认同以自我意识为前提，体现为对自身价值和他者的存在、地位、意义的接受。它以特定的方式规定和影响着人的生存和发展。

2. 研究假设：一些重要认识的逻辑起点

(1) 当代中国私营企业主阶层的兴起，不仅源于经济体制改革和市场化所带来的巨大推动，而且有赖于社会的整体变革，以及企业主对这一变革的理解把握程度。他们的政治经济利益和社会属性的形成、表达与实现，既会受其内在成员变动和结构因素的影响，也会受外部社会生态气候的影响。与政治系统的联姻、互动及彼此间所形成的走势关系，不仅会在他们的阶层意识和行为中反映出来，而且也会影响到他们的社会认知和阶层认同。

(2) 私营企业主的形成发展是一个历史过程，在它全部的社会经济功能没有充分发挥出来之前，是不会自然消失的。而它的全部利益的实现与其所承担义务的完成状况，会影响到他们的地位获得、利益表达、社会位置以及未来走势。私营经济由小变大的过程；作用和地位不断提高的过程；他们逐渐走上政治舞台，实现参政议政的过程，都已经和正在表明，他们的阶层意识与阶层认同的发生发展取决于他们与政治主体间所建立的关系和利益的协调程度，一定程度上反映出转型社会的特点，以及企业主的特殊成长经历。

(3) 综观私营企业主阶层意识与社会认知的形成发展，可谓色彩斑斓。有分化，有整合，有一致，也有不同，甚至是矛盾冲突。这种多元特征是其真实状况的写照，也是阶层成长中无法回避的问题。我们虽不能都给出满意的解释，但有一点是明确的，即他们的成长是改革时代的缩影，反映了社会生态的总体状况和变化特点。私营企业主的阶层意识和认知表现，清楚地表明他们是这个社会中重要的一分子，他们在用行动诠释着改革的发展进程，用创造改变着人们的生活。因此，我们的研究需要确立更广阔的视野，必须从社会生态的角度，将他们的成长作为一个历史过程，作为一个生命系统加以分析考量，这样才能找到它的生存依据，才能看到它的历史作用，才能得出客观准确的结论。

3. 分析理路：认识方法与实证过程

本书从研究思路和方法上主要围绕 3 个方向展开：一是客观地位获得；二是主观认知形成及发展；三是制度安排与关切。这 3 个方面分别勾画的是私营企业主在“客观阶层”、“认同阶层”、“行动阶层”的不同表现和特征。同时，在具体的实证过程中，我们以“阶级的”、“制度的”、“文化的”不同视角，对他们的阶层意识与阶层认同进行了全面解读和分析。

阶级分析：主要包含以下问题。一是“身份认同”（identity），核心是回答“我们是谁，我们的利益何在”。二是“我们/他们（us/them）的社会关系意识”，即在宏观社会环境和制度安排下，其政治经济利益形成、表达和实现的方式，分析这一阶层意识与阶层认同的建构和衍生特点。三是对制度性安排与社会的总体性认知、评价及预期，包括对社会事物的参与态度、社会责任、对社会问题的关切、对政府行为及其角色的理解等。

制度分析：即将经济与政治制度视为重要的社会生态环境，探讨私营企业主作为一种新生社会力量在经济、政治格局和制度安排下的利益表现；探析他们的意识形态及政治参与；从“利益—关系”角度，对他们的利益诉求及政治参与的结果、走向做出判断和分析。

文化分析：主要结合他们对自身所处环境的理解和行事，从价值取向、利益表达、市场人格、财富观念、消费生活方式，以及代际传承等，观察他们的阶层意识与行为之间的相互作用关系，突出对行动阶层做出分析。

4. 主要内容及章节设置

本书设计为10章。第1章介绍了当前有关阶层研究的重要理论和相关研究成果，这既是尊重学术规范的要求，也是为了对以往研究进行梳理，从而提炼出本书研究的主题、方法和观点。第2章是本书的统揽，集中阐述了本研究的视角、方法、理论假设及框架内容，特别是明确了本书写作的主要观点和立场。第3章从体制环境角度，论述了私营经济兴起的客观必然性和产生的结果。第4、5章探讨的是私营企业主的地位获得、阶层属性和阶层特征等，主要包括社会来源、构成特点、地位获得过程与机制；私营企业主的双重性以及他们的经济特征、社会特征、政治特征和人格特征等。第6、7、8章主要对私营企业主的阶层意识与阶层认同进行了全方位分析。其中包括社会网与自我意识的形成，不同代际之间的认知差别，以及他们的财富观与消费生活方式等，突出透过个体及群体行为探寻阶层意识与阶层认同的研究特点。本书第9章论述的是私营企业主的思想形态与政治参与，作者认为思想形态及政治参与是判定不同阶层状况、走向，探究阶层意识与阶层认同发展的一个重要方面，为此该章主要围绕制度安排与关切，从私营企业主对政治格局的理解、判断、参与、表现，揭示了他们的成长与政治主体之间、自我认知与社会期待之间、利益诉求与有序参与之间所发生的关系及作用结果。第10章作为全书的总结，在立足对私营企业主的阶层意识与阶层认同做出总体评价的同时，对该阶层未来的发展走势做出了展望，并提出了建设性意见。

本书特色和创新之处

本书特色和创新之处，主要体现在3个方面。

1. 在研究方法上，采用了社会生态分析的方法

注重对阶层意识与阶层认同的生成条件、生长过程及未来趋势的综合关照。即将私营企业主阶层的形成发展作为一个生态单位，将同时期我国政治、经济、社会和体制结构中所发生的总体性变化作为环境系统，通过对他们的思想形态和实践形态，与社会生态的整体变动考察，揭示阶层意识与阶层认同的产生基础，及其得以发展的社会根据；分析内在结构变化与外界体制机制的调整对阶层意识和阶层认知所具有的影响作用，探讨他们的社会政治属性、特征及发展趋势。

2. 在认识路径上，突出将阶层意识研究与行为活动、行动逻辑相结合的探索思路

即在展开分析和阐述的过程中，始终坚持“存在决定意识”这个马克思的基本认识原理，同时认为，阶层意识与阶层认同不是给定的，而是他们在与社会环境作用中在利益博弈中形成的。开展阶层意识与阶层认同研究，必须通过对行为的观察分析来获知隐藏在表象之下的东西，否则就只是推测和不确切的。无论是阶层意识，还是阶层认同，最终它会反映到人们的行动中，指导人们的思想和实践活动。因此，将阶层演化与社会转型、阶层行动联结起来，考察私营企业主的阶层意识与阶层认同的形成发展，是一个恰当而又重要的认识理路。

3. 在研究目的上，注重阶层在提炼内涵中的塑造与升华

本书不只局限于对现有阶层状况进行解读和描述，更着眼于将阶层意识转化为阶层责任，提高他们的阶层意识与阶层认知水平。在实证分析中，注意从阶层意识与社会力量的相互联系来思辨，从阶层意识与阶层责任的辩证关系来诠释。我们认为，只有将阶层意识提升到阶层的社会责任以及两者的结合上，才能促使其履行好社会角色，发挥其应有的社会功能。沿着中国社会生态发生的积极变化构筑社会交流对话机制，从分化整合中探寻走向富强之路，这是本书的落脚点，也是本书做出的尝试和要努力达到的目的。

1 社会阶层研究的理论及重要文献

核心提示：

● 社会分层是社会结构中重要的社会现象。在社会分层领域产生过许多重要理论，如马克思的阶级分析理论和韦伯的多元分层理论。这些理论范式自诞生以来，世界格局和各个国家的经济社会形态发生了巨大变化。工业化、现代化的进程强烈改变着整个社会的职业结构和人们的社会位置，影响着阶层流动和阶层意识的形成。新富人及中产阶层的出现打破了传统意义上的两级，于是基于这种变迁带来的阶层结构变化，促使在阶层意识与阶层认同领域，将制度的、文化的和历史的等宏观变量纳入分层研究中。

● 中国改革开放的几十年间，社会阶层结构发生了翻天覆地的变化。我国学者立足本土社会发生的社会变迁事实，在大量实证研究基础上提出许多具有时代性和探讨意义的理论，如“客观阶级、认同阶级与行动阶级的划分”；阶级意识的分析方法；“客观阶级归属与主观阶级认同不一致的发现”等。客观上，转型期社会结构变迁的复杂性和深刻性，使对某个具体阶层考察具有了多元阐释的可能。

● 当前对于私营企业主阶层的研究已呈现出多视角、全方位特点，在涉及最多的“体制”、“关系”和“利益”等方面，学者们注意到人的经济活动会经常地受到社会结构或社会环境的影响制约。研究一个具体的社会现象或问题，要考虑到社会结构和环境因素作用。兴起于变革时代中的私营企业主是中国新社会力量的焦点，也是观察中国社会变迁的一个重要方面。对私营企业主的阶层意识和阶层认同展开研究，恰好成为探讨这种关系与利益、制度与环境的一个理想脚本。

● 本章对有关阶层理论和相关研究成果的评述，既是尊重学术规范的要求，也是为了对以往研究进行借鉴梳理，进而提出本研究的思想观点。本章由 3 部分组成，分别阐述了两种基本理论范式、阶层意识与阶层认同研究的最新进展、对私营企业主阶层研究现状的评析。相信这些探讨对于深化本书内容具有重要的启发和指导意义。

从社会学角度观察，任何社会都存在着一定的结构，这种社会结构反映着一些重要的社会关系模式。在各种社会关系模式中，最重要也最为基本的是社会阶层结构的关系。社会学对阶层结构研究，实际上是考察社会资源在不同人群中的分配与占有关系，社会互动方式、互动过程以及生活际遇，考察人们所处的社会位置，了解把握社会行动规律。换言之，社会分层是社会结构中最主要的社会现象，决定着人们的思想行为，因而也是社会结构中占主导性的社会关系。由于人群的分布受众多因素影响，如种族、职业、收入、受教育程度、文化信仰等，呈现出不同特点，因而它也成为探讨现代社会变迁时一个最富争议的研究领域。自中国实行改革开放以来，随着经济社会结构的转轨变型，我国社会的阶层结构和利益关系已发生了非常大的变化，因此，我们有必要对社会阶层结构的变迁、发展进行深入研究。

1.1 两种基本理论范式

在社会分层研究中，一直以来存在两个重要的理论传统，一是马克思主义传统；二是韦伯主义传统，即人们所熟悉的阶级分析理论和多元社会分层理论。这两个理论模式和分析框架对社会分层的本质、决定要素、形式等分别做出了不同的阐释，代表了两种在本质上不同的理论取向，给后来的社会分层研究以极大影响。马克思和韦伯的理论模式，在社会分层研究中已成为经典，本无须赘述，但是，随着现代化的发展和探索的深入，人们在展开愈加丰富的社会分层研究过程中又总是会不断审视这两个范式所涉及的基本命题，即在一定社会中“谁得到了什么，是怎样得到的，结果如何；以及在未来社会中他们的走势与行动特点”。

1.1.1 马克思的阶级分析理论

在阶级阶层研究方面，马克思可谓是一代宗师。在他的学说中，马克思强调社会分工、生产资料的占有、财产所有制对社会阶层划分具有决定性意义。马克思主义的基本观点是阶级观点，马克思主义的基本方法是阶级分析方法，它由一系列理论所构成，其中主要包括以下几个。

1. 关于阶级与阶层起源的思想

马克思认为，阶级现象的产生是与生产力发展的一定阶段相联系的，社会分工是阶级起源和存在的基础。由于存在着劳动分工，私有制便产生和发展起来，而分工和私有制又使得社会上形成了对立的阶级。劳动分工是阶级产生的前提条件，是原生层面的因素①。

2. 生产资料和劳动的占有关系是阶级划分的标准

马克思和恩格斯在阶级分析理论上的最重要贡献在于把阶级的划分同所有制关系紧密联系起来，从生产过程而不是从收入与分配，更不是从非经济领域来寻找阶级划分的根源。马克思认为，是否占有生产资料或劳动决定着人们的阶级属性，在私有制社会中，由于存在着一部分人对另一部分人的生产资料和劳动的剥夺，社会才逐渐形成两大对立阶级，即无产阶级与资产阶级的对抗才成为可能。

3. 关于阶级的形成走势

马克思认为，阶级形成有两个阶段，这就是自在阶级（Class-in-itself）与自为阶级（Class-for-itself）的存在。当一个阶级的分子只是处在同样的经济地位上，有相似的生活方式，但自身并没有意识到他的存在时，这只是一个自在的阶级。而当他们通过阶级斗争，形成了组织，意识到自身的利益时，这才是一个自为的阶级。马克思认为一个人所处的客观经济地位，最终一定会通过人们的思想和行为表现出来；阶级意识是阶级存在和阶级斗争的重要内容，但这要有一个过程，无产阶级革命正是要唤醒人们的觉悟②。

1.1.2 韦伯的多元分层理论

韦伯是西方社会学史上对于社会分层研究具有重要贡献的学者。他虽然与马克思一样强调经济因素，但他更注重市场能力和市场中的机会对阶层划分的意义。韦伯主义传统对阶层划分的主要依据是人们在市场中的能力或市场权力（market-power），而阶层分类的基本构架是职业结构。

韦伯认为，社会并不是一元分层，而是多元的分层体系。在经济领域存在着阶级（class），在社会领域存在着身份地位（status）或声望（social honor）群体，在政治领域存在着政治派别（即政党）。他认为，“在一个共同体内部权利分配的现象，就是‘阶级’、‘等级’和‘政党’”③。韦伯认为，阶级、身份群体、政党，都是社会权力分配的一种现象。阶级与经济秩序相联

---

① 中共中央马克思恩格斯列宁斯大林著作编译局．马克思恩格斯全集：20卷［M］．北京：人民出版社，1971：197，306.

中共中央马克思恩格斯列宁斯大林著作编译局．马克思恩格斯全集：21卷［M］．北京：人民出版社，1965.

② 中共中央马克思恩格斯列宁斯大林著作编译局．马克思恩格斯选集：1卷［M］．北京：人民出版社，1995：487.

③ 马克斯·韦伯．经济与社会：下卷［M］．北京：商务印书馆，1997：247.

系，而表现出一定的市场关系、交换关系；身份群体与社会秩序相联系，而表现为人们相互之间所作的主观评价，即由具有共同的受同样肯定或否定的社会声望所组成的人群结构；政党则与政治或法律相联系，是为了获得权力，政治本身是一种追求利益的活动。韦伯提出的三类分层体系，在后来学者的概括表述中，即成为了人们所熟知的收入、声望和权力三维分层标准。

1.1.3 两种理论范式的关联及其影响

第一，社会阶层研究反映的是社会资源在社会中的分配与占有关系，即不同的社会群体或地位不平等的人，在社会中占有诸如财富、收入、声望、教育机会等的状况。马克思曾经指出，在一切社会关系中，最为根本的关系就是人们在社会活动中所结成的各种利益关系。阶级理论认为，社会地位的不平等根源于社会的物质生产方式，其实质是以财产关系为核心的生产关系，以及在生产过程中基于对生产资料的占有关系而形成的雇用与被雇用、统治与被统治、剥削与被剥削的不平等关系。在此基础上形成了最基本的社会地位和社会性质，产生了不同阶级之间的关系矛盾。马克思的阶级理论更多的是分析社会不平等产生的根本原因，其理论分析的基点在于社会成员与社会资源的关系性质。

在韦伯的社会分层理论中，经济占有依然是反映阶级状况的基本范畴。但是韦伯认为，纯粹的财产占有本身仅仅是真正“阶级”形成的初级阶段。导致共同行为和阶级利益的是人们对市场机会的占有能力，包括职业地位、权利、声望等，因此，阶层结构是多层次的，而不仅仅是一个两分的结构（韦伯，1997）。后来他的这种多元学说被简单化为：政治权力、等级身份。影响阶级行动的诸多因素，如社会资源在不同社会群体或社会成员中的分布状况，特别是资源不平等分布的量化特征，以及由此所产生的等级差异，被更多地解释为个人特征方面的差别，将社会成员的社会差别描述为主要是职业地位和收入上的差别。最终在社会分层与社会流动的研究上形成了两个不同的取向：阶级理论更多地以结构性因素来解释社会的不平等，而多元分层理论更多地以个人特征上的不同进行解释。

第二，在传统的社会分层研究中，阶级分析构成了已有社会划分的基本框架。无论是马克思主义学派还是韦伯主义学派，他们关心和探讨的核心都是社会不平等及社会差别问题。马克思和韦伯分别强调了“资本”（capital）和“财产”（property）在判断社会分层时的重要指标作用。只是马克思主义学派更加关注阶级的归属与占有生产资料、财富和特权的联系。而韦伯在承认财产所有权的有无是社会不平等的轴心的同时，也认为人们的市场位置

(market position) 是基础的社会分层维度。他认为导致阶级冲突的因素主要有两个：一是低层社会群体成员拒绝接受既存的关系模式；二是低层社会群体成员在政治上组织起来的程度。

促使群体成员拒绝接受既存的关系模式的因素，韦伯认为有以下几点：一是权力、财富和社会声望3种资源分配之间的相关程度；二是组织社会成员的社会阶层结构的状况；三是导致权力、财富或社会声望水平提高的个人流动的频率；四是权力、财富和社会声望3种资源分配之间的差距。后来发展起来的各种经济社会地位测量方法，即是被用来描述社会分层的结构的。因此，在传统的社会分层研究中，阶级是各种已有的社会划分中最基本的划分，是人们判定社会位置、分辨利益差别和选择认同群体的最方便的途径。

第三，在社会分层研究中，实际上存在两种不同层次的社会分层结构，即社会分层的表面结构和深层结构（仇立平，2006)。社会分层的表面结构主要是回答“谁得到了什么”，社会分层的深层结构则回答“是怎样得到的，结果如何”。一般来说，韦伯的地位（职业）分层表现为社会分层的表面结构，如生活方式、财富、声望等；马克思主义的阶级分层是研究社会分层中深层结构的理论，是通过对生产资料占有关系的分析来解释为什么得到，进而概括出不同社会阶级之间的关系矛盾，提出人类社会的历史就是阶级斗争的历史的论断。

1.2 阶层意识与阶层认同研究的最新进展

传统的社会阶层研究是人们按照一定的阶级结构对社会成员进行的划分，经济分层一向是这种分层中最重要的维度。但是，自马克思的阶级分析理论和韦伯的多元分层理论诞生以来，世界格局和各个国家的经济社会形态发生了巨大变化。工业化、现代化进程强烈改变着整个社会的职业结构和人们的社会位置，影响着人们阶层属性的变动。随着资本主义生产关系的调整，严重的阶级对抗被新公司制度所化解，中产阶级的出现打破了传统意义上的两级状态。20世纪70年代以后，整个社会科学，包括社会学进入到一个对传统理论进行挑战和批判的时代。

西方学者透过对现代化和资本主义经济及社会结构的观察反思，率先将社会关系因素、制度因素和历史因素等宏观变量纳入到分层研究中，发现在一定的社会结构中，人们社会地位的获得、构成和形态，对于理解社会结构、社会分层和社会流动具有更为深刻的意义。一般认为，社会地位构成不仅是社会分层结构的基础，也是社会流动的基础。研究社会结构的目的不仅在于描述社会结构的图景，而且在于揭示社会中拥有不同地位的人群的构成及其组合关系，揭示社会变迁对个人生活际遇的影响。于是，学者们提出了诸如新马克思主义、新结构主义、社会网络与资源理论、消费主义理论、市场转型等许多学说①。

事实上，无论哪种社会分层理论都要面对一个现实问题，这就是："社会真的存在分层吗?"面对日趋变化的复杂社会，理论界曾出现了"阶级还重要吗"的质疑，而社会学家们以敏锐的"问题意识"对有关阶级阶层的诸多方面进行梳理，提出了许多看似浅显但实则更为深刻的主题：如在现实社会中，阶级是一个真实的存在还是人们用以分析社会结构而构建的理论框架？如果阶级只是理论家们建构出来的一个社会事实，那么真实存在的个体又何以团结成为一个整体？假如人们能够意识到自己属于他们本该归属的阶级，那么，为何客观阶级归属与主观阶级认同会存在着不一致性？阶级行动在现代社会的可能性又将如何?

显然这些问题传统意义上的阶级分析难以回答，而西方学者依据他们对于西方特定社会的观察得出的结论，其通则性和解释力也需要得到验证。近年来，中国学者立足本土社会发生的变迁，经过大量的实证研究，提出了更具时代性和探讨意义的理论。

1.2.1 关于"客观阶级、认同阶级与行动阶级"的划分

这一理论最初是由中国社会科学院的张翼研究员提出的，他通过对不同阶级生成的社会动力学进行研究，认为单纯以"结构"论述阶级的存在是不够的，要全面反映阶级的运动变化，需要从"客观阶级"、"认同阶级"与"行动阶级"3个层面来考察人们的社会阶层地位和期待状况②。

传统的阶级分析方法是依据社会学经典作家所使用的基本指标，如人们的财产占有关系、受教育程度、职业声望、收入多寡、劳动过程的权威支配性等来划分不同的阶级，并通过对这些阶级关系的结构性考察，鉴别其阶级利益、阶级联合、阶级冲突和阶级一致性的可能等，这种基于客观指标得出的阶级或阶层，在社会学的经验研究中通常被称为理论阶级或客观阶级。

客观阶级（或称客观阶层）得以成立的基本假定是：阶级阶层结构是一个社会的最基本结构。每一个人，不管其主观意愿如何，都可以依据一定标

① 这些理论依据不同经典作家提出的认识路径和观察角度，分别得出了具有不同侧重点的结论。考虑到本书的研究重点，这里不逐一介绍和评述。而有关社会网络与资源理论、消费主义理论、社会转型理论等的内容，我们将在本书相应的章节部分加以讨论。

② 张翼．中国城市社会阶层冲突意识研究［J］．中国社会科学，2005（4）．

准（理论依据和客观指标）被安放在等级有序的社会阶级结构中。所差异的是社会学家分析阶级的理想型不同，其所构造的阶级等级和阶级结构就不同，由此所划定的阶级数目和社会阶级的定义标签也就不同，随之所描述的阶级对抗或冲突方式也会存在这样或那样的差异。

在阶级分析中，一直以来都有唯名论与唯实论之争。唯实论认为阶级是社会的实体结构，而唯名论认为阶级是理论家构建出来的“概念”。但不管怎样，大家都承认这样一个事实：即我们赖以生活的社会确实存在着等级差别；大家也都承认，每一个生理和心理正常的人都能够朴素地感受到这种差别。因此，除了社会学家定义的阶级之外，社会个体还能够自我标签、自我认同自己的阶级归属或近似于阶级归属的社会地位归属。很显然，社会个体的主观认同感在阶级形成中占据很大成分。这使我们不得不关注人们的“阶级认同”问题，也即当我们不是以社会学家划分的阶级或阶层去分析社会结构状况，而是以被研究对象自己的心理归属去研究阶级或阶层结构状况时，认同阶级就产生了。

“认同阶级”概念的提出，充分考虑到了社会个体自己的主观能动性。千差万别的个人，不管其文化程度、收入、社会背景与财产占有状况如何不同，其所具有的共同特点是：作为活生生的实践者，他们通过对社会生活的亲身参与感受着社会的现实图景；也通过自己与他人的互动，体验着其赖以生活世界的阶级阶序，以及自己在此阶序中的位置。因为个体的主观感受不同，他们对自己未来命运的预期不同，他们对自己所处社会位置的心理认同与评价就会不同，他们受这种心理评价的影响而发出的社会行为也就存在区别。

如果说，客观阶级是社会学家根据自己的理论构想，并依据一定客观指标所划分的阶级的话，那么，认同阶级则关顾到了社会个体自己以自身为反映对象的阶级定义，也考虑到了社会个体自己对自己的主体识别。两个被划分在相同“客观阶级”等级中的社会个体，如果具有不同的“认同阶级”，那么，其基于自我利益考虑而生发的阶级意识和阶级行动就不可能相同。所以，“认同阶级”与“客观阶级”具有同样重要的分析价值。

张翼认为，只将一个社会的人群划分为不同的“客观阶级”，或依据这个社会所有成员的主观意愿将人们划分为不同的“认同阶级”还是不够的。这种做法只满足了我们用以考察阶级社会的部分需要——结构分析的需要，即只能通过结构性分析，并在对这一既有结构的长时段考察中预测各个阶级的“流动趋势”与“阶级规模”的具体变化。但在更多情况下，我们还希望有更进一步的研究——了解和把握各个阶级“社会力量”的对比变化，洞悉阶级利益、阶级联合与阶级冲突得以生发的可能。于是，就必须引入对“行动阶级”的分析。

所谓“行动阶级”，就是基于相对一致的社会利益而表现出的阶级存在，也即在群体意义的（不是个体意义的）社会行动中为表达阶级利益或显示阶级力量和阶级要求而凸显出来的、具有相对一致目标的行动共同体。一般而言，越是在社会稳定发展时期，越不易观察到“行动阶级”的行动；越是在社会急剧变化时期，或是在社会矛盾急剧滋生时期，越易于观察到“行动阶级”的存在。阶级冲突是典型的行动阶级的行动。

然而，从客观阶级到认同阶级再到行动阶级之间，不仅存在着分布上的差异，也存在着一个复杂的转化过程。如社会学家提出的中产阶级概念，它是依据一定理论和某些指标形成的客观阶级划分，就可能与人们自己主观感知的认同阶级中的“中产阶级”所涵盖的人群存在差异，即只有部分客观阶级中的“中产阶级”成员会将自己认同为“中产阶级”，即使是在客观阶级和认同阶级中都获得了“中产阶级”标签的那些人，也不会都进入到行动阶级的“中产阶级”之中。也就是说，作为生活中的实践者，人们不会完全从自己认同阶级的立场出发，展开自己的阶级行动，如在西方工业社会，并不是所有不满于现状的工人都会参加罢工或游行。

在一个常态社会中，你可以根据某种理论假设或客观指标构建出客观阶级，你可以根据社会个体的主观感受了解到他们的认同阶级，但你很难在技术上识别出行动阶级，除非这个被标签了的阶级联合体正处在行动之中。于是，阶级意识，特别是阶级的冲突意识就成为一个更加具有操作性的概念。如果说行动阶级的行动是阶级精英对本阶级成员进行社会动员的结果的话，那么，某一群有着基本相似特征的人，之所以会被这样或者那样地组织起来以表达自己的意愿、诉求自己的利益，其主要原因在于这群具有相似特征的人也有着基本一致的想法：他们对某些重大社会事件的评价具有相似性，他们对某种社会政策执行结果的感知具有相似性。相对一致的利益，既大大降低了将他们凝聚在一起的组织成本，反过来更增加了他们的阶级识别与联合。

1.2.2 关于阶级意识的分析方法

根据上述3个不同层面社会阶层地位和期待状况的分析，人们会发现，在任何一个有阶级阶层的社会中，客观阶级与认同阶级、行动阶级之间是存在着差距的。假如客观阶级的分类和度量是社会学家根据分层理论指标所塑造的阶级理想型的话，那么，认同阶级实际上就是社会个体自己对自己阶层的认识和定位。而在真正结合为行动阶级之前，人们有理由根据物质性或价值性选择，特别是根据个体感知，站在认同阶层的立场上做出行动判断，事实上也正是如此。

关于阶级意识，中国社会科学院社会学研究所的李培林研究员曾撰文指出[①]：客观的社会结构分层和经济社会地位，是要通过主观阶级认同和阶级意识，才能与人们的社会态度、社会行动选择建立起逻辑关系，才能感受到阶级阶层的真实状态的。他将这种方法称作是继“阶级斗争”和“物质利益”分析方法之后的第3种“社会意识”的分析方法。

李培林认为，在对马克思阶级学说的研究中，关于“阶级意识”的研究一直是一个比较薄弱的环节。在阶级阶层分析方面，人们更多关注的是阶级的归属与占有生产资料、财富和特权的联系，而忽略了马克思在人们的阶级归属与人们可能的社会态度和社会行动之间建立的逻辑链条。马克思在《哲学的贫困》一书中将阶级分析的基本路径表述为，阶级的存在分为“自在阶级”（Class-in-itself）和“自为阶级”（Class-for-itself）两个阶段。一个以社会群体（social group）形式存在的“自在阶级”，只有通过一个历史的、认知的和实践的觉悟化过程，才能产生阶级意识，才有可能通过一致的集体行动争取共同的阶级利益。正是在这种意义上，马克思在《路易·波拿巴的雾月十八日》一文中认为，农民不是一个阶级，而是同质的但相互分离的“一麻袋土豆”，因为他们没有共同的阶级意识，也不会采取一致的政治行动。

对此，李培林研究员指出，社会意识的分析方法，是以往我们还不熟悉，也没有被重视起来的方法，但它是适用于当前风险社会，特别是认识解决某些具有现代风险特征的社会冲突和社会问题的方法。他认为在现实中，决定人们阶级阶层意识、价值取向、社会态度、偏好、预期和行为选择的因素是非常复杂的，在一些具体的社会景况，所针对的关键问题，大的社会背景以及根本的社会矛盾发生变化和更替的情况下，决定群体社会态度和社会行动的轴心变量也会发生变化。传统的“阶级决定论”（即认为阶级归属决定价值取向、社会态度和行为选择的分析方法）就会出现失灵的情况，丧失对现实生活的解释力。例如，在中国拥护改革开放和对改革开放的方向发生根本质疑这个基本问题的分野上，人们划分成不同的群体意识、不同的社会态度、不同的思潮派别和不同的行动取向，而这种分野所涉及的社会阶层认同，常常因改革开放进程中不断出现的新的焦点问题而发生重组。在西方社会，随着普通民众关心的生活问题和生活环境的变化，绿党、女权主义和同性恋群体等过去的边缘人群，现在已成为影响政治格局的重要力量，很多情况下甚至成为左右政治格局的决定性变数。

---

① 李培林．社会冲突与阶级意识——当代中国社会矛盾问题研究［J］．社会，2005（1）．

李培林认为，随着社会结构的深刻变化和社会利益主体的多样化，一些促成社会矛盾和新型社会运动的“社会意识”并不属于“客观阶级”的意识，而是属于“认同阶级”的意识，这种“社会意识”产生的社会矛盾和冲突，往往具有突发、快速扩散和难以预测控制等特点。

制度转型对行动阶级的生成起着强烈刺激作用。在社会转型及社会基本价值观的变迁时期，受这种变迁影响而使其生活水平或阶级地位降低的那些人，会滋生出不满心理，形成所谓的认同阶级。但如果制度变迁的结果被社会成员所普遍接受，或者那些在最初受了不利影响的群体在制度变迁的后期获得了某种收益，或者其利益受损的状况被新补充的制度规约所抑制，那么，这种不满会逐渐得以消解。但如果这种不满长期积累，使认同阶级的成员与客观阶级的成员大量重叠，那么，社会动荡就成为可能。如果说人们对阶级阶层之间冲突程度的认识属于主观感知的话，那么，人们对自己生活水平的评价和对国家收入分配政策的理解等，就会更为直接地影响前者的形成。

通常来说，人们在现实生活当中，受社会价值观的影响，认同哪个社会阶层，就会从哪个社会阶层的立场出发，思考整个社会阶级阶层之间的关系。但也存在这样的情况，即认同在同一阶级的不同成员对同样一个事件的评价会有所不同，有些会在物质性需求角度解释自己的行为，有些则会从价值性选择意义上解释自己的行为。某些来源于不同客观阶级的成员，也可能具有相同的意识，或比较相同的对待社会事物的看法。同一客观阶级的成员，也会存在不同的意识或想法。因此，阶级归属与人们的社会态度和社会行动之间的逻辑连接，是非常值得我们探究的一个重要环节。客观的社会结构分层与经济社会地位，需要通过主观阶级认同和阶级意识，才能与人们的社会态度、社会行动选择建立起逻辑关系。

1.2.3 客观阶级归属与主观阶级认同不一致的发现

事实上，客观阶级归属与主观阶级认同之间存在着许多变数，其中有着复杂的关系。李培林在他的研究中发现，无论是对于变化中的中国来说，还是其他国家来说，“客观阶级归属”与“主观阶级认同”之间都存在着程度不同的非一致性，这是一个目前在国际社会中较普遍的情况。客观阶级归属与主观阶级认同的不一致，是由现实生活的一些实际变化造成的。这些变化主要包括：

1. 人们在生活方式、价值取向、行为选择上的“个体主义化”趋向

当代英国著名社会学家吉登斯（A. Giddens）在他的《现代性的后果》一书中曾指出：现代性社会正在发生一个很大的“认同政治”的变化，就是从

以"解放的政治"（emancipator politics）为中心的社会，转变为以"生活的政治"（life politics）为中心的社会，前者是获得"生活机会"的政治，而后者是选择"生活格调"的政治。"生活格调"（life-style）与"生活方式"（mode of life）不同，它不是群体性的选择，而是个体主义化的选择。在过去人们动员起来为改善生活机会而斗争时，阶级政治具有中心地位，而当恶劣的生活条件得到改善，当代社会出现自反现代性（有预期的现代性带来未预期的后果）大环境时，人们关注的核心问题转变为对旧的政治参与模式的局限性的反思，这就需要一种新的政治，即更具有反思性的政治，而阶级政治则逐步淡出（Giddens，1990，1991：241）[①]。

德国著名人类学和社会学家贝克（Ulrich Beck）在《风险社会》一书中也认为：风险社会到来的一个重要标志，就是当代个体主义化的文化开始偏离既有的阶级文化，就像以前在历史上社会阶级取代地位群体和家庭而成为稳定的参照框架一样，现在个体主义文化取代了阶级文化的地位，风险社会中自主性的个体成为生活世界里社会性再生产的单位。不过，贝克解释说，个体主义文化中心化并不意味着社会结构力量的权力弱化，而是意味着当代大规模社会变迁迫使个体具有反思性。贝克甚至把个体主义化的趋势称为人类新的"启蒙运动"，认为这是个体从社会网络束缚中解放出来的过程，是民主化过程的继续，并把个体主义化界定为三重进展过程：一是"嵌出"（dis-embedding），即走出历史既有的社会规范和约定；二是"失去"（losing），即由于失去了对已有的知识、信念和规范的尊重，而失去了传统的安全；三是"再嵌入"（re-embedding），即建立一种新型社会约定（Beck，1992：98，128，130）。

2. 社会阶层流动的加快带来社会身份认同的"断裂"

随着社会的结构性变化，知识和技术在个人收入增长中的作用不断增强；知识—技术转化为财富的过程也大大缩短；大企业组织为降低成本而采取的配件"外包"和"定购"策略使中小企业获得新的发展，现代西方社会三分之二以上的新就业机会是20人以下的小企业提供的；网络、生物、文化等新型产业的快速发展提供了大量新的社会阶层流动机会；弹性工作方式和社会服务的多样化使个体化工作大量产生；等等。所有这些因素都使社会阶层之间的流动速度加快，并弱化了传统的组织权威、科层等级和阶级关系。此外，市场风险和生活不确定性的增加，也使社会阶层变动的可能性增加。而生活

① 吉登斯在20世纪80年代后出版的《现代性的后果》和《现代性与自我认同》，标志着他分析方法的重大转折。

格调和社会态度的个体化，也在消解公共领域和私人领域的传统分野。在这种大的背景下，人们的社会身份认同也更呈现出“断裂”（breaking）的特征，即他们的“自我认同”和行为选择与那些传统的阶级归属、家庭背景等决定因素发生断裂。

3. 社会转型带来社会焦点问题的改变，使人们的观念和意识形态“碎片化”

学者们注意到，西方社会近几十年来发生了非常深刻的社会变化：这种变化使社会和个人关注的焦点问题不同了，社会冲突不再是围绕传统的阶级展开，而是在许多过去被忽略的层面爆发。英国曼彻斯特大学社会学系主任萨瓦吉（M. Savage）教授，在他的新著《阶级分析和社会转型》一书中，深刻分析了当代社会—文化变迁的基本特征，认为面对新的社会风险，人们的观念、意识形态和社会生活态度正在发生新的变化，社会关系也在重组，所以社会分析的基本框架也要改变（Savage，2000）。许多学者用“碎片化”（fragmentation）这个概念来分析当代西方社会在社会分层和观念、意识层面的新变化。

“碎片化”的基本含义，就是人们在经济、政治、文化、生活等各领域的行为策略和社会态度，不再是按照传统的阶级模式分野，而是根据具体的焦点问题产生不同的分野（Clark and Lipset，1996）。例如，最能说明问题的是人们政治态度的变化。当代美国研究社会分层的著名社会学家利普塞特（S. Lipset）于1960年首次出版《政治人》一书时，他根据当时的调查资料，非常强调阶级政治的重要性，但到1981年这本书再版时，他根据新的变化完全转变了看法，并分析了政治选举中阶级影响逐步弱化的原因。新生代对左翼或是右翼的热衷程度在减弱，人们关切的是实际生活问题和新型社会问题，如失业、社会保障、生态环境、妇女权利、文化多样化、生活格调、新的社会风险等，而不再是财产所有权等传统政治问题（Clark and Lipset，1996：45）。特别是1980年以后成长起来的新一代，他们的价值观念和社会态度“碎片化”的趋向更加明显，他们已经成为选民的基本力量之一。因此必须根据新的现实变化重新界定和调整阶级分析的含义，特别是要加强对影响人们社会态度、自我认同、个体行为选择的新因素的研究。

我国自改革开放以来，社会结构发生了巨大变化。在学术界，学者们的研究结果也反映出客观社会分层结构与主观阶级认同的不一致：一方面，人们注意到在中国社会结构的不同层面，如城市和乡村，新富阶层和新的社会底层，发达地区和欠发达地区，体制内和体制外等，出现各种“断裂”（孙立平，2004），社会阶层流动的规则似乎仍然在维持着社会复制（再生产）的机制（李路路，2003）；另一方面，人们也看到社会阶层结构出现“碎片化”趋势，尤其在阶层意识和阶层认同方面出现各种思潮，如新自由主义、新权威主义、新民族主义等，一般人很难弄清楚他们真正的政治分野，因为根据对不同焦点问题的认识，争论各方的阵营也常常发生变化，表面上思想理论基础完全不同的思潮，在某些问题的看法上却一致，有所差异的只是各派为社会开的“药方”不同。这种复杂的情况，完全改变了过去一目了然的政治分野。

今天的中国，人们的社会观念正在急速更新，物质和金钱的多少正在把人们的社会地位重新划分。以往人们一般倾向于认为，经济状况和社会地位，决定了其阶层认同和阶级意识，进而决定其社会行动，但是，现在看来这种社会行动逻辑正在受到挑战。在不同的社会发展阶段，决定人们社会意识的因素是不同的。价值取向、社会态度、意识形态，正在成为影响中国未来社会选择的重要因素①。

1.3 关于私营企业主阶层研究现状的评析

私营企业主阶层的存在可谓是我国自改革开放以来最大的结构性变化，因而，它的形成发展引起了人们的关注。从起初对该阶层社会属性、地位及剥削等问题的讨论，到建设者的定位，私有财产保护，实现参政议政等，学界对该阶层的成长历程始终保持了关注思考，形成了许多具有一定解释力和特点的研究成果。这些归纳起来可以从以下几方面看到。

1.3.1 简要历程回溯

众所周知，中国的改革开放是从20世纪80年代变革旧有经济体制发端的。而中国社会的全面转型，以及社会阶层结构的变动调整，则是20世纪90年代以后才愈发引起人们关注的。在30多年的经济体制变革中，我国经济的最显著变化之一就是个体私营经济的再度兴起和发展，它不仅打破了公有制经济一统天下的局面，成为最有活力和代表性的经济增长点之一，同时，随着私营经济及私营企业主阶层的形成发展，也越来越成为社会结构调整和社会力量对比中引人注目的事物。

从研究的视角观察，最早对这一新兴经济成分加以关注并开展研究的不是社会学，也不是政治学，而是经济学。经济学家们从所有制变革及其伟大

① 李培林，张翼，赵延东，等．社会冲突与阶级意识——当代中国社会矛盾问题研究［M］．北京：社科文献出版社，2005：40.

意义出发，对私营经济的复兴进行了多方面阐释。如：马洪的《社会主义制度下的商品经济》(1984)；于光远的《关于计划体制改革的理论基础》(1985)；刘国光的《改造经济体制模式，完善社会主义制度》(1985)；薛暮桥的《计划管理体制改革的新课题》(1985)；童大林的《论社会主义联合经济》(1986) 等[①]。

大约到 20 世纪 80 年代中后期，社会学开始对这一群体有所关注，其研究者的兴趣主要集中于对这一新兴群体的内部构成、生活方式、劳资关系等群体特征进行探讨。20 世纪 90 年代开始，一部分研究者开始对私营企业主阶层崛起的社会结构因素进行分析，对这一阶层的社会属性有了更多阐述，并开始触及有关阶层分析方法、西方社会分层理论的解释力，以及中国社会变迁的特殊含义等方面。在方法上也开始由注重统计描述转向解释性分析。20 世纪 90 年代末，尤其是进入 21 世纪以来，对私营企业主的阶层研究明显加强，研究领域也进一步拓宽，学者们不再满足一般性现象描述，而更多地关注从社会转型和制度层面分析问题，同时，人们也更加关注这一新兴阶层与政权组织结构间的变化及走势。

1.3.2 有关研究主题

由于中国正处于全面的社会转型时期，也由于社会学研究的国际交流与合作日趋增多，中国社会分层研究几乎涵盖了社会分层理论发展的所有方面，国际社会学中有关社会分层的不同理论观点和模式，在中国社会分层研究中都或多或少地有所表现。据不完全统计，目前关于中国社会分层和对私营企业主阶层的研究，主要包括以下一些主题。

1. 关于阶级地位和阶级关系的研究

如：何建章等的《当代社会阶级结构和社会分层问题》(1990)；陆学艺、景天魁的《转型中的中国社会》(1994)；朱光磊的《当代中国社会各阶层分析》(1995)；李春玲的《中国城镇社会流动》(1997)；张厚义、刘文璞的《中国的私营经济与私营企业主》(1995) 等。

2. 关于职业和收入分层的研究

如：李强的《当代中国社会分层与流动》(1993)；葛延风的《中国现代化进程中的社会收入分配问题》(1995)；陈婴婴的《职业结构与流动》(1995)；李炯的《中国现阶段个人收入差距分析》(2000)；陆学艺等的《当代中国社会

---

① 上述重要作品，以及同时期经济学家们的许多论述，主要集中发表在《经济研究》、《中国经济体制改革》等刊物，详阅 1984—1986 年各期《新华文摘》。

阶层研究报告》(2002) 等。

3. 关于社会结构与地位变化的研究

如：李强的《现代化与中国社会分层结构的变迁》(1996)；孙立平的《改革以来中国社会结构的变迁》(1994)；李培林等的《中国新时期阶级阶层报告》(1995)；李路路、王奋宇的《当代中国现代化进程中的社会结构及其变革》(1992) 等。

4. 转型社会精英替代模式及分层机制研究

如：陈光金的《从精英循环到精英复制——中国私营企业主阶层形成的主体机制的演变》(2005)；戴建中的《现阶段中国私营企业主研究》(2001)；李路路的《转型社会中的私营企业主——社会来源与企业发展》(1998)；宋时歌的《权力转换的延迟效应——对社会主义国家向市场转变过程中的精英再生产与循环的一种解释》(1998) 等。

5. 社会网络结构与利益结构研究

如：张宛丽的《非制度因素与地位获得——兼论现阶段中国社会分层结构》(1996)；张宗和的《中国现阶段非公有制经济研究》(2000)；李宝梁的《私营企业主的思想形态与行为方式分析：社会网的观点》(2000)；丁栋虹的《制度变迁中的企业家成长模式研究》(1999) 等。

6. 私营业主与中国政府和政治关系研究

如：任杰、梁凌的《中国政府与私人经济》(2000)；刘伟的《中国私营资本》(2000)；李宝梁的《从超经济强制到关系性合意——对私营企业主政治参与过程的一种分析》(2001)；董明的《政治格局中的私营企业主阶层》(2002) 等。

从上述不完全的文献分类中我们看到，仅在研究主题上，目前国内的有关研究成果已是极为丰富。之所以能够呈现出这样的局面，一是因为中国社会的全面转型为理论研究提供了丰富的“社会事实”；二是众多研究主题在过去的分层研究中，由于种种原因没能得到重视或展开，而随着学术探讨的深入，人们有了更多更宽松的研究空间得以扩展。但尽管如此，实际上到目前为止仍然有一些社会分层研究中的问题未被深入，如社会分层中的国家与社会关系；企业家的成长与企业文化制度建设；私营企业主的被组织化过程等。

1.3.3 研究视角及特征

当前对于私营企业主阶层的研究，已经呈现出多视角、全方位的特点。既有宏观意义上对转型社会结构方面的解析研究，也有微观层面上对社会关系与网络资源的分析。总体来看，由于转型时期社会结构变迁的复杂性和深刻性，因此，在对某个具体阶层的考察中，也就具有了多元阐释的可能。特别是近十多年来，中国学术界对企业家行为的研究从无到有，也带动了相关研究的不断深入。如经济学界，有张维迎和周其仁等学者对企业家成长进行了研究，取得了相当成果。他们的研究强调经济学以“经济人”假设作为认识出发点，提出人的行为受其经济动机所决定。但是这些研究对企业家成长的社会背景、环境条件以及制度因素等方面的探讨明显不够。而社会学者们的观察和分析恰好做出了相应补充，并从多个角度对私营企业主阶层进行解读。社会学提出的研究假设认为，人的行为是会经常地受到社会结构或社会环境的影响和制约的，在研究一个具体的社会现象或问题时，要考虑到社会结构和社会环境因素的影响作用。据此，有关研究呈现出鲜明的社会学特征。

1. 社会结构转型的研究视角

社会转型的视角通常是从整体上把握社会结构变迁的内涵、特征和规律，研究社会结构转型与个人社会定位等一系列问题。如转型对个体发展的意义；个人在经济中的地位；社会结构由刚性向弹性转变过程中所形成的成员结构性流动等。

2. 群体利益关系的研究视角

社会结构主要是一种社会资源、利益在不同群体和个人之间进行分配的稳定性模式。对新兴的私营企业主阶层研究，很重要的方面就是要探究其资源获得和分配关系。研究者曾提出 3 种社会资源分配关系，即权力授予关系、市场交换关系、社会关系网络等。① 私营企业主的迅速崛起，可以说是这几种资源配置关系共同作用的结果。

3. 职业流动、身份变迁的研究视角

改革开放以前，“单位制”是中国社会结构的最主要社会组织形式。但是，随着经济体制的变革，一部分人开始脱离了原有组织机构，游离为“无组织成员”。从阶层分化的角度，从再分配体制向市场体制过渡的角度，考察社会分层的形式、机制，以及社会精英替代模式，这种研究视角具有很强的现实意义。

4. 嵌入性与社会网络

社会网络研究是一种社会结构的微观考察方式，主要考察分析网络资源、网络特征，分析社会网络资源的贡献和局限等。目前对于私营企业主的形成

---

① 张宛丽．现阶段的社会群体利益关系［J］．社会学研究，1997（1）．

发展，在嵌入性和社会网络角度有许多实证研究成果，学者们普遍认为：社会关系网络是一种资源配置方式（胡必亮，1996），社会关系网络有利于信息的传递，充当信息桥（何梦笔，1996）。社会关系网络提供了一种信任和承诺，可以减少环境的不确定性，降低交易成本，减少网内成员的机会主义行为（李培林，1995；张其仔，1997；刘世定，1995）。社会关系网络能够提供多种社会支持，是企业家进入、发展并获得成功的基础（李路路，1998；石秀印，1998；陈俊杰，1998）。关系网是客观存在的，也是可以建构的。对私营企业主的壮大展开研究，需要对其网络建构、运作机制以及行动影响进行考察分析。企业主原有的关系网络对其固然有很大影响，但后期建构网络的能力、水平等才是企业主真正获得成功的关键所在。

5. 社会资本

近年来，社会资本理论已成为社会学、经济学和政治学等诸多学科理论分析的重要方法。从社会资本形成及作用角度对私营企业及私营企业主进行研究，学者们指出，企业通过多向联系，摄取稀缺资源的能力是一种社会资本，其对于获取资源、协调和组织资源以及节约交易费用，提高企业经营绩效有着不可替代的作用（石秀印，1998；张厚义等，1995）；社会资本对企业的经营能力和经济效益有直接的提升作用（边燕杰、丘海雄，2000），是企业发展在现代竞争环境下的一种必然选择，是追寻构建企业核心竞争力的结果（周小虎，2002）。在这些研究中，学者们把注意力多集中于对社会资本存量的研究上，而忽略了对社会资本的增量研究。社会资本包括存量和增量两个部分，由于社会资本是可以累积的，所以，增量的因素对企业家的影响要远大于存量因素的影响，对网络建构中社会资本增量的研究更为重要。

6. 非正式制度问题

李永刚（2002）在讨论浙江民营经济近 30 年超常规发展的现象时，指出文化精神作为非正式制度的重要构件对人的经济行为的影响，是通过主体内在的价值理性认同过程和外在的行为习惯重复过程实现的，是自觉自愿的无形的过程。孙治本（1995）从“文化层次”理论出发，发现现代台湾企业尽管比较全面地采用了西方的企业制度，但并没有改变其企业文化的核心。一个文化中的行为准则对于经济制度的形式起着重要的作用。从非正式制度角度研究私营企业主群体，体现了后者对传统文化的工具性运用，但还应注意到非制度化生存的环境研究。原有制度安排的惯性影响、特有地理（地域）环境、社会关系、生活形态等都有可能影响私营企业主的行动选择。

综合以上梳理，研究视角虽有不同，但在涉及最多的“体制”、“关系”和“利益”等方面，学者们还是注意到了人的经济活动会经常地受到社会结构或社会环境的影响制约。研究一个具体的社会现象或问题，要考虑到社会结构和环境作用。从“体制”、“关系”角度分析人的行为，除了要解释这些“体制”、“关系”因素对人的影响外，同时还应指出人作为行动主体在其中的能动性。忽略了人的主体性，忽略了人的内在需求与个性倾向，只用“拉关系”、“钻体制空子”等说明行动者的活动过程，不免有将富有深刻含义的行为过程过于简单化的遗憾。

事实上，作为改革开放的亲历者、破除原有禁锢的实践者和新社会阶层的代表者，私营企业主的出现和发展，是一定社会历史条件和经济条件的关系反映，也是客观经济结构和社会结构的融合反应。兴起于变革时代中的私营企业主是中国新社会力量的焦点，也是观察中国社会变迁的一个重要方面。本书对私营企业主的阶层意识和阶层认同展开研究，可以说是探讨改革开放以来，政府与厂商、行政主导与民众诉求，以及关系与利益、制度与环境的一个理想脚本。我们的研究以客观阶层为基础，观察亲历者的利益得失，从他们与体制环境间业已存在的和经常发生的关系互动感知自我在社会阶序中的位置（如利益集团或某个阶层、团体），并透过他们的举止言行和思想意识形态找寻从自在到自为的成长特征，相信这些探讨对于深化本书内容具有重要的启发和指导意义。

2 研究的视角、方法及立场

核心提示：

● 研究视角方面，结合选题依据和研究假设与关注问题，提出私营企业主的形成是一个历史过程，在它全部的社会经济功能没有充分发挥出来之前，是不会自然消失的观点。他们的阶层意识与阶层认知的发生发展，取决于他们与政治主体间所建立的关系和利益的协调程度。因此，本书试图通过分析私营企业主阶层内在生长元素与社会变革之间所发生的关联与互动，探讨他们的思想意识形态与行为方式特征；从同时期发生的各种政治、经济、社会的变革经历，探究阶层意识与阶层认知的发展轨迹与内在逻辑。

● 在研究方法上主张社会是一个构造复杂的生态系统，生态学提出生命系统与环境系统相互依存、平衡发展的观点为阶层研究提供了新思路。私营企业主是社会中重要的一分子，他们的成长反映了社会的总体变化情态。对其阶层意识和阶层认同的研究，需要从历史和生命系统考量，运用社会生态分析方法，才能看到它的生存依据、历史作用，得出客观准确结论。

● 在认识路径和具体研究方面，注重对阶层意识与阶层认同的生成条件、生长过程及未来趋势的综合关照，即通过对三大系统（生命系统——当代私营企业主阶层的基本构成；环境系统——私营企业主发展的时空条件；平衡系统——私营企业主成长的制度保障）的变动考察，从“客观地位获得”、“主观认知形成发展”和“制度安排与关切”3个层面，采用“阶级的”、“制度的”和“文化的”三种分析工具，从多个角度揭示“客观阶级”、“认同阶级”、“行动阶级”特征，全面准确地勾画出私营企业主的阶层意识与阶层认同状况。

● 在研究立场方面强调人的主体性，突出将阶层意识与经营管理活动、行动逻辑相结合的探索思路。在展开分析过程中，始终强调“存在决定意识”这个马克思的基本观点，认为阶层意识与阶层认同不是给定的，而是他们在与社会环境作用中、在利益博弈中形成的。开展阶层意识与阶层认同研究，必须通过对行为的观察分析，来获知隐藏在表象之下的真实存在，否则只是推测和不确切的。无论是阶层意识，还是阶层认同，最终它会反映到人们的行动中，指导人们的思想和实践活动。因此，将阶层演化与社会转型、阶层行动联结起来考察私营企业主的阶层意识与阶层认同的形成发展，是一个恰当而又重要的认识理路。

开展阶层研究有不同的观察视角和方法。生态学提出的生命系统与环境系统相互依存、平衡发展的观点为阶层研究提供了新思路。解读私营企业主的地位获得、阶层意识与阶层认同，可以透过社会生态的视角加以认识。将当代中国的私营经济及私营企业主的存在发展作为一个生态单位、作为一个生命系统加以考察，不仅可以确证这一经济成分和阶层得以聚集和发展的社会根据，探寻他们与政治经济体制间存在的共生共赢关系，也可以阐明社会环境变迁对该阶层的形成、走势所具有的作用，揭示社会变革对这一阶层演变具有的特殊意义，并为进一步开展相关研究提供认识上的路径和方法。

2.1 研究视角与理论假设

众所周知，改革开放以来的30多年是中国经济结构和社会结构发生重大变化的时期。在已经走过的改革历程中，从变革旧的所有制结构发端的多种经济发展，已使我国的经济形态日益呈现出多元化和包容性特点。私营经济及私营企业主阶层的壮大，不仅反映出最有活力的经济增长点所能释放的光彩仍将继续，同时，也成为我们观察、认识中国社会变迁的一个重要方面。

2.1.1 选题依据及其角度

社会分层研究是社会学中的一个重要主题，尤其是当社会发生剧烈变迁，各阶层之间的经济关系、政治关系发生变化调整时，不同阶层结构及其社会政治属性的转变，既是学术界讨论的对象，也是其他社会各界，特别是政治系统关注的重点。

1. 以私营企业主阶层意识与阶层认同作为研究对象

从选题方向上说主要有3方面考虑。

第一，崛起于改革时代的私营企业主是中国新社会力量的交点。由于他们生长在特殊的年代和环境下，有着特殊的发展路径，因此，决定了他们有着不同于其他阶层和群体的社会特点，有着特殊的利益要求。本课题通过对私营企业主的阶层意识和阶层认同进行研究，不仅可以了解这一阶层思想意识形态的形成和演化特点，把握其内在构成因素的变化，还可以看到中国社会阶层结构的变迁特点与发展趋势。

第二，伴随这一阶层在我国社会政治经济生活中地位和作用的日益显著，他们已由以往只注重一般的及个体的经济利益，开始关注本阶层利益和社会事务，尤其是对政治系统活动表现出极大热情。如要求以纳税人身份参与政府决策与管理；要求建立或加入相应党派组织；要求确立私有财产保护；要求实现更大范围的政治参与等。因此，从阶层意识的形成和阶层认知方面展开研究，既是党和政府关切的重大问题，也是全面、历史地看待他们的地位作用，系统、深刻地阐述他们的变动特征的要求。

第三，私营经济及私营企业主作为我国社会经济结构、利益结构和社会关系重新组合的产物，它所取得的成果和释放出的巨大能量，已不仅限于经济贡献，更有着深远的社会意义。它改变着人们的观念，影响着人们的选择；在政治生活领域，它已成为一支重要的爱国敬业力量，随着他们在政治、经济、社会等领域活动空间的不断扩大，它对国家与社会关系的改变也在产生着重要影响。因此，本研究成果对于培养一支优秀的私营企业家队伍，对于增强不同阶层人士的理解沟通，对于构建和谐社会、优化社会阶层结构来说都是有意义的。

关于分析方法和角度问题，其实，运用怎样的方法开展阶层研究，很大程度上要看如何界定阶层研究的目的。自 20 世纪第二次世界大战结束以来，西方社会分层研究主要有两个指向：一是为了说明社会存在的不平等现象(Social Inequality)；二是为了阐释社会结构中的权力和利益关系（Power and Advantage)。通常而言，阶级研究是要找出人在社会中的经济位置，以及由此所结成的同盟利益；阶层地位研究是要分析除经济因素外，人们可以享有的其他利益，这主要是指透过他人赋予的非经济利益；而政治社群研究是要找出个人与社群之间的关系，探讨人们可以透过哪些组织形式获取一定的权力和利益。

就我国开展社会阶层研究的目的而言，从政治的角度，研究社会分层即要对不同社会阶层的社会政治属性做出分析和判断，把握好发展的大方向，最大限度地调动和团结一切有利于社会主义建设的积极力量，巩固和发展党所领导的爱国统一战线；从经济方面，研究社会阶层是为了对经济政策做出判断或调整，以调节收入差距和社会差异，缓和社会矛盾。而社会学研究社会分层，除了要关心上述政治和经济的发展要求外，同时，还要通过分层与流动研究，掌握社会阶层结构的运动变化规律，关注可能引发的各种问题，通过体制、机制分析，寻求解决各种利益矛盾的途径。

2. 基于本课题作为社会学的研究目的，特别注意到以下要求

第一，在世界公认的中国经济发展成就中，有一条不同于其他转型国家的根本区别，就是中国推行了“以公有制为主体，多种所有制经济共同发展”这个社会主义初级阶段的基本经济制度。国有经济与包括个体、私企在内的民营经济的共同发展创造了中国经济长达 30 多年的辉煌。私营经济不断发展壮大，已经成为社会主义市场经济的重要组成部分和促进社会生产力发展的

重要力量，同时，在改革开放中成长起来的私营企业主，也已成为我国经济结构和社会结构变革调整中最引人注目的事物。随着私营经济与国家经济、社会、文化、政治等诸多方面日益紧密地联系在一起，一个坚持共产党领导，坚持走中国特色社会主义道路的私营企业主群体的崛起，不仅是时代发展的客观要求，也是历史赋予这些企业家的责任，对于研究者来说，当然，也是我们观察了解私营经济和私营企业主成长的一个基本指向。

第二，社会是一个构造复杂的生态系统，在这个系统中，存在着诸多既各自独立又相互依存的发展系统，它们各部分建构合理、运行有序、相互和谐会产生共同的推动力，促进社会的发展进步；反之，配载不合理，超越或是滞后于社会所提供的时空要求，这个社会就不能产生高效的运动，会引发种种矛盾，甚至出现危机。无论是从历史角度看还是从现实的角度看，私营经济的存在和发展都是一个历史的过程。一方面，它的产生必定与历史的某个时代相结合，反映着社会的需求和民众的愿望，这样才能获得生存和发展条件。另一方面，私营经济与私营企业主的产生，也是一种生态过程，它与整个社会共同构成一个发展系统。随着生产力和生产方式的不断提高，随着社会的发展进步，它的能量也会随着环境系统的变化而发生转变，这是历史发展的客观规律，也是生命系统的重要特征。当我们对私营企业主进行系统考察的时候就会发现，只有将当代中国的私营经济及私营企业主的成长作为一个历史过程、一个生态系统加以考量和认识，才能找到它的生存依据，才能看到它的历史作用，才能得出一个客观准确的结论。

第三，当代中国的私营经济及私营企业主的发展有其深刻的经济根源和社会意义。私营经济的复生，与我国改革开放的宏观政策、指导方针、发展构想有着密切联系，不承认这一点就不是实事求是的态度。但是，对于私营经济的不断发展壮大，还必须用时代的观点和生态的观点加以认识。客观地讲，过去人们对私营经济的认识是有偏差的，对国有资产的经营也存在着诸多不利。伴随改革开放的实施，鼓励发展私营经济无疑是解放社会生产力的一个重要举措，而这一新生经济成分取得的巨大成就，足以表明它在社会主义初级阶段仍然有旺盛的生命力。私营经济的复生与崛起，不是党和政府恩赐的结果，它是时代发展的必然，是适应改革开放要求所取得的双赢结果。只有从这个高度来认识，才能看到它存在的意义和价值。

第四，关于私营经济的地位和作用，目前已得到普遍肯定，积极方面也体现明显。总的说来，我国的私营企业主在改革开放的 30 多年间，从无到有，从小到大，扩展成一支拥有百万之众的庞大队伍，其速度不能说不快，其业绩不能说不大，体现了我国改革开放的成就，也佐证了我国社会主义制度的自我创新能力。但是，从另一角度看，在私营经济及私营企业主的这种非同寻常的发展中，也打下了许多政治印迹，如私营经济的起伏发展与其间相关政策的变动调整有着密切的相关性和共时性，私营企业主的利益实现与政治经济体制间存在着脐带关系，更有所谓的“红顶商人”，非制度性安排等。对此，有学者认为，我国私营企业主的成长并不是一个独立的市场培育过程，而是与现有体制机制缺陷结合在一起，形成的一种不健全的成长方式，某种程度上具有畸形发展特征①。更有学者提出是共产党扶植了一个资产阶级的观点②。于是许多值得探讨的问题被提出来，如怎样看待中国私营经济及私营企业主阶层的兴起？他们与现行政治经济体制间的关系应该如何界定？从国家的长远利益和发展来说，他们是否可以成为依靠的力量？他们的自身素质是否可以担当起振兴民族经济的大业？他们在多大程度上认同现有体制上的安排？等等。

应当承认，要完整准确地回答这些问题，并不是一件容易的事情。一方面因为我们对改革开放以后的社会分层结构需要有一个观察的过程，用什么样的理论进行解读还需要讨论；另一方面，20 世纪 90 年代中期以前，我国社会改革所引发的社会矛盾还没有像现在这样尖锐，在这之前的改革基本上是全民受惠，虽然每个人受惠的程度不一样，但社会总体上是处于快速稳定发展时期。进入 21 世纪以来，随着社会转型的加剧，许多深层次问题开始显露，利益集团扩张，财富分配出现两极分化，贪污腐败等；阶层区隔已经到了非常严重的程度，人们对公平正义和生活政治愈加关注。尽管有学者从宏观上研究社会变迁的特征，以期发现或揭示社会不公、两极分化的原因，但是，这些研究大多是静态的或描述性的，缺少动态的系统性分析。基于职业结构的阶层划分只是反映了职业或阶层结构的状态，揭示社会内部的分化与博弈、紧张趋势和原委的从意识形态到行动逻辑的探究还着力不多。

英国社会学家约翰·高霍（John Goldthrope，1978）曾指出：研究社会阶层不能只停留在理解社会结构本来所具有的社会分层状态上，而要认识社会分层的动态情况，必须多做“关系性”研究，如研究个人与社群之间的地位与利益分配、权力与资源之间的互动作用等③。高霍的观点对于本研究路径的选择具有启发性。从计划经济到市场经济的制度变迁，实际上是各种利益关系的变革调整过程。随着这个过程的展开，私营经济及私营企业主阶层的

① 丁栋虹．制度变迁中企业家成长模式研究［M］．1 版．南京：南京大学出版社，1999.

② 林炎志．共产党如何“领导”资产阶级［J］．社会科学战线，2001（3）.

③ GOLDTHORPE J H，BEVAN，P. The study of Social Stratification in Great Britain：1946—1976［J］. Social Science Information，1978，16（3/4）：279-334.

兴起，根本上是政策性和市场化共同作用的结果。作为社会经济结构、利益结构和社会关系重新组合的产物，随着这一阶层的积蓄与内在构成的不同，它与其他社会阶层一样，其利益、观念、行为也在发生着变化调整。我们的研究正是透过对他们的内在结构和社会政治属性，以及思想政治形态与行为方式的考察，了解掌握这一阶层兴起与变动的因素，探究他们在宏观社会结构中的位置、作用和走势。

2.1.2 研究假设与关注问题

概括上述思考，本书所要研究和阐述的中心议题是：围绕当代中国私营企业主阶层的成长环境和影响因素，以“关系和利益”作为研究分析的主线，全面阐述私营企业主阶层的利益形成、表达与实现机制，分析他们的阶层结构和思想意识形态，特别关注阶层意识的衍生与政治经济环境之间的变动特点，为总体上把握这一阶层的性质、地位和发展走势提供认识上的路径和方法。

社会学关于阶层意识与阶层认同的研究，通常包括两个层面：一是认识论和发生论方面；二是有关不同阶层或群体的实证研究。

基于对相关文献及有关问题的认识，我们的实证分析将从私营企业主的行为表现与行动逻辑来追溯他们的阶层意识与认同，这在认识论和发生学角度强调了诚如实证主义大师威廉·怀特所指出的“一个人的态度（意识）必须从他的行为来判断”的主张。许多隐藏在表象之下的东西，由于行动可以直接被观察，所以，它为理解个人如何适应其所在的社会提供了一个分析框架；同时我们也注意到，那些思想意识形态的东西最终是要作用于人的行为，反映到人们的行动中去的，所以，存在决定意识，思想决定行为。

1. 本书提出的研究假设

（1）所谓阶层意识与阶层认同是人们对自己所处的社会历史条件和经济条件的一种关系反映，它是客观经济结构和社会结构的思想反映。阶级/阶层意识的产生和发展，同社会变动的剧烈程度有关。在一个相对稳定的社会结构中，尽管阶层分化也不同程度地存在，但未必会导致鲜明的阶层意识；而在一个急剧变动的社会中，人们所处的社会经济地位的相对变化，不仅会使人们敏感于自己的得失，更有可能导致明确的阶级/阶层意识的形成。

（2）私营企业主阶层的形成发展是一个历史的过程，在它全部的社会经济功能没有充分发挥出来之前，它是不会自然消失的。当代中国私营企业主阶层的兴起，以及他们的阶层意识与阶层认知的形成，不仅源于经济体制变革和市场化所带来的巨大推动，同时还在于社会的整体转型和企业家的特殊成长经历。影响阶层意识形成、表达和转化的，既有内在结构性原因，也有外部环境系统的影响。他们的阶层意识与阶层认知的发生发展，取决于他们与政治主体间所建立的关系和利益的协调程度。

(3) 改革以来，“让一部分人先富起来”既是中国改革的现实经历，也是改革进程中居于主导地位的一种意识形态。随着人们之间社会经济地位差距的日趋加大，阶层分化及阶层隔阂与冲突也逐渐显现出来。这是一种“关系和利益”的较量，既反映了社会中极为现实的一面，也映衬了社会生态系统的作用。通过分析私营企业主阶层内在生长元素与社会变革之间所发生的关联与互动，探讨他们的思想意识形态与行为方式特征；从同时期发生的各种政治、经济、社会的变革经历，探究阶层意识与阶层认知的发展轨迹与内在逻辑性，这是本研究的重要特色，阶层研究需要更广阔的视域，需要从社会生态的角度加以观察。

社会生态系统的观点，对于全面认识中国新兴的私营企业主阶层来说，可被视为一项基础性的研究工作。由于它出发于一个新的角度，需要回答的是有关社会变革与意识形态及阶层行动之间已经或将要发生的变化，因此，本书具有一定的探索性。

2. 本书的指导性问题

(1) 在经济和社会研究中，经济行为根植于行为者的社会网络之中，这一观点已经成为一个强有力的理论分析的出发点和工具（边燕杰，1996）。不同的网络构成产生着不同的社会资源和市场机会。由于在中国，私营经济的存在和发展始终受到政府行为的极大牵制和影响，市场经济还不完善。政策的不确定性和出于政府不同部门利益考虑的规则措施，又必然会影响到投资者及企业主的利益、思想和行为，于是私营企业主的经济活动和社会利益，不仅体现在企业的运营管理方面，还体现在人际关系是否成功、是否营造出了各自不同的网络以及由此而产生的社会资源的利用方面，这一点在本项研究中将得到充分的讨论和验证。

(2) 在中国不断推进的市场化过程中，权力的转变（或称权力变型）对于私营企业主的资源获取和地位获得，具有极其重要的意义。在私营企业的经营增长中，“关系力量”可谓举足轻重，拥有优越的关系网，意即拥有了许多重要的社会资源。而权力变型又必然带来官商勾结、互相利用的倾向，由于社会交往的不同，私营企业主的利益形成、表达与实现也就不同，我们的研究正是要考察在私营企业主的利益形成和实现中，政治经济体制与人际网络在多大程度上促成了利益交换，同时，我们也将考察这种环境因素对于私营企业主阶层意识与认知行为的影响。即当经济方面的利益得到一定程度的满足之后，他们的政治利益和要求是什么，怎样表达，为实现这些政治利益和要求，社会网将在何种程度上给以支持。对于这些问题我们将依据调查、访谈的结果来探讨。

（3）随着中国经济体制改革和利益关系的调整，国家已越发地注意到私营经济存在和发展的重要性，有关扶持政策不断出台，人们似乎也更看好它的发展。但是，私营企业主毕竟是作为私人资本人格化的体现，按传统意义讲，它是具有剥削性质的资产阶级的化身。而按照社会主义改革发展的方向，这并不是政府所要倡导和培育的，因此，对于它的壮大应如何看待和把握，它究竟能够走多远，这既是政府所关注的问题，也是老百姓所关心的问题。作为一项探索性研究，我们将在实证分析的基础上，从历史和现实的角度做出客观、真实、准确的回答；对他们的社会政治状况、阶层属性、利益结构展开研究，将有助于对我国经济和社会所发生的一系列变化加深认识和理解，为总体上阐述我国现阶段阶层结构状况提供具体分析依据。

2.2 社会生态分析的方法和意义

2.2.1 生态学及生态系统的提出

“生态学”（Ecology）的概念在1866年由德国生物学家海克尔（E. Hacekel）首先提出，当时主要是指研究有机体和它们的环境之间相互关系的科学。他说：“我们可以把生态学理解为关于有机体与周围外部世界的关系的一般科学。外部世界是广义的生存条件”①。生态学概念的提出，不仅创立了一门新的生物学科，而且把环境因素纳入了生物学研究，开创了生物科学的新时代。过去人们对生命现象的认识只限于生物有机体本身，认识生命特殊的有机组织，如关于生物的结构、功能及其分类等，很少考虑到环境因素。但是，生物离开环境是一种死物，把有机体与环境分割开来的研究，只能是一种抽象的研究，而不是研究现实的生命。现实的生命，除了有其特殊的有机组织及其功能外，还有其特有的环境。只有同时研究生命的特殊的有机组织和特有的环境，以及它们的相互作用，才会有对生命现象的完整认识。

生态学把环境因素引入生物科学，这是一场生物学的革命。然而，随着

① 汉斯·萨克塞．生态哲学［M］．文韬，佩云，译．北京：东方出版社，1991.

生态学的发展，生态学与人文科学的结合，产生出的人类生态学、社会生态学、城市生态学、人口生态学、文化生态学等，则标志着人类对自我认知的一个飞跃。

1935年，英国生态学家A. 坦斯利（A. G. Tansley）根据研究和分析，大胆提出了“生态系统”（Eco-system）概念，指出：世界上的万物与它们的周围环境都是密不可分的，它们共同构成着一个有机的生态系统。根据这一概念，任何生物群体与其环境组合的自然整体都可称为生态系统，生态系统是生命系统和环境系统在一定空间组成的有机复合体①。

20世纪中期，生态学方法开始被运用于人的研究。为把一般生态学的观点移植到人类生态学的研究中来，英国人类社会学家G. 邓肯·米切尔在“生态系统”概念的启发下，提出了“生态综合体”概念，认为一切有生命的物体都是某个整体的一部分，用以分析人类社会及其环境的相互关系，于是，生态学又被看做是“研究关联的学说”。

生态学中的“环境”原本指自然环境，它是生物圈（Biosphere）或生物圈的一部分，而环境这一概念用于社会学领域时，便被予以了更加广泛的含义，它指的是影响人类行为的社会因素和文化因素，成为与“遗传”相对而言的概念。社会生态学主张把环境因素用于分析人的行为，认为人类的文化与制度同生物体的自身进化是互相关联且相一致的，这一过程同样体现着自然选择的原理②。

2.2.2 社会生态分析的方法和意义

总的来说，生态学的发展表明，我们对待任何事物，都不可以用简单机械的观点来理解这个世界所发生的一切，包括各种生命现象和社会运动。所谓社会生态学方法，其实就是用生态论观点研究现实事物，观察现实世界，用生态观点思考问题。这种观点的核心是：生态系统各种因素相互联系和相互作用的整体性观点；生态系统物质不断循环和转化的观点；生态系统物质输入和输出平衡的观点。它强调的是全面和辩证地把握所研究的对象，提倡从以往线性因果关系分析的视角，向网络因果关系分析转变，尤其是对于人文社会科学研究来说，生态学方法所注重的是对于人的行为、目的和作用以及未来的关切。

社会生态研究既不同于自然科学中的试验分析，也不同于人文科学中的简单归纳演绎，它强调的是对生态系统的综合关照。这种生态系统由3部分

① 迟维韵. 生态经济理论与方法［M］. 北京：中国环境科学出版社，1990：2-3.

② 鲁斯·A. 华莱士，等. 社会生态学和对它的攻击［J］. 国外社会学，1998（2）：23.

组成，即生命系统、环境系统和平衡系统。它们有着一个完整的，相互依存的运动发展规律。按照美国生态学家康芒纳在《封闭的循环》一书中所指出的，生态系统规律包含着 4 项重要的法则。

第一，“生态关联”法则。即每一事物都与别的事物相关，任何一个生态系统都包含着许多相互关联的事物，它们相互联系、相互作用、相互依存。

第二，“生态平衡”法则。即一切事物都有着发生、发展和去向的过程，世间万物都是在相互依存中得到的发展，它们的变化和转移，足以表明世间万物的存在是一个整体，有着物质不灭的定律。

第三，“生态智慧”法则。即任何事物的存在发展都有其内在规定性，所谓“自然的是最好的”。人为地干涉或削弱某一事物的发展和运动规律，其结果必然是有害的，是不足取的。

第四，“生态代价”法则。这条法则警告人们，世间万物的存在都有其理由，人类的发展不应削弱自然界多样性生存的能力，同样，一部分人的发展也不应该削弱另一部分人发展的能力，当代人的发展不应削弱后代人发展的可能性。生态学关于生态系统整体性的看法，关于生存法则的看法，其实是“关于一个地球上的生命之网的看法”①。

生态学的创立始于 19 世纪中期，生态学方法被人们所关注，并运用于各项研究始于 20 世纪 40 年代以后。近年来，随着各新兴学科的发展，生态学的有关概念与方法被应用到相关领域，已成为一种重要的研究范式，尤其是社会生态方法与人文社会科学研究的结合，使人们对于研究对象的理解和把握更加深刻全面，其重要性也得到了越来越广泛的认识。例如，生态分析被用于政治学研究，侧重描述环境对政治行为的影响，其特点在于试图测定不同的环境对于特征相似的个人或团体所产生的作用。1961 年美国学者里格斯出版了《行政生态学》一书，第一次将经济制度和经济发展水平作为生态环境与行政模式结合起来，从生态环境的角度论述了不同社会类型所存在的与之相适应的行政系统类型。在中国，王沪宁于 1989 年出版了《行政生态分析》一书，开始借用生态学的基本概念和原理，分析了行政系统与其环境之间的相互关系和双方取得动态平衡的基本途径②。除此之外，上海人民出版社于 2000 年 6 月出版的王邦佐等人合著的《中国政党制度的社会生态分析》一书，则是运用社会生态分析的方法，将中国政党制度置于广阔而复杂的社会诸环境之中，探索中国政党制度的形成、发展与完善的力作。

需要指出的是，社会生态方法在用于社会科学研究，以人类社会为中心

① 巴里·康芒纳．封闭的循环——自然、人和技术［M］．吉林：吉林人民出版社，2000：36.
② 王沪宁．行政生态分析［M］．上海：复旦大学出版社，1989.

的生态分析时，生态学原有的基本概念已发生了相应转换。生命系统已由原来的动植物个体或群体转换为人的个体或群体，以及人所制造的各种制度系统，而环境则已不仅或主要不是生物环境和动植物生长其间的无机环境，而是成了人或特定制度所处的社会—文化环境，也就是说，环境系统由生物圈转换成了社会圈，研究关注的焦点在于生命系统与环境系统的相互作用关系。

2.3 分析框架与基本立场

承前所述，生态学关注的生态系统是由生命系统和环境系统在一定的时空中所结成的有机体。借鉴社会生态分析方法，对私营企业主的阶层状况与阶层意识展开研究，其主旨就是透过对这一生命系统与社会变革的环境系统之间所发生的从共生到共赢的相互关系，探讨当代私营企业主阶层兴起的结构性特征和演化机制，通过对该阶层意识与社会认知、评价及预期的系统考察，解析这一阶层崛起的深刻社会含义，勾画他们在未来社会结构中的位置、作用，为总体上把握这一阶层的性质、地位、结构和发展走势提供前瞻性认识。

2.3.1 主要框架内容

按照本课题研究目的和设计要求，根据社会生态分析特点，从总体上，我们的研究主要围绕着阶层意识与阶层认知中不同生长元素和形成背景、过程以及未来趋势进行多元考察，即从“客观地位获得”、“主观认知形成及发展”和“制度安排与关切”3个层面，全面准确地勾画私营企业主的阶层意识与阶层认同状况。

在分析视角上，本研究围绕以上3个层面展开讨论的同时，我们还采用“阶级的”、“制度的”和“文化的”3种分析工具，从不同角度揭示“客观阶级”、“认同阶级”、“行动阶级”特征。围绕阶层意识与阶层认同中最为本质、最为核心方面主要探讨以下内容。

第一，“身份认同”（identity）。其核心问题是回答“我们是谁，我们的利益何在”。

第二，“我们/他们（us/them）的社会关系意识”，即在宏观社会环境和体制造就下，其政治经济利益形成、表达和实现方式，分析这一阶层意识与阶层认同的建构和行动特点。

第三，对制度性安排与社会总体性（totality）的认知、评价与预期，包括对社会事物的参与态度、责任感、对社会问题的关切、对政府行为以及自身角色地位的认知等。特别是从政治格局和制度安排方面，分析私营企业主的思想形态和政治参与表现。

围绕这个基本框架和核心内容，我们认为，对私营企业主阶层的系统构成，对社会生态环境中的各种体制、机制等社会条件的分析，是全部研究的基础性前提。因此，在课题的整体设计和描述上，我们突出将私营企业主阶层的产生和发展作为一个生态单位，将同时期我国政治、经济、社会和体制结构等方面的变化作为环境系统，将私营企业主阶层发展的制度保障作为平衡因素，从社会生态分析特有的三大系统出发，概括主要内容如下。

1. 生命系统——当代私营企业主阶层的生态构成

第一，构成这样一个生命系统的是从事私营经济活动的个人和群体，他们的社会来源、成员结构、主观意识与人格特征、生活及消费方式、利益关切与心理焦虑，以及反映在他们身上的人力资本、经济资本和社会资本的特点与内在生成机制等，成为观察私营企业主成长过程中最具生命力的内容。如三大资本构成决定着他们的资源获得、机会占有和发展网络的建立。从私营企业主的生态构成分析他们的成功因素和发展的特殊性，实际上是给人们提供一个研究经济转型过程和机制的适当对象与观察角度。这种探讨和研究的意义不仅在于描述一个新的社会阶层的即存状态，更重要的是通过对私营企业主阶层进行分析，透视社会结构的变迁机制。

第二，从生命系统看，私营企业主作为我国改革开放以来经济结构、利益结构和社会关系重新组合的产物，其生产活动过程和经济社会活动具有显著特点。如生产资料的私人所有和实际占有与支配；以占有他人的剩余劳动的方式，不断扩充经济实力，进而谋求更多方面利益等。这些依靠个人打拼，抢占一定市场先机先富起来的创业者，从整体上对国家与市场、个人与社会的认识也有一个不断形成和深化的过程。他们从一个投资者到成为一个企业家，这当中有一段很长的路要走，需要不断地超越自我，使自身素质和价值不断得到提升，才能获得社会的认可和民众的赞许，而这正是生命系统所要考察的内容和要求。

近年来，一些私营企业主在完成了最初的原始资本积累后，已开始进入两代人财富和权力的交接阶段。第一代创业者正在逐渐退出前台，而第二代继承人在享受财富的同时，面对企业传承和社会道德的双重关注和压力，能否续写辉煌，不仅关系到一代中国民营企业家的形象，更关系到整个民企能否在市场经济道路上顺利、稳健地成长发展。私企不仅是一般意义上的经济单位，还是一个重要的社会单位，他们有着不可推卸的社会责任。随着经济一体化加快，市场竞争的规范化程度提高，私企成长的基本矛盾不再是计划与市场的博弈，而是全球化市场中本土化力量与国际化力量的较量，私企应更多地参与到国际市场竞争中，这既是私企做大做强的需要，也是提升我国民营经济在国际经济合作中的地位和作用的要求。

2. 环境系统——私营企业主成长的社会生态条件

在生态学中，环境系统是生命系统的重要依托，环境与基因共同构成生命系统的两大根基，在决定生命系统品质的问题上，生态学赋予环境要素相当重要的地位。事实上，能否与环境特质相协调决定着生命系统的存续大计。当代中国的私营经济及私营企业主阶层的形成，是中国自改革开放以来社会变革的结果。在这样一个变革时代，其政治经济体制及其改革发展构成了私营企业主成长的环境因素和生态空间。

第一，在社会诸环境系统中，经济因素具有基础性地位。经济发展水平和经济政策对市场和资源的配置作用，不仅影响着经济格局的变化，也影响着社会结构的调整。私营经济及私营企业主的出现不是一个偶然现象，更不是一次事件，它是一种“自然的历史过程”①。其产生有它的社会生态基础，如蕴藏在民众心底渴望摆脱贫困的强烈愿望；破除单一所有制创造的滋生土壤和有利于发展的宏观政策。而私营经济的快速兴起和急剧扩张更是在我国原有工业化基础上，通过利用新中国成立后发展起来的交通、运输、邮电、水利等设施，为私营经济发展打下了厚实的物质基础，没有国家对于基础设施的大量投入，就不会有民营经济的大发展，对于这个前提人们应该有一个清醒认识。

第二，在我国不断推进的市场化过程中，权力转变对于私营经济发展具有重要影响。一方面，权力下放及依法行政带给民生更多的自由空间；另一方面，权力变形也一定程度上带来了官商勾结、互相利用的倾向。关注私营企业主成长的社会生态条件，其实就是要考察政治经济体制与人际关系网络在多大程度上促成了利益实现，以及这种环境对于他们各项利益构成产生的作用影响，而对于生长机制、社会关系网络、政治格局、统一战线等因素的探讨，正是为了揭示私营企业主成长的社会生态环境。

第三，非制度性安排、社会舆论导向，以及社会评价与信用体系也是私营企业主成长的重要的生态环境。由于这些因素较其他因素更具有潜移默化和无形的作用方式，因此，通过对于这些因素的分析，我们可以更加真切感受到提高企业家素质，建立企业文化，倡导共生和谐社会的意义。事实上，市场经济的建设与发展，已经促成了中国社会多元文化的出现，人们的思想观念、理想、价值观都会随之发生转变，这些环境因素对发展中的中国社会

---

① 马克思．资本论：1卷［M］．北京：人民出版社，1980.

各阶层，以及执政的党和政府都提出了新的挑战。

3. 系统平衡——私营企业主阶层发展的制度保障

如果将私营企业及其企业主阶层作为一个社会的“生命系统”，那么，政府的作用就是要为其构建良好的“环境系统”，并确保其间动态地“系统平衡”。从改革开放30多年来的历史看，私营经济尽管是一种自由经济体，但其发展状况与国家政策的变动要求却有着极高的相关度。我国私营经济的一张一弛，几乎都能在政策的每一个变动细节中找到线索。正因为如此，在分析探讨私营企业主的阶层认知与政治经济体制关系演变时，虽然我们注意到某些制度和规则有其局限性，但政府在其中仍可有所为，在私营经济这个生命系统存续和发展过程中，我们应该寻求一种更为主动而积极的生态平衡。

保持生态平衡是一个重要的生态原则。生命系统在外界条件下通过自身调节，健康地成长，这是生态平衡。外部环境系统通过合理的建制，积极影响并创造有利条件，促使生态系统中各部分结构与功能最大可能地发挥其作用，也是生态平衡。只有实现了生态平衡，生态系统才是安全的、健康的、高效的。从社会生态领域来探讨分析私营企业主阶层的思想意识形态与行为特点，我们不仅关注这一阶层产生和形成的原因，他们的地位获得、主观阶层意识与人格特征，以及生活方式和自我行动逻辑，我们更关注这个阶层成为新时期的建设者的原因，以及他们在民族复兴的大业中能否承担起更大的责任。这两方面的意义，虽然因其自身的成长经历，与党和政府的要求，以及社会的发展进步可能并不处于同一水平，但都表明私营经济与私营企业主阶层的增长，需要与社会生态环境之间达到一种相对稳定协调发展的必要性。

第一，随着时代的发展，这一阶层自身将面临着不断提升，以适应社会发展要求的任务。在全面建设小康社会，坚持科学发展观的基础上，私营经济及其私营企业主阶层与社会生态环境之间的系统平衡将永远处于变动之中，这是一种动态的平衡，正是在这一动态的平衡过程中，私营企业主阶层通过自身的努力，不断适应环境的要求，才可以获得自身生命的延续发展。当然，由于环境系统居于统领和优势地位，变动往往首先来自于环境系统的影响，因此，环境系统的变革更应具有先进性和规范性，从而实现生态系统的平衡。在建设中国特色社会主义，以及发展社会主义市场经济中，它的意义应该是深刻而久远的。

第二，我们视社会环境系统为“因”，视私营企业主阶层的发展为“果”，从他们的身份、地位、焦虑、关切、利益等核心问题展开讨论，将有益于我们更深刻地认识中国现阶段私营企业主阶层的生成及其主要特征。社会生态分析不仅强调社会环境的重要决定作用，同时，更注重事物本身与环境的互动联系，因此，将阶层的存在作为“结果”，也将促使它由产生的社会之“因”产生新的特质，从而推动环境系统做出相应调整，正如社会学中制度学派认为的那样，适合性逻辑是政治活动的基本逻辑，制度既适应环境和集体行为，也改造着环境和个人行为。可以说，这一分析方法为我们认识、把握当代中国私营企业主的发展提供了有效途径。

2.3.2 研究的基本立场

概述以上观点，社会生态方法之所以能够被用来分析私营企业主的成长过程，是由于这种寻求系统平衡的分析方法与当下政府所倡导的“科学发展观”、“构建和谐社会”的主题在本质上具有一致性，这种一致性为生态学方法与社会学研究的结合提供了理论基点。而唯物史观主张“经济基础决定上层建筑”，因此对包括政治制度在内的一切上层建筑的分析认识，都不能不回到它的社会母体中去考察。同时，唯物辩证法还提醒我们，上层建筑对社会经济基础的反作用，同样必须得到足够重视，生之于变革时代的社会阶层并不是被动的，从它生成的那一刻起，它就已经在进行着对社会基础的影响与改造。历史唯物主义和唯物辩证法不仅为我们提供了考察阶层结构与社会关系的科学方法，也为我们对私营经济及私营企业主阶层进行社会生态分析提供了坚实的理论基础。据此，本研究的基本立场是：

（1）坚持马克思“社会存在决定社会意识”的重要观点，认为人类社会本身就是一个构造复杂的生态系统，其中既有法律、制度、规范，也有各种习俗、文化和历史积淀，所有这些构成着现实中的社会。因此，我们看问题、想事情、谋发展必须要从变革社会的现实，从民众的需求和社会生产力的发展水平出发；从历史和全局的角度，从当代世界发展趋势，从保持社会生态的合理有序发展，阐述当代中国社会阶层的发生、发展过程，把握私营企业主阶层的社会特征和政治经济属性，这种研究才具有坚实的基础和更为广泛的意义。

（2）私营经济及其私营企业主阶层的再度兴起，它所带来的经济增长和产生的巨大活力，足以证明中国的改革开放政策是英明正确的，是适应中国社会处于社会主义初级阶段的生产力和生产关系发展要求的。私营经济的崛起，证明了社会发展有其内在规定性，这种规定性既是事物本身发展的内在要求，也是各种事物相互关联和发展的客观逻辑，当它一旦与务实开明的政策和民众需求与愿望结合起来，就会迸发出耀眼的光彩。

（3）我国改革开放取得的成果与私营经济不断壮大的事实，是中华民族在经历了百余年坎坷图强的道路上，寻找到的一条适合中国国情的发展之路，是富民强国政策结出的必然之果。重新确立个人在经济中的权利，共同致力于中华民族的伟大复兴，是中国实现现代化发展的重要思想基础。一大批私营企业主的成长，反映了我国社会各个生态系统在新的历史条件下，重新确立起新的发展坐标，它是一种历史积蓄的交汇与绽放，是我们这个国家民族性的体现，同时，也是民族复兴的开始。

（4）纵观当代中国私营企业主阶层的成长历程，作为改革开放的产物，这一阶层具有的特征和属性无疑具有时代性，具有与其他阶层不同的特点。作为经济变革与市场化共同作用下产生的一个新生阶层，改革的主导意识与权力利益的结合，某种意义上决定了该阶层本身的发展，也影响到了阶层意识的走势。从社会生态视域考察私营企业主阶层意识与认知表现，探寻他们的行动逻辑，其表明私营企业主的发展，不仅需要不断适应社会环境的要求，还需要提高素质，不断调整自身的价值取向和作为，这是本书所作的尝试和努力要达到的目的。

2.4 有关资料的说明

本书所使用的研究数据和图表资料，大体上有两部分来源。

1. 近年来相关部门组织的有关私营企业调查

包括由中共中央统战部、中华全国工商业联合会、国家工商行政管理总局、中国民（私）营经济研究会共同组织的历次全国性抽样调查，有关省市、地区为配合全国性调查所做的区域性调查或专项研究，国家有关部委发布的年度统计报告、年鉴、汇总资料，以及专家学者发表的有关研究著述中涉及的相关资料。

2. 来自作者本人组织、参与的有关调查及部分深度访谈资料

（1）2003 年由中央统战部和全国工商联组织的“非公有制经济代表人士队伍调查”。此次调查系在全国 15 省 8 市，根据统一要求，按私营企业总户数的 5‰比例抽样实施。本人参加了天津地区的调查并进行了资料的后期整理分析。

（2）2005 年由中共天津市委统战部和市工商联组织的“天津市私营企业主思想政治状况的调查”。该研究对私营企业中具有一定经济实力，有一定政治愿望和要求，并有一定政治安排的代表人士进行了调查，旨在了解他们的

政治意愿和表现形式，把握他们的思想动态和发展趋势。

（3）访谈资料包括：2007年根据中共天津市委统战部拟定开展“新社会阶层情况调查研究”的部署，本人结合研究要求所做的有关访谈；2009年依托天津市18个区县工商联组织的36位私营企业主社会关系状况访谈。其中涉及的主要内容包括以下方面。

①新社会阶层的基本分布情况，年龄结构，学历构成，政治面貌，加入人民团体、民主党派和学术团体的情况，以及政治安排情况。

②关于新社会阶层的主要特征，如经济地位和社会价值观念；群体意识；参与各类社团活动情况；政治参与的主要表现形式、主要特点、参与的程度和水平、参与的主要目的、政治地位和影响力，政治诉求等。

③私营企业主中的代表人士发挥作用的情况以及存在的问题；如何在新的社会阶层中开展统一战线工作等。

（4）作者会同有关部门陆续在5家私营企业所做的连续跟踪调查。

上述资料的获得主要是通过与企业主座谈、走访、实地考察、到企业蹲点，以及直接参与企业管理活动等方式。通过收集阅读有关调查对象的文字资料，进行深度访谈，注意发现和挖掘典型个案的代表性意义。同时，调查还对私营企业主中有政治安排的人大代表、政协委员、各党派成员及工商联的主委、副主委进行了有针对性的走访，通过查阅有关的提案、建议和会议记录，观察他们的主要社会交往关系，捕捉其真实情况和要求，为进一步深入研究提供分析对比资料，从而保证定性研究的开展。

3 不同社会生态境遇下的私营经济

核心提示：

● 私营经济在我国经历了一波三折的起伏发展。本章从体制环境入手集中论述了私营经济兴起的客观必然性和产生结果，即透过改革前我国私营经济的存续状况、滋生土壤、社会变革与私营经济复兴的体制经济空间等，宏观上对私营经济的发展历程进行了概括，指出在人类社会经济结构中，若缺少私营经济参与社会生产分配，社会活力和效率就会下降。尽管改革前私营经济在体制内不被接受，但产生雇佣劳动关系的社会经济条件仍依稀以残留形式存在。而改革开放，拨乱反正，对初级阶段的正确判断，建立市场经济体制的决定，则标志着我国在建设怎样一个社会主义国家道路上有了更加明确务实的选择。

● 从新中国成立到开启改革时代，国家在基础设施建设上投入巨大，不仅使工业化达到了一定水平，也使遍布城乡的交通、运输、邮电、水利等形成网络，为私营经济发展创造了有利条件。伴随改革过程中各种生产要素的流动组合，商品经济形成，市场化取代行政计划，不仅激发了蕴藏在民众心中强烈的致富热情和实现自我的愿望，同时也为人们实现创业提供了最大程度的可能，提供了重要的体制环境保障。

● 私营经济日益壮大的过程是人们不断打破条框束缚，在物质性基础、价值性选择和利益性活动中勇于实践的结果。货币财富在人们手中的积聚，相对自由的剩余劳动力的大量存在，是私营经济再生的基本前提；个体经济在城乡贸易中的不断活跃，私人收入资本化，公有经济民营化，是私营经济形成的现实基础；存在于广大城市和农村的巨大社会需求，则是私营经济再生的重要市场条件，这些构成了私营经济发展重要的社会生态基础。

● 当代中国私营经济发展是政策性和市场化共同作用的结果。在政策影响和市场作用两个方面，政府偏好、态度和认知管理水平起着十分重要的作用。总体上，政策的设计安排、市场的引导驱动使私营经济从角落走到了前台，成为私营经济兴起和发展的重要因素；而社会生态的良性互动，政府行政能力、政策供给水平、市场规范程度，又成为影响私营企业主成长过程中最为关键的生态因素。

探讨当代中国的私营经济及私营企业主阶层的形成发展，虽然可有不同的角度、不同的侧面，然而，当我们将探究的视野重新回放到改革之初，找寻那曾经引起深刻变革的初始动因和环境条件时，人们即刻会发现，几乎与改革发展同步出现的个体私营经济，其实如同历史上任何一个社会经济形态的发展一样，它不是一个偶然现象，而是一种“自然的历史过程”①。不会凭空而来，其产生有它的社会生态环境基础；也不会一蹴而就，其发展有它的客观阶段性。在不同的社会生态条件中，既包含着改革开放前我国社会经济的总体状况，及蕴藏在民众心底渴望摆脱贫困的强烈愿望，也包含着伴随改革开放，我国社会在经济体制方面所发生的变化，以及所形成的现实的滋生土壤，同时更有赖于宏观发展政策的制定实施。这一切既构成了新时期私营经济复兴的重要社会基础，也成为开创建设具有中国特色社会主义改革发展之路的基本条件。

3.1 改革开放前私营经济滋生的社会经济条件

3.1.1 对私营经济产生条件的再认识

关于私营经济的产生发展条件，目前常见的解释有两种。

第一种是人们普遍认为，我国个体私营经济的产生和发展，是自觉的十一届三中全会以来，实行一系列改革开放政策，大力推进所有制变革的结果。诚然，这种认识判断是对的。改革之初，如果没有中央对内搞活、对外开放的正确方针，没有允许个体私营经济的存在并鼓励其发展，私营经济是不会形成今天这样的“气候”的。但是，也有一点值得注意，社会存在决定人们的社会意识，这是马克思主义的一个基本原理。任何的政策都是根据实际情况来制定的，它必定是从社会存在的大量事实中，经过分析判断得出的符合社会发展要求的决策。

从实践中得出来的认识判断，是一种客观存在的反映，属于意识形态的范畴，它能够反作用于存在，而不能决定存在。把私营经济的滋生成长完全看成是某种方针政策的结果，显然是有失偏颇的。私营经济的再生与发展有其复杂的社会基础。实践表明，在正确的方针政策指导下，个体私营经济是可以正常的形式获得发展，并发挥出应有的作用的；而方针政策如果发生了偏差，它则可能会以扭曲的形式存在，甚至在一段时期内，虽然会被不正确

① 马克思．资本论：1卷［M］．北京：人民出版社，1980：12.

的认识判断强行取缔，但是，其旺盛的生命力犹如野草一般是烧不尽、吹又生的。一种形式被压制下去，它还会以另一种形式表现出来。改革开放前在全国各地程度不同地存在着的“地下工厂”就是例证。私营经济原本是社会主义初级阶段中不可缺少的组成部分，它与公有制经济相辅相成，犹如一部机器上的不同零部件，在各自的部位上发挥着作用。在人类的社会经济结构中，至少到目前为止，无论是在哪一种社会形态或是制度中，缺少了私营经济参与社会生产与分配，这个庞大的社会机器运转效率就会下降，活力就会受到限制。

第二种是把私营经济的出现归结于中国现阶段社会生产力的低水平和发展的不平衡，这也是一种普遍的认识。这种说法看起来很有道理，最符合生产力决定生产关系的原理。但是，如果我们加以认真的分析便会发现，这种说法其实是过于简单化了。按照这种观点，很容易得出这样的结论，即当社会生产力水平低的时候，我们需要扶持发展私营经济，而当社会生产力水平提高之后，是不是又要对它进行无情打击甚至消灭呢？再进一步人们也可以疑问：建立在雇佣关系基础上的私营经济，是不是只能适应于较低的社会生产力水平？那么在西方发达国家，社会生产力水平已经足够高的情况下，为何还大量存在着私营经济？就我国现实经济情况来看，东部沿海地区社会生产力发展水平普遍高于西部地区，而东部地区的私营企业数量和规模也远高于西部地区，西部地区社会生产力水平低，一个重要原因是那里的多种经济发展还不够多、不够大、不够强。

恩格斯曾经指出：“一切社会变迁和政治变革的终极原因，不应当在人们的头脑中、在人们对永恒的真理和正义的日益增进的认识中去寻找，而应当在生产方式和交换方式的变更中去寻找；不应当在有关的时代的哲学中去寻找，而应当在有关的时代的经济学中去寻找①。”私营经济及私营企业主阶层的再次产生，根本原因是基于我国生产力水平和生产方式的变革。列宁曾经告诉我们：“在分析任何一个社会问题时，马克思主义的绝对要求，就是要把问题提到一定的历史范围之内②。”鉴于此，这里有必要回顾一下改革开放前我国私营经济产生的社会经济条件。

3.1.2 改革前我国私营经济的存续状况

关于改革开放前我国私营经济的情况，可以追溯到新中国成立伊始。

---

① 中共中央马克思恩格斯列宁斯大林著作编译局．马克思恩格斯选集：3卷［M］．北京：人民出版社，1995：424-425.

② 中共中央马克思恩格斯列宁斯大林著作编译局．列宁选集：2卷［M］．北京：人民出版社，1995：375.

1949年中华人民共和国成立以前的旧中国，是一个以传统农业为主、发展极不平衡的经济落后国家。就产业结构和所有制结构来说，工业产值仅占国民生产总值的10%左右，而遍布城乡的商业，由于战争和国民党政府长达十多年的剧烈通货膨胀，变得畸形发展、市场秩序混乱。就所有制结构看，虽然外国资本在战争中受到削弱，但官僚资本迅速膨胀，控制了金融、重工业、交通运输和外贸，私营经济虽然有业多面广、与传统经济关系密切等特点，但是受战争破坏、通货膨胀和官僚资本的挤压，在战后总体衰落，个别行业畸形繁荣[①]。新中国就是在这样一个基础上成立的。

新中国成立初期，在社会经济结构中，既存在着以雇佣劳动为基础的资本主义工商企业，也存在着以劳动者家庭和个人经营为主的个体经济，二者在国民经济中占有很大比重。当时，为了巩固新生政权，党和政府通过没收官僚资本和敌产为国家所有的政策，建立了强大的、居于领导地位的国营经济，而私营经济作为新民主主义社会的“五种经济成分”之一，根据《共同纲领》提出的“在国营经济领导下，分工合作，各得其所”的基本政策下，本着“公私兼顾，劳资两利”的原则，得到了一定程度的保护、利用和发展。

如何看待和正确处理城镇个体私营经济，不仅是民主改革时期关系到革命能否胜利的重要问题，也是新中国在确立新民主主义经济体制和恢复发展国民经济过程中需要正确解决的基本问题。正是新中国成立伊始中国共产党和政府从实际出发，正确处理了这个问题，所以才取得了国民经济迅速恢复的巨大成就；而在1952年以后经济建设中的许多失误，也是由对私营经济的某些错误认识所引发的。

那时，在国民经济恢复时期，对于数量众多的个体私营经济来说，其经济管理体制已经发生了较多变化，从宏观上看，国家加强了对私营经济的调控（利用、限制、改造），在新的基础上调整了公私关系；从微观上看，私营企业内部的管理体制也发生了变化，重新确定了劳资关系。但在这之后，以前苏联为蓝本建立的高度集中的计划经济体制，则将私有经济作为一个具体的社会罪恶加以改造。客观地说，这种决策的形成也是一种必然。在千万个无产者经过浴血奋战夺得政权之后，为建立一个没有剥削、没有压迫的人人平等的理想社会，就必然要对旧的经济秩序和财富占有形式进行清理，从而对私有经济的改造就成为不可避免的过程。正如《共产党宣言》中所说，共产党人可以把理论概括成一句话，那就是消灭“私有制”。

在社会主义改造基本完成，全社会逐步建立起集中统一的计划经济体制

① 武力．中国当代私营经济发展六十年［J］．河北学刊，2009（1）．

过程中，虽然作为剥削阶级的资产阶级得到了改造，失去了他们存在的物质基础，但是由于小商品生产的存在，产生雇佣劳动关系的社会经济条件还依稀以残留的形式存在，所以那时的个体私营经济也还有一些。据有关资料显示，1956年下半年，各类自由市场明显呈活跃状态，个体工商业也在发展。以上海为例，9月有个体工商业1661户，到12月增长到4236户，出现了自发经营的规模较大的手工工厂，人们称它为“地下工厂”，还出现了“地下商店”。

如何对待这类事物，引起了社会的关注。同年年底，毛泽东召开座谈会，在听取意见后提出：地下工厂，因为社会需要，就发展起来，要使它成为地上，合法化。只要有市场、有原料，这样的工厂还可以增加。可以开夫妻店，可以雇工，可以开私营大厂。华侨投资100年不要没收。可以消灭了资本主义，又搞资本主义。这种被称为“新经济政策”的意见，得到了中央其他负责同志的赞同①。这是我们党在探索中国自己的建设道路过程中形成的非常宝贵的经验。

但是，正如我们现在所知道的，1957年以后，“左”倾思想开始抬头并逐渐占了上风②。在此后的一个较长时期内，我们党在指导思想上脱离了具体的国情，盲目提倡“一大二公”，特别是把社会主义的发展模式理解为单一的公有制结构和计划经济管理体制，并且把它作为急于求成的理想目标，用群众运动的形式来动员和组织，把能够促进生产力发展的诸多因素统统当做革命的对象，通过阶级斗争的残酷手段予以无情打击。然而，正如马克思所指出的那样：“一个社会即使探索到了本身运动的自然规律，它还是既不能跳过也不能用法令取消自然的发展阶段。但是，它能缩短和减轻分娩的痛苦③。”个体私营经济产生的社会经济条件如同野草般丛生，深深植根于社会主义初级阶段的土壤中，随着政治气候的变化，时枯时荣。同时它也像晴雨表一样，灵敏地反映着市场兴衰和人民生活水平的高低。20世纪70年代初中期，福建省泉州地区、浙江省温州地区的一些农村，利用自己拥有的简单资产（房舍、闲钱和闲人）办起的“联户企业”，就有不少是戴着“红帽子”的假集体企业。虽然运用“专政”的手段反复取缔，但是禁而不止，愈演愈烈。1977年，石狮镇作为复辟资本主义的典型，曾被制作成《铁证如山》的纪录片以警示民众，而这一事件也恰恰说明在民间蕴藏着巨大的求变、求发展的热情。

如果说，改革开放前产生私营经济的社会经济条件，虽然躁动于当代经

---

① 胡绳．中国共产党的70年［M］．北京：中共党史出版社，1991.

② 邓小平．邓小平文选：3卷［M］．北京：人民出版社，1993：115.

③ 马克思．资本论：1卷［M］．北京：人民出版社，2004：11.

济社会结构的母腹之中，跃跃欲出，但是受到外部强大的政治压力，不可能发育成熟，那么，1978 年以后的实事求是、拨乱反正工作，则是起了重要的“催生婆”作用。

3.2 经济变革与私营经济复兴的体制和经济空间

从历史发展的演变过程来考察，从总体上讲，当代中国私营经济的复兴，无疑是源于改革开放和经济体制变革所带来的巨大推动。1978 年 12 月党的十一届三中全会的胜利召开，不仅揭开了新时期中国社会发展的崭新一页，同时也意味着，私营经济领域发展的全部特征和重要的社会生态因素，在这一伟大的历史性变革之中得到了最充分的体现。

3.2.1 私营经济复兴的体制空间

关于私营经济复兴的体制因素，从社会生态上看主要有两个方面，一是中国自 20 世纪 70 年代末开始的由初级工业化向成熟工业化的转变，以及由传统的中央集权经济体制向有计划的商品经济的转变。二是伴随着改革开放思想的形成，在原有体制机制上所开展的一系列卓有成效的工作，尤其是改革初期对阶层关系进行的重大调整，激发了蕴藏在民众心中的追求美好生活和实现自我全面发展的利益动机。

第一，中国的改革包含了一个重要的目标，就是实现社会主义的“四个现代化”，这在当时不仅是一个鼓舞人心的口号，也是对传统体制发出的呐喊。

关于中国现代化的进程，其实最早可以追溯到 19 世纪末 20 世纪初。当时孙中山先生领导的辛亥革命，就提出了“驱逐鞑虏、振兴中华”的口号，而后，一批先行者抱着“实业报国”的理想，走上了探索中国工业化之路。然而，真正的工业化进程开始推进，整个社会的人力、物力被动员起来加入到国家工业化的过程中，并在全国范围内开始大规模工业化建设，则是在 1949 年社会制度以及社会结构发生根本性变革之后。从那时起，整个国家的工业化确实是以极高的速度发展，至 20 世纪 70 年代末，中国已基本上完成了初步的工业化，并基本建成了一个完整的工业体系。但是，这种工业化仅仅是一个社会在工业化过程中的初级阶段，距离真正工业化的实现还相当遥远。而遗憾的是，这种继续发展的推动力和潜在的巨大空间，在很长时期却被高度集中的中央计划经济体制所严重束缚，1979 年之前每一次对体制的调整，都因没有跳出这一体制而宣告失败。直至 20 世纪 70 年代末，这一体制的弊端尽显，它曾经有过的优越性也已悉数耗尽，国民经济几乎到达崩溃边缘，这时，旧体制的变革才成为了一种历史的必然和时代发展的潮流。

以拨乱反正、实事求是作为出发点的改革开放，其改革的重心就是通过向有中国特色的社会主义市场经济体制的转变，创造相对自由的流动资源和活动空间，以调动每一个社会行为主体的积极性和创造性，从而推动中国的现代化和经济社会的不断良性发展。我国的经济体制改革是以渐进式为特征，并以“摸着石头过河”的方式逐步推进的，这种改革模式给改革的先行者们以较大的空间，尝试以不同的方式寻找发展的路径。而多种经济的发展，特别是私营经济的崛起，可以说正是这一变革的重要成果之一。由初级工业化向现代化的发展，以及由传统的中央集权体制向社会主义市场经济体制的转变，构成了私营经济重新发展的重要体制空间。

第二，中国改革开放的进程，是伴随人们思想的不断解放，打破旧的传统体制束缚，在新的发展机制上，谋求最大利益的结合过程。改革开放的总设计师邓小平曾提出“贫穷不是社会主义”；新时期党的中心任务是要解决生产力发展水平低，不能满足人民日益增长的物质文化需要的主要矛盾；打破平均主义的“大锅饭”，鼓励一部分人和一部分地区先富起来；邓小平进一步指出“社会主义的本质，是解放生产力，发展生产力，消灭剥削，消除两极分化，最终达到共同富裕”；我们一切的工作和努力“判断的标准，应该主要看是否有利于发展社会主义社会的生产力，是否有利于增强社会主义国家的综合国力；是否有利于提高人民的生活水平①。”

在这一系列富有远见的重要思想指导下，对旧有体制进行变革，尤其是在改革初期对我国原有的阶层关系进行的重大调整，不仅激发了蕴藏在民众心中的改革热情，同时也为人们实现创业理想提供了最大限度的可能，提供了重要的环境保障。如平反了一大批历史上的冤、假、错案，为几百万人摘掉了“反革命”、“走资派”、“修正主义分子”的帽子，恢复了他们的名誉；摘掉了知识分子“臭老九”的帽子，为50多万“资产阶级右派分子”平反；为70多万原工商业者恢复劳动者身份，明确他们已经成为社会主义社会中的劳动者，其成分一律改为干部或工人；全国先后有440万人摘掉了“四类分子”的帽子，而成为社会主义的建设者②。事实证明，改革之初党中央确定的拨乱反正，实事求是的为过去遭受到各种不公正待遇人员恢复名誉和工作的

---

① 郑必坚，龚育之，逄先知．论《邓小平文选》第三卷的政治意义和理论意义［M］．北京：中央文献出版社，1993.

② 张琢．九死一生——中国现代化的坎坷历程和中长期预测［M］．北京：中国社会科学出版社，1992：260.

政策，是一项英明的决定，它为改革开放的顺利进行奠定了良好的社会基础，也为经济体制变革和多种经济的发展创造了良好的氛围。

3.2.2 私营经济复兴的经济空间

这里所说的经济空间是指伴随着经济体制改革和人们思想的解放，在社会生产力方面所创造的客观发展环境和基础。总的来看，货币财富在人们手中的日益积聚，相对自由的剩余劳动力大量存在，是私营经济再生的基本前提；而个体经济在城乡贸易中的不断活跃，私人收入资本化，公有经济民营化，是私营经济形成的现实基础。除此之外，存在于广大城市和农村的巨大社会需求，则是私营经济再生的重要市场条件。具体来看：

第一，农村改革以及它所发挥出的巨大带动效应，为私营经济的再生提供了重要基础。

众所周知，党的十一届三中全会以后，我国的改革首先从农村起步。而农村变化最大、影响最为深远的是普遍实行了多种形式的生产责任制，其中，家庭联产承包责任制又成为主要形式。家庭联产承包责任制的实行，推动了农村社会生产方式和交换方式的变革，为私营经济的再生创造了基础。

家庭联产承包责任制的优越性是把劳动者和生产资料、劳动过程和最终成果紧密联系起来，把责任、权利、义务紧密结合起来，有效克服了“出工不出力”、平均主义“大锅饭”的弊端，把集体领导者（发包者）与农民（承包者）放到了平等地位，并且用契约的合同形式固定下来，使集体优越性和个体积极性同时得到发挥，集体经济积累多年的生产潜力也被挖掘出来，从而推动了农村面貌的迅速变化。到 1985 年，中国人民为之奋斗多年的温饱问题基本解决。其中，有些农民的劳动所得，除了果腹之外还有了剩余。一部分人由于诚实劳动、善于经营，所得剩余较多，这就是最早富裕起来的“专业户”、“万元户”。需要指出的是，少数农民手中已经积累起来的一定数量的货币资金，在一定条件下则意味着私人收入资本化的物质前提已经具备。

从一定意义上说，家庭联产承包责任制促进了市场经济的发育，使农民开始能够摆脱传统体制的束缚，成为相对独立的商品生产者和经营者。家庭经营的劳动方式，使剩余劳动者自由地离开土地、离开家庭成为可能。过去的“男女皆农”，变成了如今的“男工女农”。初步的商品化，不仅撕裂了农业和手工业原始的家庭纽带，而且还将家庭内部根据性别、年龄不同的自然分工推向市场，变成了根据市场需求的社会分工。生产时间和劳动时间的差别，为兼营农业提供了更多的方便。特别是粮食市场放开后，更使农民解脱了对土地的依赖，从而进一步拓宽了谋生与发展的途径。

少数人手中积累的少量的货币资金已经是“可能性上的资本”，而大量的剩余劳动者也是“可能性上的雇佣工人”。由于市场竞争与不同产业收益率的差异，资金占有出现了进一步集中的趋向，一些“专业户”、“万元户”的自有资金逐渐增多。为了扩大生产规模，他们需要跳出家庭经营的圈子。“要想富，找门路；门路有，找帮手”。这时劳动、资本、技术、信息等生产要素进入市场，它们按照各自都能接受的、被认为是利益最大化的方式开始自由结合。一方面，资本、技术、信息在寻求“合作伙伴”；另一方面，剩余劳动力也在等待着受雇，于是，他们一拍即合，雇佣关系便成为合乎双方意愿的一种组合形式。

第二，社会需求与市场经济的推动，为私营经济的再生创造了有利条件。

改革开放的前期，无论是在城市还是在乡村都遇到这样两个同时并存的问题：一方面，有许多人没有事情做；另一方面，有许多事情没有人去做。不论是城市还是乡村，都有一些消费需求的空间等待着人们去填补和开发。正如马克思曾经指出的那样：“没有需要，就没有生产。而消费则把需要再生产出来①。”

社会需要是生产发展的根据。而在计划经济体制下的国有企业和集体企业提供的产品和服务，显然还不能满足人们的全部需要。特别是在农村，多少年来亿万农民使用的生产工具和经验、技能，基本上还停留在传统的农耕阶段，他们对于工业品的需求还处于较低级的水平。当他们的收入迅速提高时，每一个相同百分点的增长都会形成几倍于城市人口的市场需求总量，它所造就的国内市场巨大需求空间，不仅促进了国民经济的高速增长，而且有力地推动了低技术工业的普及和发展。实际上，产生私营企业的社会经济条件，通过这个低水平扩张，获得了更为广阔和深厚的发展基础。

生产力和社会分工发展到一定水平，市场的日益活跃和扩大，由此出现的一定程度的贸易自由，少数人手中掌握有一定数量的货币资金，多数劳动者可以自由地处置自己的劳动力，经营者、管理者、一般劳动者与资本、土地等生产要素，按照市场机制与经济规律自由流动与自由组合，这些社会经济条件形成和成熟的过程，其实也就是私营经济产生和发展的过程。

从上面的分析中可以看出，始于20世纪70年代后期的农村改革，尽管其初衷不是为了实现向市场经济的转变，或是重新建立部分个人私有制，但是历史的进程却向我们展示：这场改革实际上在中国农村发育了市场经济机制，并在很短的时间内，为私营经济的再生提供了巨大空间和历史性前提。

---

① 中共中央马克思恩格斯列宁斯大林著作编译局．马克思恩格斯选集：2卷［M］．北京：人民出版社，1972：94.

实践证明：打破“铁饭碗”和“大锅饭”，鼓励和发展个体私营经济，与新中国成立初期改造私有经济意义一样重大。被重新焕发出积累财富和创造财富热情的人们，其实不需要国家直接投资，只要有个适当的政策、较为宽松的环境，就能发展起来。

资本、劳动、技术、土地等作为生产要素，按照价值规律自由流动和自由组合，是私营企业产生的土壤。一部分先富起来的人们，通过劳动、经营，积累了一定数量的货币资金，他们与相对剩余的自由劳动者相结合，以市场机制为基础配置社会资源，以雇佣劳动为纽带组合生产要素，这就是私营经济作为社会主义经济结构组成部分得以快速成长的重要生态因素。

3.3 私营经济发展是政策性和市场化共同作用的结果

私营经济能否产生和发展，固然取决于它与生产力水平间的契合关系，有其内在的产生增长逻辑，但在具体的发展过程中，它在某个特定时期的产生和发展则可能在很大程度上受制于外界环境，尤其是一定的社会政策因素。它会受到不同的外界“气候”条件的促进或阻碍作用，甚至是遭遇暂时被扼杀的命运。回顾30多年来我国个体私营经济的形成和不断壮大过程，有两个不容忽视的基本事实：一是，中国私营经济的存在与发展是与我国现实生产力和社会发展状况相适应的一种必然的经济选择，其不断扩大的趋势和在经济、社会生活中所显示出的重要作用，足以表明它扮演着推动中国经济发展的重要角色；二是，中国私营经济的发展与党和政府所推行的有关方针、政策和管理措施具有明显的相关性和共时性，在认识和实践上影响着私营经济的发展速度、规模以及对于国民经济所发挥的作用。

鉴于此，我们这里围绕着有关政治经济政策的沿革走向做一回溯，但侧重点不是为了对有关政策作简单的描述或阶段划分，目的是通过对有关政策层面因素的梳理，探讨社会结构的变化机制和演变趋势。同时，这种分析也不仅在于揭示政策的变动因素与私营经济的成长过程所具有的协同性，因为这实际上已是显而易见的事情，更要透过对于政策演变和市场形成两个过程的分析，考察我国在渐进变革的市场化过程中，政策因素对于市场发育，以及在资源配置中的作用与缺陷，揭示中国社会结构转型的特殊动力。

3.3.1 政策主导：私营经济兴起和发展的重要因素

所谓政策主导，就是指我国个体私营经济的发展，从设计提出到贯彻实施，再到规范管理的原则和指导思想，作为政府意志和要求，其在改革实践中具有绝对的地位和作用。30 多年来个体私营经济的发展已表明，如果没有党和政府所制定的对内搞活、对外开放的战略决策，就不可能有今天多种经济的蓬勃发展。尽管改革伊始这种政策的提出还不像今天这样清晰明确，但是，从改革的经济基础和政治要求来说，它已经确定了这种主导的地位。即，短缺经济与国家垄断的资源配置，虽然已使原有的体制失去了继续维持下去的条件[①]，但正是基于这种情势而开始的改革，在政治及意识形态方面的要求下，必然以政令方式，由政府设计并实施起来。这既是现实也是国情所致。纵观有关政策的制定实施，大致可以划分为以下几个阶段。

1.20 世纪 70 年代末至 20 世纪 80 年代初

这个阶段以 1978 年 12 月党中央召开的十一届三中全会为标志，个体私营经济在以经济建设为中心，推行改革开放政策的指引下开始出现并得到发展。当时百业待兴，发展个体私营经济，基本上是在“摸着石头过河”，对其并没有一个统一的认识和完整的设想。一些原则性的建议，虽在党的十一届三中全会的公报和邓小平在中央工作会议上的讲话中有所体现，但具体的发展规划和要求还未形成。从政府来说，当时为了减轻城镇大批待业青年的就业压力，缓解城乡之间的供需矛盾，解决人们购物难、修补难、行路难等生活不便，政府提出了对内搞活，允许一部分有劳动能力但又无固定职业的城镇待业人员从事一些个体服务、修理性行业和手工业加工工作。同时开办集市贸易，以作为搞活流通的必要补充。1981 年 3 月中共中央和国务院转发了国家农业委员会《关于发展农村多种经营的报告》，指出“开展多种经营要发挥集体和个人两个积极性”。当时个人主要是指个体工商业。同年 6 月，党的十一届六中全会通过了《关于建国以来党内若干历史问题的决议》，其中指出“国营经济和集体经济是我国基本的经济形式，一定范围的劳动者个体经济是公有制经济的必要补充”。在此基础上，同年 7 月 7 日，国务院颁布了《关于城镇非农业个体经济若干政策性规定》，10 月国务院再次颁布了《关于广开门路、搞活经济，解决城镇就业问题的若干决定》，明确提出“在社会主义公有制经济占优势的根本前提下，实行多种经济形式和多种经营方式长期并存的方针”。

2. 从 1982 年党的十二大召开到 1988 年国务院正式颁布私营企业条例

标志着私营经济在市场机制的调节和政策的作用下，其行业分布、经营规模及规范发展都迈出了重要步伐。1982 年党的十二大召开，在其通过的报

① 孙立平，李强，沈原，等．中国社会结构转型的中近期趋势与隐患［J］．战略与管理，1998(5)：3.

告中明确指出“在农村和城市都要鼓励劳动者个体经济在国家规定的范围内和工商行政管理下适当发展，作为公有制经济必要的、有益的补充”。同年12月，全国人大第5次会议通过的《中华人民共和国宪法》，则以根本大法的形式肯定了城乡个体经济在国民经济中的合法地位。此后几年间国家又先后颁布了一系列鼓励、扶植个体经济发展的政策和法规。如1986年国务院颁布了《中华人民共和国城乡个体工商业户所得税暂行条例》，1987年颁布了《城镇个体工商户管理暂行条例》，1988年《中华人民共和国私营企业暂行条例》正式实行。这一切在规范发展、严格管理的同时，也逐步确定起了个体私营经济的合法地位，促使其快速发展及稳定健康地增长。

3. 以邓小平同志1992年的南方谈话和党的十四大召开为标志

随着社会主义市场经济体制这个改革目标的确立，个体私营经济开始具有了与国有经济、集体经济平等竞争、共同发展的地位。邓小平同志的南方谈话，澄清了长期困扰人们的，在计划与市场问题上的模糊认识。1992年10月，党的十四大确立了经济体制改革的目标就是在坚持公有制和按劳分配为主体，其他经济成分和分配方式为补充的基础上，建立和完善社会主义市场经济体制。1993年11月，党的十四届三中全会在论述社会主义市场经济的六条基本框架中，又明确规定，必须坚持公有制为主体，多种经济成分长期并存、共同发展的方针。并提出国家要为多种所有制经济平等参与市场竞争创造条件，对各类企业一视同仁。1995年党的十四届五中全会通过的《关于制定国民经济和社会发展九五计划和2010年远景目标的建议》，又把鼓励和引导非公有制经济的发展写进了主要奋斗目标和指导方针。

4. 以1997年党的十五大为标志

把个体私营等非公有制经济纳入到我国的基本经济制度之内，实现了由社会主义市场经济的有益补充到重要组成部分的重大转变，党的十五大在全面论述我国社会主义初级阶段的基本路线和纲领时指出：社会主义初级阶段的经济基础是由不同层次、不同形式的公有制和公有制以外的多种所有制构成的，是一种混合的经济结构。这种所有制结构将在一个相当长的历史时期内保持稳定。社会主义初级阶段有多长，这个历史时期就有多长，只要这个历史时期没有结束，非公有制经济就仍将作为我国社会主义市场经济的重要组成部分继续发挥应有的积极作用。由此，私营经济从“体制外”被纳入到“体制内”，其地位得到进一步承认。1999年全国人大九届二次会议通过了中华人民共和国宪法修正案，在第十六条修改中明确提出“在法律规定范围内的个体经济、私营经济等非公有制经济，是社会主义市场经济的重要组成部分”，“国家保护个体经济、私营经济的合法的权利和利益。国家对个体经济、私营经济实行引导、监督和管理”。

5. 进入21世纪后

我国的个体私营经济不但继续向好，党和政府也更加注重了发展方式的转变，以及为创造更为宽松平等的竞争环境和法制环境的建设。2005年2月，国务院颁布了《关于鼓励支持和引导个体私营等非公有制经济发展的若干意见》，简称“非公经济36条”，对非公有制经济进入许多重要领域和垄断行业做出了明确规定。2006年国务院法制办和国家发改委联合下发《关于限期清理限制非公有制经济发展规定工作的通知》，到2007年10月底，全国共清理出与“非公经济36条”精神不符的各项法规性文件6000多件；有31个省市自治区累计出台了促进非公有制经济发展的法规性文件210余件。随着这些配套政策措施的相继出台，非公有制经济在平等准入、公平待遇方面的状况得到进一步改善。

2007年党的十七大召开，在党的十七大报告中再次强调“两个毫不动摇”，即毫不动摇地巩固和发展公有制经济；毫不动摇地鼓励、支持和引导非公有制经济的发展。强调平等竞争，平等保护，推进公平准入，改善融资条件，破除体制障碍，促进个体、私营经济和中小企业发展。此后，国家也加快了经济立法，先后出台和修订了《物权法》、《反垄断法》、《企业所得税法》、《劳动争议调解仲裁法》以及《政府信息公开条例》、《行政复议法实施条例》等，进一步完善了私营经济的公平竞争和有法可依的法制环境。

通过以上对于改革开放30多年来有关个体私营经济发展的法规政策的简单回溯，我们至少可以得出以下两点基本认识。

（1）党和国家关于个体私营经济发展的政策，是在改革开放的实践中逐步提出、明确和发展的。从1979年党中央提出恢复和发展个体经济，到1987年党中央提出16字方针，明确“允许存在、加强管理、兴利抑弊、逐步引导”；从党的十二大确定劳动者个体经济作为公有制经济必要的、有益的补充，到十三大明确以公有制为主体，继续鼓励个体私营经济发展；再到党的十四大提出建立社会主义市场经济体系，个体私营经济作为有益构成；从党的十五大进一步明确个体私营经济成为我国社会主义初级阶段基本经济制度中不可缺少的组成部分，到党的十七大强调“两个毫不动摇”，以及“非公经济36条”的颁布实施，这一切都表明，坚持公有制为主体，其他经济共同发展，鼓励和发展私营经济的政策是一贯的、不断完善的。以所有制变革为核心的改革开放是推动私营经济发展的重要因素，而一系列的鼓励扶植发展政策，也成为私营经济得以健康成长的重要生态因素。

（2）对于个体私营经济制定的各项政策及其沿革发展，不仅标志着党和国家在认识上的飞跃，反映了改革的逐步深化，而且也标志着我们对于社会主义及其本质的认识逐渐走向成熟，更为理性和务实。如果说党的十四大以前的改革是以让利放权为中心的话，那么在这之后所侧重的则是制度创新。政策层面所发生的每一个重要的变化，都为私营经济的发展创造了更为广阔的前景，同时每次新的政策要求和法规的出台，也都会带动并影响这一经济的走向和发展势头。这一点在以下的阐述中会看得更加清楚。

3.3.2　市场引导：私营经济从角落走到前台

与党和国家所制定的发展个体私营经济的政策相呼应，30 多年来个体私营经济的成长，从悄然兴起到逐步被确立，从拾遗补缺的角落经济到成为社会主义市场经济中不可缺少的重要组成部分，如果从阶段性上划分，应该说与政策层面的形成走势有着大致相同的轨迹。个体私营经济按照发展的时间顺序、发展速度和规模来看，其主要有以下几个阶段。

1. 恢复建立阶段

即从 1979 年到 1981 年。这一时期根据政府提出允许一部分有劳动能力但又无固定职业的城镇待业人员从事一些个体服务、修理性行业和手工业加工的要求，个体经济首先在饮食、服务、修理和加工业应运而生。一些传统的服务项目和民族工艺重新被挖掘利用。此时从事个体经营的人员大多是城镇待业青年和原从事个体经营的老工商业者。他们的经营活动以小、多、散、杂见长，虽在当时仅能作为国营经济中的拾遗补缺部分，但其发展势头很大，在短短的几年中，全国城镇个体经营者就已由 1978 年的 14 万人发展到 1981 年的 105.6 万人，年均增长速度达到 196%。

2. 迅速扩张阶段

即从 1982 年到 1985 年。这一时期除继续鼓励城镇个体经济发展外，在政策上开始允许农民从事个体工商业经营，农民可以进城务工经商。当时农村联产承包责任制已经在全国广大地区实行，农民的生活有了明显的改善。农村剩余劳动力开始寻找出路，他们或离土不离乡，进入正在形成中的乡镇企业；或涌进城市做农民工、季节工；或是干脆自谋生计成为专业户。在城市个体私营经济也出现了迅速增长，以搞活流通为标志，商业零售网点遍布城乡各处，从业人员大量增加。据统计到 1985 年年底，全国城乡个体工商户发展到 1171.4 万户，从业人员达到 1766.2 万人，年均增长分别达到 64%和 77%，形成了个体私营经济发展的高潮。

3. 调整规范阶段

即从 1986 年到 1991 年。在经历了恢复建立和迅速扩张两个阶段的基础上，国家一方面从宏观调控角度加强了引导管理，出台了一系列必要的政策法规，如1987年国务院颁布了《城乡个体工商户管理暂行条例》，1988年国务院颁布了《中华人民共和国私营企业暂行条例》，在规范发展、严格管理方面起到了重要作用。另一方面，在市场调节和政策引导下，个体工商业的行业布局、经营规模、人员成分等也发生了变化，呈现出结构调整的态势。许多原先具有一定规模和效益的个体工商户，从扩大生产经营规模、谋取更大利益出发，开始雇工经营，走上了私营企业的发展道路。据统计，到1991年全国登记注册的私营企业已有10.8万户，从业人员近200万人，注册资金总额达123亿元，营业总额达215亿元。当然，那时刚富裕起来的人们还不懂得如何定位自己的价值，一些私营企业主投入扩大再生产的资金明显不足，所获利润的相当一部分被用于高消费，或存入银行食利。那时的私企还不健壮，还有很大的局限性和脆弱性。

4. 持续增长阶段

即从邓小平南方谈话和1992年年底党的十四大召开开始，这一阶段提出了建立社会主义市场经济体系的主张，在一系列方针和政策的推动下，个体私营经济呈现出强劲发展势头。不同于改革开放之初，这一次增长是在国民经济不断发展，个体私营经济普遍有所积累，从建立和培育市场体系，适应社会转型过程中，开始向着具有一定规模的私营企业和集团方向发展的。从作为一种经济形态本身来看，如果说在这以前还存在要不要的问题，或是要多少的问题，那么，党的十四大以后，特别是十五大在进一步明确个体私营经济是社会主义市场经济的重要组成部分以后，关注点就转为如何做大做强，如何转变经济增长方式，如何向着现代企业制度转变，使之真正成为社会主义市场体系中的一部分，在国民经济中发挥更大的作用。

5. 快速发展与实力增强阶段

如果说，20世纪90年代私营经济迎来了大发展的春天，其实在这一时期，私营经济发展还遇到了两个难得的历史契机：一是90年代前期计划经济体制遗留下来的短缺经济和卖方市场，为其发展提供了广阔的需求空间；二是90年代后期国有企业和集体企业的大规模转制，也为其迅速扩张提供了庞大的物质资源和人力资源。

历史进入21世纪，理论上的突破和认识上的深化，带来实践中的大发展。据统计1996年年底，全国个体工商户有2703.68万户，从业人员5017.06万人；私营企业有81.93万户，从业人员1171.13万人。十年之后的2006年，个体工商户有2621.4万户，从业人员5309万人，这个数字虽然变化不大，但私营企业却有了数倍的增长。截至2006年年末，全国登记注册的私营企业已达 498.1 万户，从业人员 6395.5 万人，注册资金达 7.6 万亿元，这还不包括未在工商部门正式登记，但有经营行为的企业和个人，也不包括非企业性质的民营医院、民营学校、民办事业单位、民办中介组织。

从私营经济在国民经济中的比重来看，1979 年当时不足 1%，但是到 2005 年已是“三分天下有其一”。自 20 世纪 90 年代以来，我国约 70%的技术创新、65%的国内发明专利以及 80%以上的新产品来自中小企业。在全国 53 个国家级高新技术开发区企业以及政府认定的高新技术企业中，民营科技企业分别占到 70%和 80%以上。另据中国中小企业协会的统计，到 2007 年 10 月底，全国中小企业总计有 4200 万户，占全国企业数的 99.8%，而中小企业绝大多数是民营企业。中小企业创造的最终产品与服务产值、出口总额、上缴国家税收分别占全国的 58.0%、68.3%和 50.2%。由它们研发的新产品超过全国的八成，提供的就业人数达到 75%以上。在民营企业中成长起像青岛海尔、江苏红豆、杭州万象、北京联想、山西安泰焦化、四川希望集团、台州吉利控股集团、飞跃集团等一大批知名企业①。

3.3.3 社会生态的良性互动带来了私营企业的大发展

从 1989—2009 年的 20 多年间，我国个体私营经济总体发展态势和规模不断跃升，有了长足的进步。通过以下有关数据可见一斑。见表 3 - 1。

表 3 - 1　　1989—2003 年个体私营经济发展情况

年份	数量（万户）	从业人数（万人）	注册资金（亿元）	营业额（亿元）
1989	9.1	164	84	136
1990	9.8	170	95	174
1991	10.8	184	123	215
1992	14.0	232	221	319
1993	23.8	273	681	731
1994	43.2	648	1448	1899
1995	65.5	956	2622	3794
1996	81.9	1171	3752	5504
1997	96.1	1350	5140	7020
1998	120.1	1710	7198	11177

① 杜薇．上规模民企十年间实现巨大飞跃［N］．中华工商时报，2008-10-07（1）．

续 表

年份	数量（万户）	从业人数（万人）	注册资金（亿元）	营业额（亿元）
1999	150.9	2022	10287	14835
2000	176.2	2406	13308	20624
2001	202.9	2714	18212	23801
2002	243.5	3409	24756	29707
2003	300.6	4299.14	35304.9	10603

说明：以上数据根据国家统计局、国家工商行政管理总局、中国劳动统计年鉴、中国市场统计年鉴等机构发布的相关统计资料整理而成。

上述统计时点的选择，一是考虑到1988年之前我国个体私营经济发展情况还未被列入国家统计。1988年经过第1次宪法修正案后，从1989年开始，我国个体私营经济发展情况才正式列入国家经济统计范围。二是跨世纪的2000年前后，我国的私营经济在政策和市场两方面因素作用下，获得了前所未有的发展。

2004年，改革开放以来第4次宪法修正案在全国人大通过，这进一步明确了公民的私有财产权和继承权依法受到保护。2005年国务院颁布的《关于鼓励支持和引导个体私营等非公有制经济发展的若干意见》（简称“非公经济36条”），进一步放开私营企业生产经营活动领域。在这一系列利好政策的助推下，包括私营企业主在内的新社会阶层更加明确了发展方向，并进入到一个新的发展阶段。私营企业主队伍不断扩大，户数增加，结构改善，经济实力增强。见表3-2。

表3-2　　全国私营企业发展状况（2005—2009年）

年份	户数（万户）	增长率（%）	从业人数（万人）	增长率（%）	注册资本总额（万亿元）	增长率（%）
2005	471.95	17.3	5824.0	16.1	6.13	28.0
2006	544.14	15.3	6586.0	13.1	7.60	23.9
2007	603.05	10.8	7253.1	10.1	9.39	23.5
2008	657.42	9.0	7904.0	9.0	11.74	25.0
2009	740.15	12.6	8606.97	8.9	14.65	24.8

注：(1) 表中私营企业户数均已包含分支机构数量；
(2) 数据来源于国家工商行政管理总局。

社会生态的良性运转和多种经济的互动，不仅带来私营经济的蓬勃发展，也使其优势作用得到发挥，提高了其对经济社会的贡献水平，并呈现出逐年上升的趋势。

1. 非公有制经济已经成为我国国民经济的重要组成部分

据统计，目前，全部非公有制经济已占全国 GDP 的一半以上，占全国 GDP 增量的 2/3。据全国第 1 次经济普查，全国 GDP 比原统计数字多了 2.3 万亿元，其中 93%来自于服务业、中小企业和非公有制经济的贡献。另据报道，浙江省非公有制经济创造了 70%的生产总值、60%的国家税收和 76%的出口创汇、90%以上新增就业的工作岗位。江苏省非公有制经济占全省 GDP 的 50.5%，成为全省的“半壁江山”。

2. 非公有制经济已经成为社会就业的主渠道

截至 2007 年年底，在非公有制经济领域内就业的人数已经超过 1.27 亿人。其中，私营经济对社会就业始终保持着较强的吸纳能力。1991—2007 年，在私营经济领域就业的人数由 183.9 万人增加到 7253.1 万人，增长了 38.4 倍，年均递增率达 25.8%。截至 2008 年，非公有制经济领域的就业人数已经占到城镇全部就业人数的 75%以上和新增就业人数的 90%。特别是近年来，非公有制经济领域已开始成为高校毕业生寻找工作岗位的重要领域。

3. 非公有制经济已经成为对外贸易的主力军

1995 年以来，随着国家对非公有制经济自营出口权的逐步放开，非公有制经济进出口总额增长很快。到 2007 年年底，全国非公有制经济已实现进出口总额 4243.7 亿美元，比上年同期增长 38.0%，比全国外贸平均增长速度高 14.5%；在我国外贸总额中的份额由上年的 17.5%提高到 19.5%。从出口情况看，2007 年年底，非公有制经济出口额达 2969 亿美元，比上年同期增长 39.2%，高出国有企业出口额的 32.4%。非公有制经济出口额占全国出口总额的比重，由 2000 年的 6.0%提高到 2007 年的 24.4%（同期，国有企业占 18.5%，外商投资企业占 57.1%）。在非公有制经济的出口贸易中，有 2256 家个体工商户开展出口业务，出口额达 32.1 亿美元。

4. 非公有制经济已经成为促进共同富裕的基本力量

2007 年，全国注册的个体工商户达 2740 万个，私营企业投资者 1396 万人，私营企业中的高层管理人员约有 1000 万人。这些经营管理者涉及家庭人口超过 1.5 亿，他们基本过上了富裕、宽裕或较为舒适的生活。非公有制经济吸纳 70%的城镇就业人员，他们因为就业而有了基本的生活保障。

5. 非公有制经济已经成为国家财税收入的重要来源

私营经济向国家缴纳的税收收入，由 1989 年的 1.1 亿元增加到 2007 年的 4771.5 亿元，18 年增长了 4259.3 倍，年均增长 59.1%。个体经济向国家缴纳的税收收入，由 1982 年的 11.3 亿元增加到 2007 年的 1484.3 亿元，25 年增长了 130 倍，年均增长 21.5%。据国家税务总局的数据，2006 年，在全国税收收入总额中，国营经济占 24.8%，集体经济占 2.9%，混合经济占 35.5%，外商投资经济占 21.2%，个体私营经济占 13.5%。

6. 非公有制经济对社会公益事业有较大贡献

据中国光彩事业促进会统计，到 2007 年 6 月，由私营企业参加的光彩事业，累计投资项目达 16244 个，比上年同期增加 815 个；累计到位资金 1337.8 亿元，比上年同期增加 90.8 亿元；累计安置就业人员 492.9 万人，比上年同期增加 17.8 万人。同一时期，私营企业向光彩事业和社会公益事业累计捐赠财物金额为 1180 亿元。另据全国工商联对上报的 8000 多家会员企业的不完全统计，截至 2007 年 6 月 5 日，在四川汶川地震发生后的 20 多天，它们向地震灾区捐赠的现金就多达 51.5 亿元，捐赠的物资价值超过 10.9 亿元。其中，捐赠 500 万～1000 万元的企业有 120 家，1000 万～1 亿元的企业有 92 家，1 亿元以上的企业有 5 家。

3.4 简要结论与探讨

纵观当代中国私营经济的再生和发展轨迹，私营经济的发育成长与其所处的时代要求和宏观政策的制定实施有着非常密切的相关性。转型期私营企业发展的影响因素十分复杂，可以从多个角度进行理解，在政策影响和市场作用两个过程中，显然政府的偏好、态度和认知水平，以及集中反映这些目标和要求的法规政策，发挥着十分重要的主导力量。而私营经济不断壮大的事实，既显示出政府政策所具有的特殊动力，也显示出它作为社会主义市场经济重要组成部分的不可替代性。总的来看，改革开放的设计安排、政府行为的强势作用，以及民众渴望摆脱贫困的致富热情，构成了这个时代最为核心的社会生态条件，而政府行政能力、政策供给水平、市场规范程度，又成为影响私营经济发展的最为关键的生态因素。本章对于私营经济成长经历的阐述，从不同社会生态环境的变迁角度，对其生机与活力、地位、作用、走势的分析，概括起来有以下几点可做本章小结，同时，有些观点也可做进一步探讨。

（1）从产权结构和所有制变革来看，产生于 20 世纪 80 年代初的城镇个体经济，只是中国私营经济成长过程中的一个序曲部分，个体私营经济的最初发祥地和大本营不是在城市，而是在农村[①]。由家庭联产承包责任制所衍生的“准私有制”经济，在农村出现的各种专业户、个体工商户和新经济联合体中存在着大量的私营经济活动，雇工规模日趋扩大。由于当时政策的限制，农村的私营经济活动还只是在专业户或是新经济联合体等形式的掩护下悄悄地扩大。但是，农村改革带来的农业繁荣和农村非农产业的迅速扩张，刺激了私营经济的发展。在广大人口居住的农村，私营经济获得了最早的生存空间，并逐步在城市经济中扮演着活跃的角色，为城市生活的繁荣和城镇个体私营经济的增长提供了持久的动力，也开启了中国社会结构分化和重组的大门。

（2）从私营经济本身的形成演变看，早期出现的私营企业大部分是由个体工商户或专业户演变而来。小规模的独资、合伙企业占较大比重。由于这类企业生产规模小，厂房设备及生产工具简陋，经营管理粗放，因而大多带有家庭作坊的特点。20 世纪 90 年代中期以后，市场配置资源的趋势日益显现，许多私营企业主敏锐地捕捉到国企改革和短缺经济所带来的巨大商机和空间，他们通过兼并收购，寻求技术路线支持，实现升级换代，并向着外向型、集团化方向做大做强，其中出口导向型和先进制造业的增长尤为突出。根据 2008 年全国工商联对 500 家上规模私营企业调查的结果显示，在产业类型上有 312 家是制造业企业，表现出以制造业为主的特点；在企业出口创汇方面有 70%是由私营企业完成实现的，这说明私营资本不但有逐利性和扩张性，而且还具有强大的创造力，它在改变着经济结构的同时，也推动着体制变革的不断深入。

（3）私营经济得到了巨大发展并取得了成功，在我国原有工业化基础上，伴随着改革开放后各种生产要素的流动、组合，才促成了商品市场的形成。从新中国成立后到改革前，国家进行了将近 30 年的基础设施建设，如交通、运输、邮电、水利等不仅具有一定规模，形成了网络，也使国家工业化达到了一定水平，为私营经济发展打下了厚实基础，创造了良好条件。这与西方国家资本主义发展初期的情况有很大不同，那时资本积累的过程十分冗长，同时充满了辛酸痛苦。相对而言，我国私营经济起步的客观条件要优越得多，成本低，回报率高。没有国家对于基础设施建设的大量投入，只是依靠私营经济的自然发展，是不会呈现出今天这样一个欣欣向荣的局面的。正是对于社会主义初级阶段的正确判断，建立社会主义市场经济体制的决定，最终才

① 杨雪野．崛起的中国私营经济［J］．当代中国研究，1998（4）：36.

使得私营经济大放光彩。私营经济的兴起，新阶层的出现，标志着我们在建设怎样一个社会主义国家道路上有了更加明确务实的选择，而这一切也是我们今天看问题、想事情、谋发展的重要社会生态基础，对此需要有一个清醒认识。

（4）30 多年来个体私营经济的发展，得益于改革开放的大环境和大背景，这既是一种体制上的安排，是政策作用的结果，也是人们不断探索实践的结果，是在不断打破原有不适应生产力发展要求的条条框框基础上的创新，是物质性基础和价值性选择和利益性活动的结果。私营经济成分的增长由其内在的经济社会要求所决定的，不以人的意志为转移，不管人们喜欢不喜欢，它在初级阶段都是重要组成部分，这也是这个时代重要的社会生态。

客观地讲，从我国个体私营经济重新登上历史舞台以来，它在经济和社会的变革中就始终发挥着双重作用，一方面它冲击着原有僵化的体制，推动了改革的前行发展，另一方面它也缓解了改革中出现的可能震荡，为改革的不断推进提供了稳定基础。私营企业通常被认为是经济增长和市场化进程的主要支撑力量。私营经济的这种“建设性”作用，保证了政府和社会对它的态度不断朝着积极方向转变，而私营企业也从小苗长成了大树，让世人不敢小视。特别是进入 21 世纪以来，至少在形式上，政府政策和国家法律的变化更加有利于私营经济的发展。人们有理由相信，明天会越来越好。

（5）尽管可以说私营经济的发展得益于党和政府所制定的一系列富民强国的政策，私营企业主也成为改革开放政策的最大受益者，但是，过分依赖或是强调政府的作用，可能是具有误导性的。从经济运行的制度环境来看，我国所有制变革的发展，从整体上是由政府推进和政策因素主导的。这种由政府代行市场功能进行资源配置的结果，一方面在启动过程中表现出极大的强势作用，推动了有关政策的实施，且富有成效。另一方面，由于改革本身即是利益的调整和资源的再分配，因此，在维护改革者利益的同时，它也极有可能造成发展中的市场障碍，一些深层次的矛盾和问题也会不断涌现出来。

我国私营经济经历了 30 多年来的积累发展，作为一种经济形态，已经逐步确立起了相应的位置和活动空间。从规范管理和资源配置来说，仍然依靠政策的主导显然是不行的，正像近年来各地相继出台了许多扶植私营经济发展的政策，这对发展本地区经济是一件好事。但是，这些举措却存在着人为主观因素多，考虑市场规范少，忽视了市场原则的不足。制定者出于各种利益考虑，有些政策会出现“玻璃门”现象，看着很好，用不起来。除此之外，由于政策常常被用作是政府干预市场的一种极有力的工具，受利益驱使它有可能被执行者所操纵和利用，造成非规范行为膨胀，而使政策不能真正执行到位，造成政策与对策、希望与失望的纠结状况出现。

社会主义市场经济本质上是一种“契约”经济，只有创造出一种有利于“契约”履行的制度环境，才会鼓励企业家的进取和创新。过大的政府权力和不规范的政府行为，会使得政府承诺缺乏可信性，政策和法律的可执行性特征也会被削弱，这将迫使私营企业寻求官方庇护，或发展自我保护等替代性安排。政策和法律不彰，结果就是“钱权交易”的腐败事件层出。这显然与我们建立和巩固社会主义市场经济体制的宗旨相违背。因此，要建立市场经济体系，完善所有制结构，不断提升发展水平，就必须从政府走向市场，政策主导必须让位于市场规则。

4 私营企业主的社会来源与地位获得

核心提示：

● 从阶层成员的社会来源与地位获得来对私营企业主的系统构成进行考察，有助于认识这个阶层形成的社会基础及其变化。本研究基于生态关联中的平衡选择原则，对个人制度性和社会性变化特征进行辨识。从不同年代从业者的基本构成特点、受教育程度、职业经历、身份背景、入门条件等综合分析，指出从业者做出这样或别样选择，与变革时代人们所处环境、地位、过往经历以及对市场机会的理解把握有直接关系，对体制转轨、社会转型、产业结构和管理机制转变有重要影响。

● 私营企业主的来源几乎囊括了社会上的各种职业。来源的多样化使他们从未失去与原有阶层的脐带联系，为阶层的不断分化整合创造了可能。私营企业主的地位获得是一个长期过程。它经历着去身份化与再身份化的过程，即脱离原有先赋性制度身份，立足创业逐渐获得认可，最终实现身份与职业的转变。这个过程取决于宏观社会生态的不断优化，伴随各种制度的不断完善。这种转变依靠自身努力和体制创新，兼具精英循环与复制的双重机制，同时也反映了主观地位与客观地位的双重实现过程。

● 作为私营经济保持快速增长的重要生态力量，国企改制和大批留学归国人员的加入，不仅改变了私人企业结构，使产业布局和组织形态得到提升，更使私营企业主队伍发生了变化。社会来源及成分结构的改变，带来了精英化趋势。丰富的社会阅历、文化程度的明显提高、社会责任意识的增强，与改革初期从业者相比，他们更注重自身修养、整体形象和发出自己的声音。随着这一阶层的不断扩大，其对国家政治经济生活的影响力和参与性加强，或将成为未来社会结构的重要组成部分。

● 私营经济及私营企业主阶层的衍生过程，不仅改变了所有制结构，也改变了中国的社会结构。从社会生态角度观察，不仅因为有了私营企业主阶层，也不仅因为私营经济增长扩大了经营管理者队伍，更主要的是在我国社会劳动关系的重大变化上，基本形成了市场化、合同化、雇佣化的关系。私营经济的发展显著改变了中国的社会关系和利益关系格局。

在中国的体制变革和市场化进程中，私营企业主阶层的产生形成，经历了与时代同步发展的过程。从客观地位获得的角度看，私营企业主的衍生发展，反映了社会生态的总体变化要求。作为从各自原有阶层分化而来，有着明显时代特征的开放系统，不用说他们的经济活动受着宏观政策和市场变化的影响，即使每一从业者和他们所联系的成员，在变革大潮中遭遇着不同经历，先赋与自致角色的冲突扩张，去身份化与再身份化的演绎过程，其实都折射出社会环境的变迁特点。从社会生态上讲，对于私营企业主阶层的构成分析，主要是围绕他们的社会来源、成员结构、身份演化与阶层形成特点，从客观地位获得的角度出发，探究他们是谁、他们的利益何在、他们的社会位置、不同发展特点，以及阶层化过程。最终通过对于私营企业主阶层的社会来源与地位获得的考察，将其作为一个完整的生态单位，作为一个生命系统加以认识，这样才能找到它的生存依据，才能看到它的历史作用，才能得出一个客观准确的结论。

4.1 社会来源分析的含义与特征区分

4.1.1 社会来源分析的含义

解析阶层的社会来源，是探讨阶层化的一个重要认识起点。在有关社会分层研究者看来，一个社会的阶级或阶层是基于客观社会位置而形成的，如职业地位、受教育水平、财产和收入、身份、权力等，这些要素具有标志性，但又是一个动态的演化过程。探讨阶层成员的社会来源和地位获得，既是对这一客观社会位置的前世今生加以追踪，对新阶层的构成、演变和走势进行分析，同时也勾画出了客观分层结构，揭示了社会关系的基本分界线和不同社会群体的利益基础。

私营企业主是中国的一个新生阶层。作为一个社会阶层的存在，他们正在得到中国社会各界越来越多的认同。可以说，这个阶层正在客观和主观两个层面上逐渐被建构起来（陈光金，2005）。客观上，尽管不同的企业主所掌握的经济份额有着很大差距，但在中国的经济社会生活空间中，这个阶层确实已经具有可感觉到的形态。如在整个国民经济中，私营经济已经占到三分之一以上的比重，在私营经济发展较快地区，私营经济已经是三分天下有其二，甚至超过70%以上。在主观上，不同的私营企业主对自己的社会阶层地位的体认固然有所不同，但对一些涉及他们共同利益的问题，正在形成一些相对一致的看法①。

关于私营企业主阶层的社会来源，国内许多学者曾进行过长时间的跟踪研究，在历次有关私营企业和私营企业主（新阶层）调查中几乎都有涉及，调查方面主要包括性别、文化程度、政治身份和职业（职务）等。私营企业主成千上万，一方面，他们在生产关系体系中处于私人拥有生产资料的相同地位，在社会劳动组织中拥有共同的利益；另一方面，他们的文化教养、生活方式、过去经历以及开办私企的真实动因等，又繁杂悬殊。我们对于私营企业主的社会来源分析，不只是为了说明有关构成情况和变化，更在于说明这些指标对于认识私营企业主阶层的形成、演变，以及发展趋势具有怎样的指向意义，它能更好地揭示这个阶层产生的社会基础，能更清晰地展示阶层意识的衍生过程及与社会生态之间发生的经济—社会—政治的作用联系。

4.1.2 社会来源的特征区分

关于私营企业主是些什么样的人，或是他们从何而来，什么样的因素决定了他们加入到私营企业主行列、投身于私营经济活动，从社会来源的角度进行考察分析，至少有 3 方面的显著特征能够说明这一新生社会阶层的复杂性：一是人口统计学特征；二是个人制度性特征；三是个人社会性特征。

1. 人口统计学特征

此类指标主要基于人的自然性征，如年龄、性别、家庭及受教育程度等。这些指标描述了一定人群的“自然而然”所具有的特征，主要是一些先赋性指标。当然，受教育水平在一定程度上并不是“自然而然”就能拥有的，是会受到诸如收入、教育制度、受教育机会、社会价值观以及其他社会性因素的影响的。但是，人们一般将个人的受教育程度看做个人素质的重要组成部分，它属于上述与个人紧密相关，而较少受环境变化影响的因素。同时，为了使比较分析能够简便可行，特别是与明显区分出的制度性因素相比较，我们在分析私营企业主的社会来源时，更多是在“人力资本”的意义上使用受教育水平指标。同样，年龄（包括工龄）、受教育程度是基本分析指标，主要作为人的素质因素，因此，可将它归入到人口统计学特征中。

人口统计学指标，并不简单等同于人的生理指标，它具有充分的社会意义，例如，年龄不仅仅意味着自然生命的周期，而是代表着不同的年龄时代，折射着不同的生态环境和历史背景，正像人们谈论的“文革时期”、“80 后”、

① 陈光金．私营企业主的社会来源、阶层意识与政治—社会参与分析［R］．北京：社会科学文献出版社，2003.

“新生代”等，它表征着一个时代，反映着某个时期人们的主要生存状况，特别是社会生态风貌。

2. 个人制度性特征

这里主要指私营企业主在创办自己的企业前，个人职业、工作单位的所有制性质、在体制内或体制外、在社会组织中的权利地位、政治取向等社会背景特征。将这些指标称为“个人制度性特征”，是因为它们在很大程度上是整个社会制度性环境赋予个人的。人们具有这些特征，并非是出于他们自然所拥有的某些特质，而是由于他们身在其中的社会结构的性质安排，使得某些社会地位与直接占有的权利、资源和社会声望等联系在一起。如果制度性环境发生变化，那么这些地位所具有的意义也会随之发生很大变化，正像当年种族制度被取消后，肤色不再具有决定人们的社会地位的重要作用那样。而人口统计学的特征，例如年龄、性别等特征意义，则在不同的制度环境中保持了相当的稳定性。我们在分析中将私营企业主所带有的制度性特征进行较为细致的区分，就是希望能够对不同的社会群体成员缘何向着私营企业主转化做出分析性解释，这其中主要考虑到他们过去的职业、所在“单位”的所有制性质，以及他们曾担任过的行政职务等变量。在我们看来这 3 个指标不仅在中国传统社会主义体制中，而且在两种体制并存的“混合经济”下，都属于对人们社会地位有较大影响的因素。

第一，“职业”在一般意义上可归于人口统计学范畴，因为职业的社会意义在不同社会制度背景中具有相当稳定性和一致性。但“职业声望”在这里又具有制度性特征，这是因为中国传统的计划经济体制是一个具有高度同质性的体制，国家行政权力具有非常重要的意义。国家不仅占有绝大部分社会资源，而且控制了绝大部分社会机会，使得个人几乎在所有方面都丧失了社会独立性。人们在再分配体制中职业地位的获得，一方面是计划分配的结果，是国家分配社会资源的产物；另一方面人们职业地位的获得，直接与不同的行政权力、受国家保护的资源占有和享用等紧密联系在一起，不同职业往往意味着在众多相关资源占有或享用上的差别（李路路、王奋宇，1992）。因此，职业之间的流动也受到严格控制。表面上看，在传统再分配经济中的职业地位，可能表现出与其他社会的相似性，但是如果联系到各种次级制度化结构（如单位制、身份制、行政制等），分析人们的职业地位，就会发现至少它不具有其他社会中职业地位所具有的那种自致性、标准性和流动性。改革使这种情况发生了较大变化，但人们的职业地位依然带有制度性特征，如对农业人口的户籍管理、城乡二元结构，导致农民可以进城务工，但他们在上学、就业、医疗、社会保障等方面，无法与城里人享受同等待遇。因此，像职业地位这种一般具有普遍性特征的地位指标，在中国就有了更多的特殊制度性内涵。

第二，原有个人工作经历中的单位性质和人们在这些部门中的权力地位，也是描述个人社会地位背景的重要指标。不同所有制“身份”意味着不同的社会权力、不同的收入和不同的社会保障，以及不同的社会声望。虽然这种所有制差别随着体制变革有所改变，但对于在社会经济组织中处于不同权力地位的社会群体来说，这种变化的意义也不尽相同。例如对于普通职工来说，国家机关与国有企业仍然意味着拥有与其他企事业单位不同的分配保障：对于在非国有单位工作的管理人员特别是高级管理人员来说，其工作单位性质意味着可能拥有更高、更灵活的收入，或是决策权力等；而对技术精英来说，他们也会做出更有利于自我的选择。

除此之外，考虑到制度性的背景因素，我们在随后的分析中，将个人的职业、工作单位性质和职务（组织中的权力）总和作为一个社会地位综合指标，以反映私营企业主在创办企业前的社会属性，测量这种制度性背景在人们向私营经济部门过渡过程中的影响，如职业、身份、政治面貌以及国家所赋予的具有垄断性或排他性的职业地位等。特别是在再分配体制向市场经济体制转型过程中，其他的资本形式对人们进入私营经济领域会起相当大的作用。

3. 个人社会性特征

个人社会性特征主要是指个人的社会关系特征，它与人们之间多少被制度化了的相互认知和认可的持续交往相联系。这种交往关系和网络能够给拥有它们的人带来好处和便利，即所谓“社会资本”，它在形式上表现为社会关系网络的建构和使用，在我们的研究分析中，私营企业主的个人社会性特征主要包含涉及私营企业主本人的亲戚和朋友关系，如血缘、地缘、业缘等具有特殊意义的社会关系。有关这方面的讨论，我们将在第六章“私营企业主的关系网与自我意识形成”分析中，就社会关系网络与社会资本对他们成功发迹的影响给予特别关注。

4.2 不同年代从业者的基本构成及特点

自改革开放以来，虽然只有短短的30多年，从人口学上讲不足两代人，但私营企业主阶层的社会来源却经历了许多变化。今天的私营企业主与20世纪80年代刚开始步入这一领域的人们有许多不同，无论是他们的受教育程度、个人经历，还是对从业本身的理解追求，都呈现出不同的阶段特点。总的来看，可以划分为三个阶段。

第一个阶段是从 20 世纪 80 年代到 1991 年，由改革开放所肇始。当时百业复兴，摸着石头过河，形成了社会主义商品经济，许多传统体制下的边缘群体投身于自谋职业的道路。

第二个阶段是从 1992 到 2000 年前后。邓小平南巡谈话，提出社会主义需要发展市场经济的论断，这极大地调动了人们的致富热情，一大批有识之士开始涉足私营经济领域，寻求创业发展。

第三个阶段是进入 21 世纪以来，我国传统的劳动就业结构发生根本性变化，许多学有专长的人员，包括各行业的原有管理者、海外学成归国人员等，纷纷创办自己的公司，引领私营企业向着更高层次发展，从而占领着民族经济的制高点。

需要指出的是，这 3 个阶段的划分不是孤立、截然的，它们的出现有一些重要的时代特征，从业者选择步入私企，也有着不同的原因和背景。从业者之所以做出这样或是别样的选择，其实都与变革时代的发展，与社会生态条件的不断优化，与从业者对于市场机会和环境的理解、把握有着深刻的联系，在整体上反映出社会生态的作用结果。探讨私营企业主的社会来源，就是要从时代变迁的角度，发现和认识有助于这个阶层形成的社会基础。为了更简明地说明这种来源变化，以下我们通过有关年份私营企业发展调查资料，着重对 20 世纪 80 年代到 2000 年前后的基本情况，及 21 世纪以来的构成演化特点进行分析①。

4.2.1 从改革之初到 2000 年前后的基本情况

这里的改革之初是指从 1980 年到 20 世纪 90 年代初，大体是改革开放的前 10 年。这个时期的社会特点是 1978 年党的十一届三中全会提出改革开放后，各种思潮涌动，人们对社会主义有了新的认识；渴望摆脱贫困，期待发家致富的热情被极大地调动起来；百业待兴、百业复兴的局面，使社会充满了活力；而“不管白猫黑猫，抓住耗子就是好猫”，及“让一部分人先富起

① 自 20 世纪 90 年代以来，中央统战部、国家工商行政管理总局、全国工商联、中国社会科学院、中国民（私）营经济研究会等部门，共组织了 8 次（第 1 次 1993 年、第 2 次 1995 年、第 3 次 1997 年、第 4 次 2000 年、第 5 次 2002 年、第 6 次 2004 年、第 7 次 2006 年、第 8 次 2008 年）全国私营企业问卷调查，探究中国私营企业主阶层的发生发展过程。调查的设计（包括问卷设计和抽样方法设计）由“中国私营企业研究”课题组负责，具体的实施由各地工商联和工商局执行。历年的调查项目和样本数不尽相同，既根据社会经济政治形势的变化增删了一些指标，同时也保留了大多数反映私营企业和私营企业主基本情况的指标。这些调查由国家有关机构按照抽样原则，在全国范围内组织实施，因此具有较高的代表性和可靠性。

来”的著名论断，也使一部分当时没有更多资源和依靠的普通百姓抱着试一试、闯出一条生路的决心，摆地摊、建厂房、长途贩运，恢复传统手工艺，在自谋职业的道路上干了起来。

这一时期最初进入到个体私营经济行列的几乎都不是当时的社会核心成员，许多是传统体制下的边缘群体。20 世纪 80 年代初，当中国的城镇里重新出现个体经营者的时候，人们习惯把他们称作“个体户”。他们没有“大锅饭”可吃，为了生存，许多人是“背水一战”。从当时的人员构成来看，其成分复杂，有城镇集体企业职工，传统意义上的工人、农民，还有社会闲散人员和“两劳”释放人员，还包括各种手艺人、专业户等。见表 4 - 1。

表 4 - 1　　改革初期私营企业主在创办企业前的主要职业分布　　单位：%

	城镇国有、集体单位干部	农村乡镇、村负责人	非国有单位管理人员	普通员工	农民	其他
1988 年前	24.4	7.8	17.7	18.3	12.7	19.1
1988 年后	35.1	4.8	19.4	16.0	7.7	17.0
合计	30.7	6.1	18.7	16.8	9.9	17.8

注：其他，是指个体户、专业户、手艺人、无职业者和其他不便分类人员。

资料来源：李路路．转型社会中的私营企业主［M］．北京：人民大学出版社，1998：65.

据 1988 年有关部门对浙江省温州市 50 名企业主的调查表明，在他们创办自己的企业前，农民身份的占 15%，各类企业工人占 20%，农村干部占 2.5%，全民所有制职工占 5%，而从事购销及各类劳务的人员占到 27.5%，国家干部占 17.5%，无业和待业人员占 12.5%[①]。

从当时从业者的文化程度上看，这些人受教育程度普遍较低，大专以上文化程度的不足 1%，而小学文化程度的占到 40%以上。能认识钱就能赚钱，这在当时不仅是一般社会公众的看法，甚至也是部分私营企业主的看法。据 1993 年第一次全国私营企业抽样调查显示，在私营企业主中，小学及以下文化程度的，1988 年以前开业的占 14.7%，1989—1992 年开业的占 7.1%，1992 年以后开业的占 6.4%；初中文化的相应比例为 37.1%、45.9%和 32.6%；高中、中专文化的相应比例为 38.8%、38.8%和 44.8%；大学以上

① 谢健，任柏强．温州民营经济研究［M］．北京：中华工商联合出版社，2000：46.

的仅为9.5%、8.3%和16.3%。

当然，上述情况随着时间的推移，其整体情况也在悄然发生着变化。20世纪90年代中后期，在私营企业主队伍中，已经融入了更多因产业结构调整和企业优化组合而分流出来的下岗人员，他们的平均受教育水平和劳动技能，以及社会责任感，明显高于改革之初的从业者。初中以下低文化程度的私营企业主所占比例急剧减少，高中以上文化程度的私营企业主所占比重总体上有明显的增加，并且出现了越来越多的高学历私营企业主。见表4-2。

表4-2　分年代私营企业主的文化构成　单位：%

	没上过学	小学	初中	高中、中专	大学	研究生	样本数
1993年	1.0	9.9	36.1	35.9	16.6	0.6	1394
1995年	0.3	8.2	34.9	38.1	17.6	0.8	1461
1997年	0.3	6.3	31.5	41.7	19.5	0.7	1918
2000年	0.2	2.7	19.6	39.2	35.0	3.4	3041
2002年	0	2.2	17.5	41.9	33.5	4.9	3221

注：由于四舍五入，数据有极小的误差。

资料来源：根据全国私营企业问卷调查资料统计。

从私营企业主的性别比例上看，尽管历次全国抽样调查的样本性别比有所不同，但也有大致趋势。1993年第一次调查的样本性别比为11.20∶1（即女性私营企业主占8.92%）；1995年第二次调查的样本性别比为7.72∶1（即女性私营企业主占12.95%）；1997年第三次调查的性别比为11.14∶1（即女性私营企业主占9.01%）；2000年第四次调查的性别比则为8.03∶1（即女性私营企业主占12.45%）。这些数据表明，在整个私营企业主队伍中，女性私营企业主所占比例一直较低，但从发展趋势上看，女性从业者却是在不断增加，她们中正在涌现出越来越多的企业带头人。

从私营企业主的年龄结构上看，在历次调查中，年纪最轻的（19岁及以下）和年纪较大的（60岁及以上）所占比例都不大，且呈逐渐减少的趋势。而中年人则是主体，其比例呈逐年增加的趋势，尤以30～49岁人居多，所占比例超过70%，平均年龄也呈增大趋势。从私营企业主最初创业时的年龄分布上看，20～39岁是其主要的年龄段。见表4-3。

表 4-3　历次调查私营企业主创业时的年龄分布　单位：%

年龄段	1993 年	1997 年	2002 年
20～29 岁	20.5	22.5	35.8
30～39 岁	42.75	45	41.5
40～49 岁	24	24	18
50～59 岁	9.5	5.9	2.65
60 岁及以上	1.25	1.25	0.75
19 岁及以下	2	1.35	1.3

20 世纪 90 年代中后期以来，从业者结构开始有了变化。早期以城镇无业人员和农村农民为主，继后是工人、退休人员、退伍军人，以及放弃“铁工资”、“铁饭碗”的公职人员，他们凭着多年的阅历、关系、才干和掌握的科技成果创办企业并很快站住脚。据中国社科院、全国工商联等单位调查显示，一些具有干部身份的公职人员下海，开业资本和销售额即为平均数的 1.8 倍，纯利润为平均数的 1.9 倍，到 1997 年资本已为平均资本的 2.15 倍。总体上看，这个时期私营企业主来源复杂，具有多重特点，掌握一定专业技术技能的人员显著增多，其发展的成功率也较高。

4.2.2　21 世纪以来的构成演化特点

进入 21 世纪以后，我国的个体私营经济发展明显提速。根据《2002 年中国私营企业调查报告》公布的第五次全国私营企业调查统计数据显示，截至 2001 年年底，私营企业户数已突破 200 万。保持快速增长的一个重要原因是大批国有、集体企业通过改制成为私营企业。在被调查的私营企业中，通过公有制企业改制而形成的私营企业占全部被调查企业的 25.7%，即四分之一的私企前身源自公有经济。

国有、集体企业改制，这是我国经济体制改革的重要一步，它构成了这一时期私营经济快速增长的有利生态。从地区分布上看改制企业，东部地区比重最大，占 45.6%，大批改制企业成为当地新增私营企业的主要组成部分。如江苏省私企总数已近 30 万户，超过广东而居全国各省市私营企业户数第一，其重要原因是苏南 93%的乡镇集体企业改制为私营企业，以发展乡镇集体企业为特征的“苏南模式”被取代。

从改制方式上看，以企业内部人购买为主的改制过程，极大地充实了私营企业主队伍，70.4%的企业是以这种方式被改制为私营企业的，其中作为本企业负责人通过购买本企业而成为私营企业主的占了 60.6%。见表 4-4 和图 4-1。

表 4-4　　公有制企业改制方式分布

方式描述	样本个数	构成（%）
自己是本企业负责人，通过改制买下来	491	60.6
自己是本企业一般职工，通过改制买下来	79	9.8
原来不是本企业职工，通过外部收购买下来	187	23.1
其他方式	53	6.5
合计	810	100.0

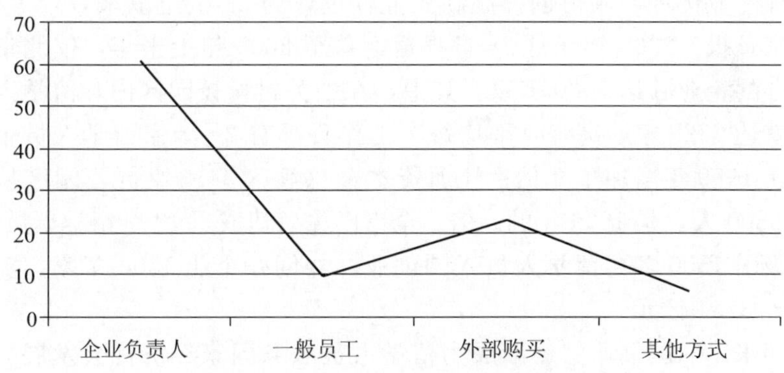

图 4-1　公有制企业改制方式分布图

改制而成的私营企业，与那些仅凭个体户积累而成的私企相比，它们一般规模都比较大，其资本构成也更多元、更具实力。见表 4-5。

表 4-5　　改制成为私营企业后的资本构成　　单位：%

	原国有企业	原城镇集体企业	原农村集体企业
企业主本人	63.4	71.8	70.6
其他个人	21.2	16.2	16.5
全民资本	1.0	0.5	0.3
集体资本	0.9	1.3	2.1
其他法人	3.7	2.2	1.6
海外资本	0.8	0.4	0.9
其他	9.0	7.6	8.0
资本总额	1062.9	1642.7	1063.2

曾任全国工商联副主席的经济学家辜胜阻先生在分析21世纪以来的私营企业发展时曾说，中国私营企业主的形成经历了知识青年回城、国家干部和科技人员下海、乡镇企业转制、留学归国人员创办企业和军队退伍人员加入等几种历史浪潮。随着国有和集体企业改制进程的加快，大批原来国有和集体企业的管理者在改制中成为私营企业主，整体素质也在大幅提高，50％以上的私营企业主有大专和大专以上学历。而在公司管理方面，已经有64％的企业建立了董事会，43％的企业建立了养老保险，这些都是随着中国经济社会的整体发展而出现的可喜变化。

除此之外，随着改革的不断深化、经济社会环境的整体向好，留学归国人员发挥专业优势，领衔创办高新企业，也成为21世纪以来一个重要趋势。据《北京日报》2005年9月28日报道，截至2005年上半年，仅北京市留学人员创办的企业已达5000多家。其中，在中关村科技园区内，留学人员创办的企业就达2728家，高峰时平均每个工作日都有2～3家留学人员企业注册成立，比1999年增加了9倍；注册资本金总额达34.8亿元，园区从业留学人员近6800人，是1999年的5倍。全市已先后建成了17个留学人员创业园，已累计吸引1500多名留学人员入园创业，共创办企业1100多家，实现技工贸总收入31.4亿元。

近年来，回国创业已逐渐成为留学人员服务国家经济社会发展、实现自我价值的重要方式。而随着留学回国工作的深入开展，不少地方还出台了鼓励留学人员回国创新创业的优惠政策。据《人民日报》2011年3月29日报道，日前，经中央人才工作协调小组同意，中组部、人保部联合下发《关于支持留学人员回国创业的意见》，首次从国家层面对支持留学人员回国创业的各方面政策做出了规定。至此，回国工作、为国服务和自主创业“三位一体”的留学回国工作政策体系已初步形成。

作为新世纪、新时期我国私营企业不断保持持续快速增长的重要生态力量，国企改制和大批留学归国人员创办企业，不仅改变了原有私营经济结构，使产业布局和组织形态得到提升，更使私营企业主队伍成分发生了变化，整体上呈现出许多新的特点，主要体如下。

1. 文化程度：中高等学历者所占比例越来越高

比较历次全国私营企业抽样调查结果，私营企业主开办私营企业时的文化程度明显呈提高趋势。首先，在1988年以前注册开办私营企业的被调查者中，初中及以下文化程度者所占比例虽然也呈下降趋势，但一直在50％以上；1990年以后，降至50％以下；到2000年下降到20％以下。其次，高中文化程度者所占比例，1995年占到38.1％；2000年占到39.2％；而到2002年，大学及以上学历者就有38.4%。从1993年到2000年，大学毕业生的比例上升了1.1倍；从1993年到2002年，研究生所占比例上升约7.2倍。2002年的调查数据显示，获得硕士学位的私营企业主占3.2%，获得博士学位的私营企业主也占到0.5%。

如果把初中以下的学历视为较低的文化资源，把高中、中专学历视为中等的文化资源，而把大学及以上的学历视为较高的文化资源，那么，2003年与1980年相比，拥有较低文化资源的私营企业主所占比例从60.5%下降到13.6%；拥有中等文化资源的私营企业主所占比例从29.0%上升为39.4%；拥有较高文化资源的私营企业主所占比例，则从10.6%上升为47.0%。这种结果意味着，低学历的人越来越难以进入私营企业主这个阶层，20世纪80年代那种“会数钱就会赚钱”的时代已经一去不复返了，拥有大专以上学历者已成为占比例最大的群体，中国私营企业主阶层的文化素质在显著提高。

2. 职业经历：专业技术型和管理型职业背景逐步占据优势

有关职业经历与背景，我们可以透过私营企业主开办企业前的最后职业分布，来了解不同时期私营企业主开办本企业前的职业背景及其变动趋势，见表4-6。

表4-6　2002年被调查者开办企业前的最后职业分布　单位：%

注册年份 最后职业	1993年以前	1994—1996年	1997—1999年	2000年以后
专业技术人员	7.8	5.6	5.4	3.8
机关事业单位负责人	3.5	3.1	2.7	2.8
企业负责人	49.5	59.5	61.8	63.5
办事人员	3.2	4.4	4.8	5.6
普通工人	6.5	4.2	3.8	3.5
商业、服务业员工	3.8	3.7	2.9	2.8
务农农民	4.0	1.0	1.5	1.4
个体户	17.3	13.2	12.2	11.3
军人	1.0	0.6	0.6	0
其他	3.3	4.0	3.8	4.7
无职业	0.1	0.6	0.5	0.5
样本	936	1569	662	1568

注：由于取值时四舍五入，数据存在极小误差。

这组按不同注册年份分期方式统计的被调查者，在开办自己的私营企业前所从事的职业分布情况，有两点值得我们关注。

首先，在被调查者中，开业前从事地位较高、知识与技能要求较高的职业的人（主要包括专业技术人员、机关事业单位负责人、企业负责人以及办事人员等），所占比重随着时间的推移而上升。在1993年以前开业的被调查者中，开业前最后从事这几种职业的人所占比重为64.0%，到2000年以后上升为75.7%；个体工商户在20世纪90年代前也多被视为民间的“能人”，因而在这之前直接转化为私营企业主的不在少数，但进入20世纪90年代以后，这种转换率就明显缩小了，尽管其所占比例本身在20世纪90年代中期仍达13.2%。

其次，自2000年以来，与来自其他社会阶层的私营企业主相比，草根私营企业主在更深刻的市场化进程中遭到淘汰的几率较高。相关研究显示，开办企业时间越早，样本中来自社会基层的被访者就越多，而在2002年的抽样调查样本中，大约相近时期开办私营企业的被调查者来自纯粹草根阶层的人所占比例缩小了很多。如在1993年的调查中，出身于工人的业主占24.0%，出身于农民的业主占12.2%；而2002年的调查结果显示，在1993年以前开办私营企业的被调查者中，出身于这两个阶层的业主所占比例都很小，而且随着时间的推移其比例越来越小。除了可能存在的抽样误差外，一个重要的解释因素是21世纪以来的市场发展与淘汰机制对出身于草根阶层的业主构成不利，具有一定专业技术和管理技能与职业经历的显然占据优势。

3. 身份背景：干部经历的优势持续发酵

在探讨市场转型理论中，对于在原计划经济时代所形成的“干部”优势，有两种趋势预测：一种认为，随着市场机制的逐步确立，干部优势会经历一个弱化过程，如在转变为经济精英时其优势将不如直接生产者那么明显；另一种分析认为，由于市场会受到一些看不到的因素的影响，在市场转型过程中，干部的优势并未丧失，可能还有扩张情形。

对此，基于对私营企业主社会来源特征和演变趋势的分析要求，我们利用全国私营企业问卷调查资料，结合第五次有关数据，对私营企业主的主要身份情况进行了调查，调查结果见表4－7。

表 4-7 私营企业主开办企业前的主要身份

私营企业主开办企业前的身份	频数（人次）	百分比（%）
干　部	995	33.3
国有（集体）企业承租、承包人	266	8.9
企业供销人员	200	6.7
干部和国有（集体）企业承包、承租人	219	7.3
干部和企业供销人员	81	2.7
企业供销人员和国有（集体）企业承包、承租人	84	2.8
干部、企业供销人员和国有（集体）企业承包承租人	27	0.9
其　他	1116	37.3

注：由于取值时四舍五入，数据有极小误差。

通过表 4-7 可以看出，在私营企业主这支队伍中，原来居于干部身份的从业人员仍占有很大份额，他们虽在不同时期有所变化，但总体上干部经历的优势还是比较明显。

其一，私营企业主开办本企业前的职务为国家干部（包括军官，但不含村干部）的人所占比例始终在 15%左右，20 世纪 90 年代前后在 14.6%，2001 年以后在 16.7%；出身于村（大队）干部的人的比例，20 世纪 90 年代前为 10.6%，现下降到 2.4%，说明随着时间的推移，村干部的优势在逐渐丧失。其二，同期国有（集体）企业单位承租、承包人的比例始终居高不下，提高了 79%，这些人可视为是与计划经济时代的国有（集体）企业的厂长经理，属传统意义上国家干部的范畴。同时，出身于企业供销人员的私营企业主所占比例下降了 12 倍多，他们可能并不属于计划经济时代的企业干部系列，所以其优势式微，体现出非传统意义上的干部弱势。其三，20 世纪 90 年代中期以后，在开办私营企业前的工作中没有担任过任何职务的人所占比例显著下降，而在以往工作中曾经担任一定的职务的，无论是管理经验方面，还是人脉方面都具有一定的比较优势。

不仅如此，私营企业主在创办企业前，一般经历过不止一次职业和职务变动。综合考虑被调查者每一次职业变动时的职务状况，当过干部的私营企业主所占比例要高得多。例如，2002 年的调查显示，在 2755 位提供相关信息的被调查者中，有 1323 人担任过不同级别的干部，占 48.0%；在 2004 年的调查中，担任过各种不同级别干部或者曾经拥有干部身份的人所占比例接近 50%。总之历次调查都显示，相对于其他来源而言，担任过某种职务的人所占比例至少在 2008 年前都有上升的趋势，国家干部和农村干部是私营企业主阶层的重要来源。见表 4－8。

表 4－8　　私营企业主开办企业前当过的最高级别干部经历　　单位：%

干部级别＼调查时间	1997 年	2000 年	2002 年
一般干部	48.5	42.6	44.0
股级干部	9.6	8.5	9.6
科级干部	21.0	24.1	26.1
县、处级干部	3.1	5.0	5.3
厅、局级干部	0.3	0.8	0.5
村（大队）主要负责人	15.6	17.1	12.4
军　官	2.1	1.8	2.1
科级以上干部占有效样本数的比例	11.0	14.4	15.3
样本	720	1138	1323

注：由于取值进四舍五入，数据存在极小误差。

在国家的正式科层体系中，科级（包括乡镇负责人）以上干部是掌管着一定资源的权力型干部，他们在有过干部经历的私营企业主中所占比例达到 26.1%，亦即超过 1/4。他们凭着多年的资历、阅历、才干和掌握的科技成果创办企业，并很快通过良好的人际关系，获得了第一桶金。

除此之外，私营企业主是否具有中共党员身份，实际上也一定程度地反映出业主的素质和能力。根据 2000 年前后的三次调查，在被访的私营企业主中党员所占比例持续增长，见图 4－2。

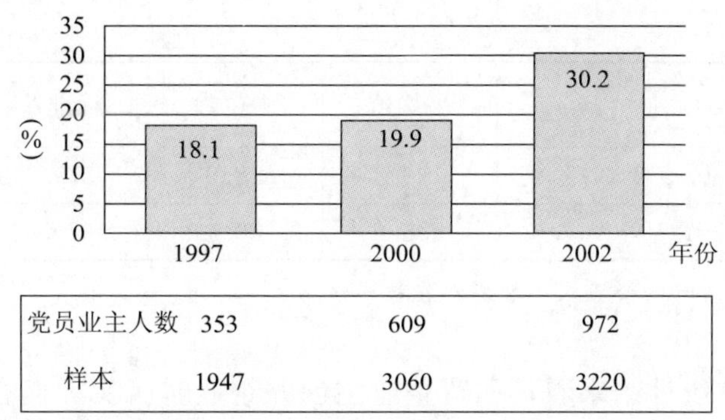

党员业主人数	353	609	972
样本	1947	3060	3220

图 4-2　党员业主比例变化情况

图 4-2 的统计结果显示，在被调查的私营企业主中，党员所占比例一直较高，尤其是经过改制而转变为私营企业的，党员私营企业主的比例更是提高。在通过公有制企业改制而产生的私营企业主中，中共党员所占比例高达 50.66％；根据 961 位党员私营企业主提供的数据，其中有 157 人是在开办私营企业以后入党的，占 16.3％；开办私营企业之前已经入党的有 769 人，占 80％，其中 299 人在开办私营企业时已有 15～40 年的党龄；另有 35 人的入党年份与开办企业年份相同。中共党员身份不仅可以反映一个人的资历和成熟度，还可以代表他所拥有的政治资源，具有明显的组织优势。当然，在私营企业主的入党问题上，特别是对先入党后办企业的党员如何看待，这涉及私营企业主的阶层地位、利益和未来诉求问题，这点在以后的章节中还会有进一步讨论。

4. 入门条件：初始经济资本不断提升

所谓初始经济资本，即投资人或被调查业主在其私营企业最初注册成立时实际投入的自有资金，不包含任何借贷，因而是企业注册时经济实力的体现，是他们获取经济资源的能力标志，同时也是投资人或被调查业主成为私营企业主阶层一员的入门条件。陈光金研究员分析历年来有关私营企业的调查数据后，他认为私营企业主的入门门槛正在提升。见表 4-9。

表 4-9　　被调查业主初始资本统计分析　　单位：万元，人

统计量 注册年份	平均值	中位数	标准差	样　本
1993 年以前	21.1	5.0	58.2	963
1994—1996 年	55.4	20.0	181.6	321

续 表

注册年份 \ 统计量	平均值	中位数	标准差	样本
1997—1999 年	130.3	38.0	379.8	669
2000 年以后	238.6	50.4	670.8	379

注：小于取值时四舍五入，数据存在极小误差。

从表 4-9 统计结果看，私营企业主创办企业时所实际拥有的经济资本，显然比同时期的一般社会成员所能够迅速积累起来的财力大得多，前者往往是后者的 10 倍甚至几十倍。另外，随着时间的推移，新进入私营企业主阶层的人所需要实际投入的资金，也呈显著增加趋势。无论是实际的初始投入的平均值还是中位数，都有成倍的增长，中位数的增长幅度更大。从第一时期到第四时期，私营企业主个人实际投入的平均值扩大了 10.3 倍，中位数扩大了 9 倍。当然，从标准差的变动趋势看，不同私营企业主的初始资本之间的差别也在加大。在这种变动趋势中，不断有一些经济实力越来越雄厚的人，从其他社会阶层进入私营企业主阶层，这在某种程度上也反映出 20 世纪 90 年代中期以来，在中国出现了资源重新集中趋势①。

根据近年来有关私营企业的抽样调查情况来看，一些人之所以成为私营企业主，一个重要特征是他们拥有的经济资本一开始就较多，起点较高，并且随着时间的推移，由初始经济资本拥有量所标志的私营企业主阶层的入门条件也越来越高，即不仅对进入这个阶层的人的经济能力的要求越来越高，而且代表进入这个阶层的人的其他能力要求也在提高，诸如人力资本、社会资本的状况等。陈光金研究员得出的结论认为，这可能意味着，对其他普通的社会阶层（工人、农民）而言，这个社会阶层的边界正变得日益封闭。由此也可以说，在中国的新经济精英形成发展过程中，在 20 世纪 90 年代占主导地位的精英循环机制正让位于精英复制机制②。

4.3 私营企业主的地位获得：机制、过程及标志

对于私营企业主的地位状况，可以从多个方面考察。总体上讲，他们的地位获得经历了一个去身份化与再身份化的过程，即脱离开原有先赋性的制

① 孙立平．断裂［M］．北京：社会科学文献出版社，2003.

② 陈光金．从精英循环到精英复制——中国私营企业主阶层形成的主要机制的演变［J］．学习与探索，2005（1）.

度身份，通过获致性努力取得当前的地位。私营企业主的地位获得是一个长期的过程，它取决于宏观社会生态的不断优化发展，也伴随着各种制度的不断改革深入。这种转变依靠的是自身努力和体制创新，它兼具精英循环与复制的双重机制，同时也是主观地位与客观地位的双重作用过程。

4.3.1 私营企业主的地位获得机制

在社会学研究中，为了便于分析阶层的流动和产生过程，通常会假定把一个社会中的人口分成精英与非精英两部分。考察一个阶级或阶层的生长过程，一般认为有两种形成机制：一是循环机制；二是再生机制。所谓循环（circulation）是指某个阶层或精英群体产生于非精英群体的过程，也即风水轮流转，人人皆有向上流动的本能，只要有适宜的条件和机会，大家都有可能成为精英中的一员；所谓再生（reproduction）则是指精英群体的自我再生产过程，也称复制机制。意大利社会学家V. 帕累托最早提出了精英产生的循环机制，而G. 莫斯卡则发现，精英的产生机制可能有两种：一种是渐变机制，即来自一部分下层社会的人的地位不断上升，从而导致现有精英的新陈代谢，这类似于帕累托的精英循环；另一种是突生机制，即无论是在统治阶级还是在被统治阶级中都存在着自己的精英，两种精英在争夺权力与利益的斗争中会相互替代，这类似于精英复制。

从我国改革实践的总体情况上看，由“再分配”经济向市场经济的转变，给中国社会带来的本质变化是社会资源配置方式的变化，而资源配置方式的变化直接推动着社会阶层结构的调整和整个社会利益格局的重组，为各类社会精英的兴起提供了一个新的历史舞台。面对私营经济及私营企业主阶层的兴起，尽管官方文件和学术话语中还较少使用“精英”一词，但是，拥有大量经济财富、享有较高社会地位和具有较高文化水平的群体和亚群体的存在，足以表明随着整个社会利益格局的调整和精英成长环境的变化，新阶层不仅经历了一个去身份化与再身份化的过程，同时，也经历了以循环为主到以复制为主的变化。

第一，在中国的体制改革和市场化过程中，以身份为主导的社会分配格局被收入渠道的多元化和择业的市场化所取代，原有的身份等级制度受到冲击，而表现为原有身份权利、身份限制的弱化，国家全面控制社会资源的状况在逐渐发生改变。于是，原有身份格局的解体带来了人们去身份化的可能，一部分农民改变了自己的身份，成为新兴产业工人；国企工人的“铁饭碗”被砸烂，而增加了更多“自食其力”的成分；干部的身份特权受到限制和淡化，而失去许多政治的、意识形态的色彩。去身份化无疑提供了新的机会，并为后来的各种资源的组合提供了可能。比如，最初投身于商海的个体经营者和私营业主。

当然，在去身份化的过程中，并不意味着身份失去了所有的意义，它同时也是再身份化的开始，即建立新的身份资源关联、提出新的利益诉求或设置新的社会限制并加以合法化的过程。这一变化过程犹如一枚硬币的两面，共同塑造着市场化中的利益格局。从私营企业主的地位演化上看，他们的出世正是基于旧的体制坚冰被打破，一些“敢为天下先”的勇者凭借着对于环境和自身能力的判断及经验，冲破各种旧有限制，以不可阻挡的气势和巨大发展成绩，逐渐取得主流社会的承认和接纳，并树立起群体形象。同时他们也无时无刻不在寻求经济利益上的保护，期望在政治和社会影响力方面有更大的作为。阶层成员和结构的变化，使得他们有了更高和更多的期待。

第二，私营企业主阶层的成长，在经历了去身份化与再身份化的同时，也经历了以循环为主到以复制为主的变化。在中国改革开放以来的经济社会生活中，私营企业主可以被视为一种精英、一种新生的经济精英。他们的主要特征在于，比一般社会成员拥有更多的经济财富，这些财富中的绝大部分是他们通过自己的努力创造获得的，而不是通过诸如财产继承这样不需要个人付出努力和发挥聪明才智的方式来获取。然而，就不同年代从业者的产生来看，他们又有着不同的形成和演化特点，主要体现如下。

(1) 在1993年以前，来源于普通工人、商业服务业员工、务农农民、工匠等基层社会的私营企业主所占比例高达52.6%，这表明，至少在20世纪80年代和90年代初，精英循环的机制占据主导地位。但是，从第二个分析时期开始，来源于普通工人、商业服务业员工、务农农民以及无职业者等基层社会的业主所占比例已经下降为13.1%，到第三个时期再降为8.2%。可见，20世纪90年代中期以后，私营企业主阶层形成的精英循环机制开始衰落。

(2) 虽然从个体工商户（以及专业户）转变而成的私营企业主所占比例在20世纪90年代以前一直比较大，但从90年代中期以后，这一比例便趋于下降，表明这一群体向上流动到私营企业主阶层的难度有加大趋势。通常个体工商业者中的大部分是来自工人、商业服务业雇员以及失业、半失业人员，从个体工商业者上升为私营企业主，在一定程度上体现了精英循环机制的作用，而出身于个体工商户的业主所占比例下降，在一定程度上则反映了精英循环机制衰微的趋势。

(3) 来自专业技术人员、机关和事业单位负责人以及企业负责人等社会经济地位较高的私营企业主，在第1阶段所占比例为32.5%，这意味着，虽然精英复制的机制在这一时期不占主导，但其作用亦不可小视。从第2个分析时期开始，来自这一群体的业主明显增加，到第3个时期已上升为60%多，2005年更是高达75.7%，可以说，自20世纪90年代中期以后，精英复制机制已经上升为影响私营企业主阶层发展的主导机制。

探讨私营企业主的生成机制，不仅在于看是哪些人投身于这一行列，他们的出身背景、成功几率，更主要的是了解什么人，缘何要改变已有的状态，他们如何取得了新的位置。在作者看来，精英的生成机制离不开具体的制度情境。中国的改革是通过渐进方式，实现着资源配置转型。在这种独特的历史背景下，精英的生成也就具有了独特性和复杂性，而所谓的循环与再生产都只是理想类型。当前中国社会精英的形成机制既包含有“循环”的成分，也包含有“再生产”的成分。就某些权力精英和技术精英而言，因其职业地位所表现出来的优势，确实在一定程度上使他们在转变为经济精英过程中占据了先机，但是，市场也为那些无优势背景的人（即原来是非精英）提供了成为精英的机会。我们关注私营企业主的地位获得机制，最根本的有两条：一是从宏观制度层面，发现和克服外部生态缺陷，创造更加有利于私营企业主成长的体制、机制、环境；二是从企业和业主自身发展层面，发现和培养内在生长因素，做大、做强、做好自己的事。

4.3.2　私营企业主的地位获得过程

众所周知，1949年随着新中国的成立，在当时的政治意识形态影响下，此前中国社会的资本家阶级，在经济上已经被消灭，在政治上受到限制和边缘化，没有了立足之地。30年之后，我国开启了改革开放的大门，作为经济体制改革的重要一步，个体私营经济重新又在人们的经济生活中扮演重要角色，成为新生经济力量。私营企业主也作为社会阶层结构的一部分，受到越来越多的关注。总体上看，今天的私营企业主阶层与新中国成立前的资本家阶级没有任何的联系，无论从其生存的社会环境、接受的思想体系上看，还是从其建立的劳动生产关系、阶级关系，以及发展的结果来看，他们都应是一个新生的社会阶层。他们经历了身份的转变和职业的再造过程，他们在总的社会变迁洪流中，经过主客观的努力，实现了一次次蜕变，以骄人的业绩获得了主流社会认可。具体说来，私营企业主的地位获得有两个重要过程。

第一，伴随改革开放的不断深入，社会经济生活的空间和氛围不断优化，私营企业主乘势而上，成功实现了身份与职业的转变。

我国改革开放前的社会结构，犹如一组环环相扣的同心圆，最中间的是当时的政治精英——“干部”。他们不但掌握着国家的政治领导权，同时通过计划经济实际上也掌握着国家全部的经济权力。在它周围有知识分子阶层，虽然在历次政治运动中对知识分子形成冲击，但总的来说，它的社会地位还是较高的，干部和知识分子之间的界限也不是特别分明。再往外面的是城市工人，他们完成政府所交给的生产任务，可以获得一定水平的保障。如学生毕业以后基本上可以全部就业，一旦有了工作，公费医疗、劳保福利、住房等都有了，到退休时有退休金，最后死了，还有丧葬费，所以从生到死，都有了保障。但是，再外圈的农、牧、渔、民就不行了，在人民公社制度下以农业为营生的人，是不能自己决定种什么、怎么种的。他们没有自由流动的权利，一生被固定在唯一的一块土地上。除此之外，同心圆的最外层，还有少量的大约占人口5%的所谓“地富反坏右”，他们是处于最边缘状态的部分。

改革开放之后，对改变自己位置行动最积极、最快的是农民和一些边缘群体。农村大包干、家庭手工业、副业越做越大。他们依靠一技之长办起养殖业，雇用的人越来越多，逐渐出现了“雇工大户”，直到1988年修宪，正式有了“私营经济”的认定。1989年开始在统计上单列了“私营经济”条目。随着私营经济的兴起，20世纪90年代，计划经济受到比较大的动摇，已经开始出现职工“分流”和“下岗”的说法；在干部、知识分子中也有了“砸三铁”之虑。受到原来边缘群体成功发展的鼓励，这时候出现了干部、知识分子“下海”办企业的浪潮。到1998年以后，随着改革的不断深入，集体企业和国有企业的转制正式拉开帷幕。这种转制跟过去的干部、专业技术人员“下海”最大的不同在于，“下海”者在当时多是政治精英、文化精英，要下海就需要有一个“借船”或是“造船”的过程，而转制靠的是已有船只，乘着船下海顺风顺水，原来企业的生产能力、销售渠道一切都没有变，变的只是所有制结构和相应的管理机制。他们从一开始就跃过了私营企业的原始积累阶段，一夜之间“好风凭借力，送我上青云”。这批新的私营企业主与早先通常认为的为富不仁、素质低、管理差、缺乏远大目标等形象完全不同，他们把握住不断深化的经济生态调整时机，在个人与社会、企业与国家、理想与现实的发展中找到了结合点，同时，也带动和树立了私营企业主的全新形象。这以后，随着大学生和海外留学归国人员的加入，私营企业主这支队伍的整体结构、他们在国民经济中的地位和形象也都发生了根本性变化。来自不同阶层和群体的从业者，从各自的原点会聚到私营经济行列，实现着自己的人生价值。

第二，新的经济精英阶层悄然形成，他们依靠自身努力不断超越自我，以骄人业绩得到社会更多认同，并引领中国民营经济向着更好更快发展。

根据《第七次全国私营企业抽样调查综合报告》，及国家工商行政管理总局的统计，进入21世纪以来，我国私营企业户数和私营企业主人数都一直在快速增长。2000—2005年，全国登记注册的私营企业户数由176.2万户增加到430.1万户，同期，全国登记的私营企业主人数从395.3万人增加到1109.9万人。与此同时，私营企业主的“质量”都在快速提高，私营企业注册资本金总额从13307.9亿元增至61331.1亿元，户均注册资本金额由75.5万元增加到142.6万元。据2004年经济普查资料，从资本总量看，全国企业法人中的个人实收资本为5万亿元，占全国企业实收资本的28%，超过集体资本与外商及中国港、澳、台商资本之和。

到2005年，全国内资私营资本已经占据国内生产总值的半壁江山。一些私营企业通过自身积累，开拓市场，参与国有集体企业改组、改制等形式，使企业的经营规模逐渐扩大，出现了一批有影响力的较大型私营企业。截至2004年经济普查时，营业收入在5000万～1亿元的私营企业有18443家，在1亿元及以上的私营企业也有12535家。在沪深股市甚至国外资本市场，我们都能看到私营企业的身影。

对于私营企业主阶层的成长，《中国私营经济年鉴（2006年6月—2008年6月）》曾引用中央统战部、全国工商联、国家工商行政管理总局、中国民（私）营经济研究会在2008年开展的第8次全国私营企业抽样调查资料，认为我国私营企业主阶层的成长和政治生活总体上正处于稳定健康发展状态，其中有一些显著特点，同时也有一些新情况值得关注和研究。

1. 私营企业主阶层文化程度明显提高

从2000—2008年的五次调查中可知，文化程度在初中及以下的私营企业主所占比例下降了13.5%，大专及以上文化程度的业主所占比例则提高了23.7%。

2. 私营企业主阶层的社会经历丰富，呈精英化趋势

本次调查以权力和技术资源作为评价标准，对被访业主开办私营企业前的职业地位进行摸排，结果表明，在3873位提供了相关信息的被访业主中，开办企业前担任各级党政机关干部、国有集体外资和其他私营企业负责人、农村干部的合计占46.6%，各类专业技术人员和企业供销人员占23.6%，个体户占8.5%，各类企业的普通员工占13.4%，纯粹的农民占5.6%，无业失业人员占1.6%。

3. 私营企业主的社会责任意识不断增强

近几年，随着全社会对私营企业主的社会贡献认同度的提高，体现其社会贡献程度的各种捐赠指标也在增长。在被调查的企业主中，有过捐赠行为的占86.7%，比上次调查高出2.6%。在有过捐赠行为的企业中，捐赠金额的中位数为6万元，比上次调查高20%，说明近两年私营企业主的社会贡献

意识逐步增强，其中最小值为100元，最大值为8666万元。

4. 私营企业主的政治参与热情持续高涨

据全国工商联系统不完全统计，截至2007年，在非公有制经济代表人士的会员中，被选为各级人大代表的有23143人，被推荐为各级政协委员的有48359人。此外，还有全国工商联副主席7人，省级工商联会长5人，市、县两级工商联会长592人。私营企业主希望工商联作为自己的组织，能够更多更好地代表他们的利益；2007年调查结果显示，在社会团体中，私营企业主加入最多的是工商联，达到66.1%。

概括这些特点和趋势，可以说，今天的私营企业主阶层已经不再像20世纪80年代中期以前刚刚出现时那样，主要由所谓的低素质人群组成了，而是由一个具有较高文化素质和较高层次社会来源的群体构成，这是我们认识这个新兴阶层时需要把握的一个基本情况。换句话说，当我们分析这个阶层在经济上取得的成功时，我们已经难以像在短缺经济时代那样，简单地归因于卖方市场给胆大的“下海者”提供的机遇，而不去注意这个阶层中已经拥有的一大批有着较高素质、较多的初始社会经济及政治资源的人的积极作用了；同样，当我们认识这个阶层在某些方面存在的不足时，也不应再像以往那样简单地归咎于这个阶层中一部分人的低素质，而不去注意那些宏观社会生态因素，如制度、政策、潜规则等背景缺陷对他们行为的影响。

更多主流社会群体或阶层人士进入私营企业主阶层，使人们逐步改变了过去将私营企业主等同于社会边缘群体的看法。从近两年被调查的私营企业主开办私营企业前的职业构成上看，约95%的私营企业主来自国有企业负责人、干部、专业技术人员，传统意义上的工人、农民等主流社会群体人员也不在少数，并且他们继续与主流社会群体保持着各种各样的联系，而来自失业或无业等边缘性群体的私营企业主仅占约4%。

值得注意的是，私营企业主中大约有1/3的人有过当干部的经历；同时，在私营企业主阶层中，有相当一部分是中共党员。这表明私营企业主群体的整体素质在稳步提高，政治上越来越趋于成熟。与改革初期的从业者相比，他们更注重自身修养、整体形象和有关“自我”的话语声音。与此同时，在对私营企业主的评价方面，现在的情形也与20世纪80年代有了显著不同，大多数人不再看不起私营企业主，相反普遍给予他们更高评价。尤其是现今人们崇尚“成功”的心态，更推高了人们对他们的认同。不管从政治、经济的哪个方面看，私营企业主阶层都日益显示出自己的影响来。也正是基于这样的事实，我们认为必须对这个阶层加以关注，对他们的建设性作用要多给鼓励和支持，对他们可能产生的不和谐因素要早作准备。

4.3.3 私营企业主的地位获得标志

在有关私营企业主阶层地位的获得方面，如果说，上述出现的各种变化表明的是作为一个新生阶层，在经历了身份与职业的转换、精英群体的循环与复制、自致性努力与体制创新等一系列演化过程后，实现了主观地位与客观地位的双重结合，那么，更能体现这一阶层地位的是他们正在得到中国社会越来越多的认可。基于私营企业对国民经济作出的贡献，基于私营企业主对中国经济社会生活产生的越来越大的影响，人们对私营企业主阶层的经济地位、政治地位和法律地位形成了基本的认同与共识。这些反映在国家法律、政策条文中的基本认同与共识，标志着我国私营企业主阶层成长进入了一个新的历史阶段。

1. 经济地位重要

第一，立足于中国国情，在社会主义初级阶段理论指导下，国家确立了允许私营经济存在和发展的法律、政策，并且确立了私营经济在我国经济结构中的地位。即在 1988 年 4 月第七届全国人民代表大会第一次会议通过的《中华人民共和国宪法修正案》中，明确提出“国家允许私营经济在法律规定的范围内存在和发展。私营经济是社会主义公有制的补充。国家保护私营经济的合法的权利和利益，对私营经济实行引导、监督和管理”。

第二，1992 年邓小平针对当时国内经济的发展状况和国际风云变幻，发表了著名的南方讲话，提出“三个有利于”的衡量标准，将生产力发展摆在特别重要的位置，极大地推进了民营企业的发展。1997 年党的十五大召开，进一步进行了阐述：“以公有制为主体、多种所有制经济共同发展，是我国社会主义初级阶段的基本经济制度”；一切符合“三个有利于”标准的所有制形式都可以而且应该用来为社会主义服务。并第一次明确提出“非公有制经济是我国社会主义市场经济的重要组成部分”。

第三，2002 年 11 月，党的十六大报告进一步指出：坚持和完善以公有制为主体、多种所有制经济共同发展的基本经济制度，必须毫不动摇地巩固和发展公有制经济；必须毫不动摇地鼓励、支持和引导非公有制经济的发展。基于私营企业主的政治、经济和社会地位不断上升，从中央到地方的各级政府对私营企业的发展也寄予越来越大的期望，党的十六大正式把这个阶层定性为中国特色社会主义事业的建设者。

2. 政治地位明确

在中国特色社会主义建设的过程中，随着对私营经济经济地位认识的不断深化，人们对私营企业主阶层的社会属性，亦即他们在中国社会阶层结构中的政治地位问题，经过多年的认识探讨，逐步形成共识。

1988年，《中华人民共和国宪法修正案》规定“国家允许私营经济在法律规定的范围内存在和发展”。但是，作为私营资本人格化的私营企业主的社会属性，却没有明确的界定，尚在继续观察中。1989年8月，中央发出文件，指出：私营企业主同工人之间实际上存在着剥削和被剥削的关系，不能吸收私营企业主入党。这项规定表明，在社会生活中，私营企业主的政治地位有别于其他公民。显然，这项规定同“允许存在”的经济政策还不相吻合。

随着社会主义初级阶段理论的发展与完善，通过调查研究，人们逐步认识到现在的私营企业主与过去的资本家不可同日而语，更不能对他们沿用过去同一个政策。1991年7月，中央发出文件，明确指出：在我国，非公有制经济成分作为公有制经济的有益补充，将在相当长的历史时期内存在和发展。现在亟须有一个党领导的、主要做非公有制经济代表人士思想政治工作的人民团体，对私营企业主等介绍党的方针、政策，进行爱国、守法、敬业的教育，并维护他们的合法权益，反映他们的正确意见。工商联可以融合党和政府承担这方面的任务。在工作中要注意掌握政策，对现在的私营企业主，不应和过去的工商业者简单地类比和等同，更不是要像20世纪50年代那样对他们进行社会主义改造。工商联要配合党和政府工作，对非公有制经济代表人士进行团结、帮助、引导、教育。通过工作，在他们中逐渐培养起一支坚决拥护党的领导的积极分子队伍。

从此，“团结、帮助、引导、教育”的八字方针，取代了过去的“团结、教育、改造”的六字方针。但是，对于私营企业主阶层的社会属性问题，人们仍然争论不休。争论的焦点是究竟用什么标准来进行判断，是仍然沿用马克思主义经典作家在特定条件下提出的唯一标准，还是根据发展变化了的历史条件和社会主义建设的现实情况与时俱进，确立新的判断标准。

在集中全党、全国人民智慧，吸纳最新研究成果的基础上，党的十六大报告认为：实现人民的富裕幸福，是建设社会主义的根本目的。随着经济的持续发展，人民生活水平的不断提高，个人的财产也会逐渐增加。因此，要尊重和保护一切有益于人民和社会的劳动，尊重和保护一切合法的劳动收入与合法的非劳动收入。在这种情况下，判断一个人政治上是否先进，就不能简单地以有没有财产和有多少财产作为标准，而主要应该看他的思想政治状况和现实表现，看他的财产是怎么得来的以及对财产是怎么支配和使用的，看他们以自己的劳动对建设中国特色社会主义事业所作的贡献。根据这个“三看”标准判断，中央明确宣布，对于这个阶层中的先进分子，可以和必须被吸收到党内来，以扩大执政党的群众基础和社会基础，从而明确了私营企业主阶层是中国社会阶层结构的重要组成部分。

3. 法律地位平等

私营企业投资人在法律地位方面涉及一系列法律法规问题，如投资、税收、财产保护等。私有投资者创办私营企业，是否具有与其他投资人平等的地位，合理的收益和私有财产是否能够得到保护，他们如何不被歧视而拥有正当合理的权利义务，这一切在私营经济形成的初期其实并不明确，也造成了许多法律纠纷，或在一定程度上还损害过私营企业主的合法权益。例如我国原有《中华人民共和国宪法》规定："社会主义的公共财产神圣不可侵犯"；"国家保护公民的合法的收入、储蓄、房屋和其他合法财产的所有权"。这种歧视性的法条规定，其实是将公民合法的生产资料排斥在国家法律保护的范围之外。

2002 年，党的十六大提出要"完善保护私人财产的法律制度"。2004 年《中华人民共和国宪法修正案》规定："公民的合法的私有财产不受侵犯"；"国家依照法律规定保护公民的私有财产权和继承权"。2005 年国务院颁布《关于鼓励支持和引导个体私营等非公有制经济发展的若干意见》（以下简称《若干意见》）。《若干意见》的第 20 条称："完善私有财产保护制度。要严格执行保护合法私有财产的法律法规和行政规章，任何单位和个人不得侵犯非公有制企业的合法财产，不得非法改变非公有制企业财产的权属关系。按照《中华人民共和国宪法修正案》规定，加快清理、修订和完善与保护合法私有财产有关的法律法规和行政规章"。

2007 年，《物权法》颁布。《物权法》把实行社会主义市场经济，保护一切市场主体的平等法律地位和发展权利作为基本原则，对国家、集体、私人的物权一体承认，平等保护。至此，在以公有制为主体、多种所有制经济共同发展的基本经济制度中，国家法律规定：私营企业主的私有财产与国家、集体的公共财产的法律地位平等。

2007 年 10 月，党的十七大报告提出：坚持和完善公有制为主体、多种所有制经济共同发展的基本经济制度，毫不动摇地巩固和发展公有制经济，毫不动摇地鼓励、支持和引导非公有制经济发展。平等保护物权，形成各种所有制经济平等竞争、相互促进新格局。推进公平准入，改善融资条件，破除体制障碍，促进私营经济发展。在新的历史阶段，将把形成各种所有制经济平等竞争、相互促进的新格局，作为坚持和完善社会主义初级阶段基本经济制度的重要着力点。

4.4 简要结论与探讨

通过上述对于私营企业主阶层来源和地位获得的系统考察，结合中国社会多元化发展的社会生态变化，我们认为将私营经济和私营企业主阶层作为一个完整的生态单位、作为一个生命系统来加以认识分析，至少可以得出这样几点结论。

（1）从私营企业主阶层成员的社会来源和演变过程看，对内搞活、对外开放是激发人们思想观念和行为发生改变的集结号，时代变革造就了这样一群弄潮人。他们从原有阶层结构中分化出来，总会带有各自原有特征；他们的思想意识形成，会受到文化素质、过往经验以及个体认知理解力等影响；而近年来社会来源及成分结构的变化也带来了显著的精英化趋势，影响到阶层意识、利益和行为，塑造着整体形象。同时，这一阶层的衍生变化，也影响着中国政治经济社会的发展，丰富了社会构成。私营经济的发展不仅显著改变了所有制结构，也改变了中国的社会结构。从社会生态的角度，现在不仅仅有了私营企业主阶层，私营经济的大幅度发展也扩大了经营管理人员队伍，在我国社会劳动关系的重大变化上，也基本形成了市场化、合同化、雇佣化的关系。私营经济的发展显著改变了中国的社会关系格局和利益关系格局。

（2）从阶层地位获得和利益实现方面看，私营企业主的地位获得，一是依靠自我实践努力，靠非凡的业绩，改变着世人的看法，不断获得承认。二是在制度上依靠创新，不断突破体制机制限制，为私营经济的运行发展提供了保障。面向未来，这一阶层还将发展，私营经济具有旺盛的生命力，它必将成为市场经济建立过程中最为活跃、最有实力的增长点。同时作为私营经济的执行者，随着这一阶层的不断扩大，其对于国家政治经济生活的影响力和参与性日益加强，其或将成为未来社会结构的重要组成部分。构建社会主义和谐社会，需要重视私营经济及私营企业主的力量，尤其在实现中华民族复兴过程中，私营企业主是有责任的，这一方面依靠他们自身素质的不断提高、高素质人才的加入、各种新生成员的推动，另一方面需要政府的引导和规范，一个和谐的富有积极进取性和全面的小康社会，需要他们的参与贡献，我们相信他们也是能够做到的。

（3）我国私营经济和私营企业主阶层的形成发展，始于党和政府所推行的一系列改革开放政策，以及人们探寻走过的中国特色社会主义发展道路，这是一个不争事实，也是这个时代最宏大的社会生态背景。然而，私营经济和私营企业主阶层的出现，又是依生产力发展和社会改革要求产生的客观经济形态，具有一定的客观性。中国的私营经济发展到今天，已不再为某个政党、组织，或个人意志为转移。私营企业主阶层的兴起，打破了过去某一社会成员长期依附于某一阶层或群体的僵化格局。社会关系与利益结构的重新调整，有助于社会各阶层、各群体间的接触、了解与流动。人们在调整自己心理和行为坐标的同时，将享有充分的发展机会。面对竞争，跨越阶层与群体的界限，从而使人们的交往、流动更具有广泛的社会性。在各种利益集团不断分化组合中，以相互竞争为发展机制，将有利于社会生态优化，促进社会整合发展。

5 私营企业主的社会属性与阶层特征

核心提示：

● 社会属性与阶层特征是探究阶层意识和阶层认同的基础和前提。作为在一定历史时期发展起来的社会生产组织方式，私营经济及私营企业主阶层的兴起，必须回到它的社会母体中去观察，必须正确认识“资本”的二重性，必须从产生的社会后果去考察。

● 私营企业主的阶层特征反映着我国自改革开放以来在经济结构、组织形态和社会关系等方面发生的一系列变化，反映出这个社会不断开放包容的发展历程，反映了私营经济的逐利性和扩张性，这些注定了他们有着不同于其他阶层和群体的社会特质，有着不同的利益追求。

● 在经济方面，生产资料的私人所有和实际占有与支配，是私营企业主阶层的最本质特征，也是他们最深厚的利益源泉与基础。为私人资本最大化而从事的生产经营活动，以及由此决定的其他利益要求，构成了他们同其他阶层和群体分野的基本经济特征。

● 在社会方面，私营企业主阶层作为社会结构分化整合的产物，具有“群体快速组合”与“内部高速流动”的显著特点。尽管不同的企业主所掌握的经济分量有巨大差距，不同的私营企业主对自身的经济和社会地位有不同的体认，但他们的阶层意识和行为已经具有了显著特点，他们有着共同的利益，正在形成一些相对一致的看法。

● 在政治方面，经济利益和地位决定了他们不像国家工作人员那样具有明确的政治属性，对政党政治和民主政治似乎并不热衷，而对生活政治及涉及个人前途和发展的政治动向和政策规定更为敏感。私营企业主的政治表现具有“强政治取向”和“弱政治参与”的显著特征。

● 在人格方面，私营企业主具有典型的市场人格特征，精于计划性、追求利益最大化、讲求规避风险、善于投机炒作，注重互惠利用。同时他们还具有双重人格特征，希望通过财富积累赢得更多的掌声尊重，但他们为实现个人目的不择手段，漠视员工利益；他们要求政府加强立法，呼吁扩大市场准入，但他们又想做行业老大，排斥、限制其他企业发展。

● 私营企业及私营企业主阶层的发展不是偶然现象，有其深刻的社会基础和发展逻辑，它是一个历史的过程。对于私营企业主阶层的这些属性和特征，不管人们承认不承认，愿意不愿意接受，它都已经嵌入到社会的机体之中，成为我们这个社会生命系统的一部分。

在私营企业及私营企业主的形成发展过程中，有一个引人关注的话题，就是私营企业主的社会属性与阶层特征。经过30多年的改革开放，中国绝大多数人对私营经济在社会主义初级阶段的重要性和必要性已有了共识，但对私营经济和私营企业主的社会属性与阶层特征却见仁见智。近年来，随着私营企业主队伍和力量的不断壮大，有关探讨和争论也在不断进行。前面谈到他们的社会来源、身份获得、利益交往等还只是在某个侧面揭示私营企业主产生的背景和环境，这些是理清私营企业主的阶层意识与阶层认同的基础。对于他们的阶层属性和阶层特征，本章将予以集中的探讨，并认为正确认识私营企业主的社会属性与阶层特征，对于深刻把握他们的阶层意识与阶层认同的衍生过程，对于更加全面揭示私营企业主的形成演化特点，对于更好地发挥私营经济的功能与作用，都是十分重要的。

5.1 相关探讨与研究评述

对于私营企业主阶层属性及基本特征的探讨，不同的学者有着不同的观察研究路径和方法。陈光金（2005）基于近年来对有关文献的梳理，概括学界对私营企业主阶层的研究，认为有关探讨主要集中在3个方面：①对私营企业主群体社会属性进行的理论探讨；②对私营企业群体的发展历程、阶层特征与存在问题进行历史和经验的研究；③对私营企业主群体与其他阶层尤其是私营企业雇工群体的关系进行实证研究[①]。

5.1.1 有关私营企业主的社会属性研究

争论的焦点主要在：资本“收入”的社会属性问题（即是否为剥削）；应当赋予私营企业主怎样的政治地位问题（如私营企业主能否加入中国共产党）；私营企业的社会责任等。对于上述问题，较有代表性的观点，大致可以分为三类。

1. 第一类观点

第一类观点认为，中国的私营企业主群体已经形成为一个庞大的利益集团，是中国新生的资产阶级，是与雇工阶级对立的剥削阶级。2001年《真理的追求》第5期发表了两篇文章，一篇题为《我国已形成一个新的资产阶级》，一篇题为《共产党要领导和驾驭新资产阶级》。前文认为，私营企业主

---

① 陈光金．私营企业主群体研究［EB/OL］．http：//www.sociology.cass.cn/shxw/qt/t20040906_2652.htm，2011-04-27.

群体是我国新生的资产阶级，“这个新生的资产阶级是新生的民族资产阶级，是原来的民族资产阶级在新的历史条件下的复活，是再生的民族资产阶级”（管敏政，2001）。后文援引列宁关于阶级的定义，认为中国的私营企业主群体已经形成为一个大的利益集团，实际上就是中国新生的资产阶级，他们利用资本剥削雇工的剩余劳动，因此是与雇工阶级对立的剥削阶级。党应当正确认识这一“事实”，制定正确的政策来对待这个新生的资产阶级。该文态度鲜明地反对吸收私营企业主中的先进分子入党，认为这个“新资产阶级”与当年的老资产阶级本质上是相同的，他们的本性都是剥削，都追求剩余价值，搞资本雇佣劳动，这就使他们在人生观、世界观上没有本质区别（林炎志，2001）。

2. 第二类观点

第二类观点与第一种观点相反，一些研究者既不承认私营企业主群体是新生的资产阶级，也不认为他们的资本收入是剥削。提出，私营企业主的经营管理活动也是劳动，他们拥有的资本是其过去的劳动收入的积累和凝结，同样具有劳动的品性，并且所有这些劳动都创造价值，都有权利参与收入分配（钱津，2001）。雇工的劳动、企业主的经营管理劳动和资本、企业家的能力等都是生产要素。雇工得到工资，资本得到利润，私营企业主得到经营管理收入与企业家风险收入，这是一种合理的收入分配方式。从劳动价值论走向生产要素价值论，是对现代社会生产发展规律的科学概括（晏志杰，2001）。也有学者认为，私营企业主不可能形成一个新的资产阶级，因为他们与公有制经济有着密不可分的联系，与原来所属的社会身份有着不同程度的联系，不可能像在资本主义社会那样发展为一支独立的经济力量（阎志民，2002）。

3. 第三类观点

与上述两类观点不同，还有第三类看似带有折中性的观点，认为私营企业主群体尚未形成一个自为的阶级，或者说，作为一个独立的自我意识到的社会阶级或阶层正在形成过程中。戴建中根据全国工商联等部门先后 4 次在全国范围内所做的私营企业抽样调查资料认为，新兴的私营企业主群体已经形成一个独立的社会阶级，但由于内部的巨大诧异和光怪陆离的处境，尚未形成任何政治组织，因此还是一个“处于变动不居、还未成熟的阶级”（戴建中，2001）。张厚义也认为，在今天的时代背景下，私营企业主是否成为一个新生的剥削阶级，主要看他们的资本来源是什么以及他们的资本收入是如何被使用的。根据他的研究，现阶段中国私营企业主不是资产阶级，也不是剥削者，因为他们的出身以及他们的资本来源表明，他们与传统的民族资产阶级有着质的不同。他们的收入来源的主体是劳动收入；从他们的管理劳动和社会贡献看，他们是社会主义现代化事业的建设者（张厚义，2002）。

对于私营企业主的社会责任，许多学者立足于当前私营企业存在的种种问题，指出尽管私营企业主是富民政策和改革开放的实践者、受益者和促进者，他们拥护党的领导，拥护社会主义制度，拥护改革开放政策，具有较强的正义感和荣辱感，但他们在价值取向、利益要求、思想观念方面也存在一些问题，突出的是社会责任意识淡薄。秦海霞（2006）从社会学视角指出，当前我国私营企业的社会责任与市场道德亟待加强。尽管造成私营企业缺失社会责任的理由有很多，但不能因此就推卸掉私营企业所应承担的责任。许多私营企业成功发展的经验证明，企业承担社会责任不仅可以获得较好的社会效益，而且可以获得长远的商业利益。企业的价值大小，取决于它所承担社会责任的大小。唤起社会责任意识，不仅对私营企业的健康发展有益，对构建全民信用体系、提高社会幸福指数也会带来积极影响。因此，建立起自觉的现代社会责任理念，不仅局限于私营企业自身，还包括政府、民众等其他各个方面努力。

5.1.2 有关群体发展历程、特征的经验研究

戴建中在考察了私营企业主在当代中国经济社会结构中的地位，以及他们拥有的文化资本、社会资本与组织资本后认为：私营企业主今天的成功，不是当年理性计算的结果，而是在历史潮流中应运而生、顺时而动的结果。形成中的私营企业主阶层内部正在出现分化与“断裂”，他以投资规模为标准把私营企业主分为四个亚层：100 万元以下的小企业主；100 万～1000 万元的中等企业主；1000 万～1 亿元的大企业主；1 亿元以上的特大企业主。大企业主与小企业主之间相差数十倍，在私营企业主内部，大富与小富间的鸿沟令人吃惊。同时，随着私营企业主的政治—社会参与意识的增强，越大的企业主，对改进宏观政策、舆论宣传的要求越强烈（戴建中，2002）。其他一些研究，如李国庆 2000 年对福建省福清市的调查，也在某种程度上印证了上述观点（李国庆，2002）。

中国社会科学院社会学研究所陆学艺研究员从新兴私营企业主的发展及地位状态出发，认为私营企业主的形成，与改革开放以来党的相关政策及国家的法制建设有着一种独特的互动关系。党的四次代表大会及人大的三次修宪，既逐步确认、推进了私营企业主的社会地位及其经营活动的合法性，又是私营企业主勇于社会实践的一种社会后果（陆学艺，2002）。张厚义基于多年来对私营企业主的跟踪研究认为，中国私营企业主群体形成的社会机制或

途径，主要是私人收入资本化、公有企业私营化和人力资本企业化。作为一个相对独立的社会阶层，私营企业主的阶层意识在逐渐产生，但尚未形成统一而自觉的政治要求。生产资料私人所有，企业的所有权、经营权和管理权集中在主要投资人手中，企业利润来源与归属不完全一致等，是私营企业主的几个鲜明特征（张厚义，2002）。

2003年，《中国私营企业研究》课题组发布《中国第五次私营企业抽样调查数据及分析》报告，概括了私营企业主的发展历程和主要特点：①私营企业主群体的规模在进一步扩张，其投资者人数、雇工人数、注册资金、销售总额或营业收入等重要指标，都以两位数的速度增长；②企业的治理结构虽然还以企业主直接掌权为主，但现代企业制度建设已经在私营企业中取得了显著进展；③国有小型企业和乡镇集体企业的广泛改制，为近年来私营企业主群体的扩张作出了巨大贡献；④私营企业主的社会来源发生了重大变化，有越来越多的高文化水平人士和原体制内的政治精英（各级干部和专业技术人员）以及经济精英（如原公有制企业的经理人员）转化为私营企业主，他们所占比重越来越大，以致20世纪80年代的那种来自社会底层或社会边缘群体的私营企业主占多数的格局已经不复存在；⑤私营企业主的政治一社会参与水平越来越高，成为省级以上政协委员、人大代表的私营企业主与日俱增，业主中的中共党员比例远高于一般社会群体中的党员比例（其中一个重要成因是改制企业的原经营管理人员加入私营企业主队伍）。这些发现，对于我们认识和理解私营企业主群体的社会阶层特征具有重要的意义。

5.1.3 企业主阶层与其他阶层关系的研究

私营企业主阶层与其他社会阶层的关系，是一个复杂的问题。对这种关系的研究，迄今为止远未达到透彻和系统的程度。有关研究的取向也各不相同，有的充分肯定私营企业主阶层与其他社会阶层的关系是良好的、密切的；有的则认为这种关系是存在矛盾的，甚至存在潜在或明显的冲突，冲突的根源则是利益的差别。尤其是劳资关系，作为基本的和最重要的利益关系，由于劳资双方利益分配失衡，劳方在利益博弈中处于弱势地位，劳资关系显失公正，因此，其中存在的问题也最突出。

学术界对劳资关系现状及其特征的研究，可以分为定性和定量研究两大类。前者主要对我国目前劳资关系的现状进行总体性的描述和特征归纳，按企业性质分为国企、私企和外企三大领域。后者主要体现在不同规模样本的调研报告上，有针对某一个或几个企业的劳资关系的抽样调查，也有某个区域的劳资关系调查。无论是定性研究还是定量研究，现有的研究和调查基本上都得出这样一个结论：当前劳资关系正在发生着深刻的变化，劳资双方的博弈将成为社会的常态，劳动者在与资方的博弈中处于不利的地位，劳资冲突逐渐表面化、利益化。

郑凌燕（2006）通过在宁波市私营企业集中区域进行调查，分析了宁波私营企业劳资关系的现状。指出劳方工资水平较低，员工满意度不高（月收入 2000 元以上的仅占 27.3%；对现有收入“十分不满”和“比较不满”的分别占到 5.5%和 25.5%）；劳动强度较大，工作时间较长（有 1/4 以上的受调查员工认为工作比较累，将近 1/10 的受调查员工认为工作十分累，宁波私营企业中 79.5%的劳动者工作时间在 10 小时之内，但有 3.1%的企业员工劳动时间超过 12 小时，且基本没有公休日）；工作环境差，缺乏劳动保护，存在安全隐患（认为工作环境“一般”的占 53.4%）；劳动合同签订率低，社会保障较差（调查样本的劳动合同签订率仅为 64.5%，享有医疗保险的员工占 54.2%，享有失业保险的员工占 30.5%）；资方存在拖欠工资现象；在一些中小私营企业中，企业主只顾短期利益，忽视对员工的培训；等等①。

李桦、牛卫平在 2006 年和 2007 年问卷调查的基础上，从劳动时间、工薪福利水平、劳动保障、劳动纠纷处理等几个方面分析了珠三角私营企业劳资关系的现状，认为由于该地区总体上仍处于经济转轨时期，劳资关系还存在着很多不和谐的地方，收入、待遇分配不平衡，使得中低收入劳动者的劳资关系矛盾突出②。类似的研究还有许多，如陈佩华对外来工人生存状态的研究，谭深对打工仔的研究等。

上述从各自不同的侧面揭示了私营企业主群体与私营企业雇工之间的关系。从有关报道和披露出来的问题看，虽然我们不能认为所有私营企业主都为富不仁，所有私营企业都劳资关系紧张，但至少在一小部分私营企业中这些问题是存在的，差别只是程度问题。值得注意的是，这一小部分私营企业的行为，将在很大程度上影响社会对整个私营企业主群体的评价与想象。劳资间利益的公正与合理分配是展开有效社会合作的基础，也是现代社会经济发展的前提。

5.2 认识私营企业主社会属性的重要维度

如何看待私营经济的兴起，如何界定私营企业主阶层的社会属性，时下观点很多。由于学科和观察角度的不同，的确会得出不一样的判断。但不管

① 郑凌燕．民营企业构建和谐劳资关系的实证研究［J］．中国劳动关系学院学报，2006（6）．

② 李桦，牛卫平．珠三角地区民营企业劳资关系调查［J］．中国人力资源开发，2007（7）．

怎样，作为在一定历史阶段发展起来的社会生产组织方式，对私营经济及私营企业主阶层兴起的研究，必须要回到它的社会母体中去观察，必须要从社会生态角度和它所产生的社会后果方面考察。私营企业主阶层的存在和发展不是偶然现象，它有其深刻的社会基础和发展逻辑，它是一个历史的过程，是和谐社会构建中共建共享的重要主体。因此，认识私营企业主阶层的社会属性，有三个重要维度值得注意。

5.2.1 从社会生态角度，回到它的社会母体中去考察

第一，崛起于改革时代中的私营企业，不仅是我国新社会力量的焦点，也是观察中国社会变迁的一个重要方面。应当承认，由于体制、环境和个体素质等因素，我国私营企业的成长确实有着不同于西方的发展路径，这也决定了它们有着不同于西方的社会特质。任何模式的社会生产都有其组织方式的社会特性，而私营企业作为在一定历史阶段发展起来的社会生产的组织方式，也必然有其兴起的社会背景因素以及它的发展所产生的社会后果。因此，对私营企业性质及私营企业主社会属性的考察，必须回到它的社会母体中去认识，这是历史唯物主义的基本观点。

第二，所谓从社会生态角度，就是运用生态学有关生态系统各要素相互作用和联系的观点，生态系统物质不断循环和转化的观点，以及生态系统物质输入和输出平衡的观点，强调全面和辩证地把握研究对象。在生态系统中，生命系统与环境系统之间实际上经常发生着各种形式的物质循环和能量转换，生态系统中的各个部分相互依存、相互适应，从而实现着生态系统的平衡，它们有着一个完整的、相互依存的运动发展规律。社会生态分析就是强调对生态系统的综合关照。

无论是从历史还是现实的角度看，私营经济的存在和发展都是一个历史的过程。一方面，它的产生只有与历史的某个时代相结合，反映着社会的需求和民众的愿望，才能获得生存和发展条件。另一方面，私营企业与私营企业主的兴起也是一种生态的过程，它与整个社会共同构成一个发展系统。随着生产力和生产方式的不断提高，随着社会的发展进步，它的能量也会随着环境系统的变化而转变，这是历史发展的客观规律，也是生命系统的重要特征。具体分析当代中国私营经济及私营企业主阶层的兴起，可以看到这样几点。

1. 从经济结构上看，当代中国私营企业是中国社会主义经济结构的重要组成部分

1998 年 8 月，国家统计局会同国家工商行政管理局联合发布了《关于划

分企业登记注册类型的规定》，将企业类型首先按投资者来源区分为内资企业，中国港、澳、台商投资企业和外商投资企业三大类。在内资经济范围内，又区分有公有制与非公有制经济，将内资企业具体分为国有企业、集体企业、股份合作企业、联营企业、私营企业等。私营企业可细分为私营独资企业、私营合作企业、私营有限公司、私营股份有限公司四种形式。这种分类，将内资经济中的非公有制的私营企业与非公有制的外资企业——中国港、澳、台企业和外商投资企业两种不同性质的经济成分区别开来，为我们观察和分析我国社会经济结构状况提供了一个更为准确的工具，也为研究私营企业在国民经济中的地位、作用，进而判定其社会属性提供了重要的政策基础。

2. 从社会体系上看，中国当代私营经济植根于中国社会主义经济制度

第一，中国建立了社会主义基本制度，它由社会主义经济制度、政治制度和文化制度等构成。我国经济制度的本质特征是以生产资料公有制为基础，由此决定了我国公民人与人之间本质上的平等关系。由于我们还处于社会主义的初级阶段，因此，坚持以公有制为主体、多种所有制共同发展成为现阶段基本方针。而人民代表大会制度、共产党领导的多党合作和政治协商制度，以及社会主义文化等，则保证了人民的基本权利。

第二，根据上述这样一个总要求，我们看到，私营企业是植根于这一基础，并在这一基础上发展起来的。私营企业与国有企业和其他混合所有制经济依法进行竞争与合作，这样从初级阶段的主要矛盾和根本任务看，它既解决了以往发展不力的问题，实现了“三个有利于”的目标，也规定了私营企业的发展方向，同时，也体现了经济发展的一般规律，实现了资源的合理有效配置和充分使用，使中国特色社会主义的优势更加显现出来。

概言之，我国现阶段的私营企业是一种特定的社会制度下的私营企业，它的存在和发展不是削弱了社会主义，而是加强了社会主义，丰富了社会主义。事实胜于雄辩，改革开放 30 多年的巨大成就最能说明这一点，私营企业已成为支撑我国经济高速增长的重要力量，其本身就是中国特色社会主义经济的重要组成部分。

5.2.2 正确认识“资本”的属性

在中国的传统《政治经济学》教科书中，对资本（Capital）的解释是，资本是能够带来剩余价值的价值，资本的本质是资本家对雇佣工人的剥削，从而对其持否定态度。因为资本加上“主义”成了资本主义，于是，资本就成了一个可怕的恶魔，成为一种被否定的意识形态的专用术语，如资本家就是一个应当被消灭的阶级对象，因此，在人们的潜意识中，在社会主义制度

下，不应有“资本”，特别是不应有私人资本以及与之相关的东西存在。但在现实生活中，社会的生产和生活又离不开资本。它在这个曾被认为不应该存在资本的社会里顽强地生存，并在新时期得到迅猛发展，可见它有着不以人们意志为转移的客观必然性。资本具有二重属性，这是学者们经过研究得出的重要结论，也是经过无数事实检验过的真理①。

经济学家们的研究认为：资本是人类社会发展的产物，它具有一般属性或本质属性，也具有随着社会不同发展阶段所显示的具体属性或社会属性。马克思指出：“资本的合乎目的活动只有发财致富，也就是使自身增大或增殖②。”资本的本质属性是不管归谁所有都要追求其价值增值问题，是通过自身的运动使资本得到增值而取得利益；资本的社会属性是资本所有权关系到底属于谁的问题，是通过资本的所有权获得资本收益的分配权。资本的本质属性，不为其社会属性所改变，甚至正因为有了资本增值这个本质属性，才存在所有权归宿这一社会属性。

资本的本质属性与社会属性是一个硬币的两面，没有离开本质属性的社会属性，也没有可以离开社会属性的本质属性。从过去到现在的实践都表明，人们之所以要在资本的归属问题上纠缠不休，就在于资本可以带来增值的价值。正是在这个意义上，可以说，资本的社会属性是由资本的本质属性决定的。资本的本质属性是资本赖以存在的基础，没有资本的本质属性，就没有资本的社会属性。资本的本质属性决定了它是社会经济运行的强大动力。

基于资本的二重属性，就本质属性而言，中国私人资本与国有资本、中国港、澳、台资本和外国资本没有两样。我们正是利用其本质属性为我国的经济发展服务的。就社会属性来说，中国私人资本与中国港、澳、台资本和外商资本虽同属私人资本，但存在于中国内地的私人资本，其产生的土壤、环境和条件是社会主义社会，出资者是中国社会制度下的公民，虽然要遵循资本的一般运行规律，但它更要遵循中国宏观经济社会的发展要求，其社会属性应是社会主义的。正是在这个根本点上出发，我们才说当代中国私人资本既不同于新中国成立初期的私人资本，也不同于当代中国港、澳、台资本和外商资本。从它们的生存环境，接受的思想体系，劳资关系确立，以及发展的走势来看，其无疑都会打上社会主义的印记。

我们认为中国当代私营企业有二重性，这不是简单的资本主义或社会主

---

① 郭元晞．资本经营［M］．成都：西南财经大学出版社，1997.
李凤云．资本经营［M］．北京：中国发展出版社，1997.

② 中共中央马克思恩格斯列宁斯大林著作编译局．马克思恩格斯全集：第 46 卷［M］．北京：人民出版社，1979：226.

义的性质界定，而是由资本的二重性所决定的，就其本质属性来说，它与包括公有制经济在内的多种经济成分一样，都要追求利润最大化。同时，就私人资本的社会属性来看，总的方面是社会主义性质的，但具体分析，作为一种私有经济，其又有与公有经济相区别的特点，最主要的表现是追求个人财富的积累和扩张，而这又与资本的本质属性相联系。如果没有这些特点，就不叫私营企业了，更不会有私营经济的存在和发展。

5.2.3 从私营经济产生的社会后果方面考察

改革开放以来，我国的私营经济已经成为推动国民经济增长的重要组成部分，在发展社会生产力，增强国家经济实力等方面对社会的贡献是显著的。具体的成果和数字很多，我们不需要再赘述，但如果按条目列一下，主要有这样几个方面。

（1）发展了生产，增加了社会资本总量，保证了国民经济持续增长。

（2）提供了丰富产品，搞活了流通，方便了城乡人民生活。以市场为导向，以满足社会需求为根本，逐步占有并成为中国农副产品生产、流通以及城市服务的广阔领域和重要渠道。

（3）为社会提供了广泛的就业岗位，吸纳农村剩余劳动力，推动了城市化发展。

（4）增加了国家税收，支援了国家建设。

（5）支持了国有企业改革和国家扶贫攻坚计划。私营经济在文化教育、城乡建设、社会公益等方面都给予了较大投入与支持，可以说，在当代中国，还没有哪一个社会阶层能有如此大的社会贡献。

总之，通过以上三个重要维度的把握，对于私营企业主阶层的社会属性，可以这样概括。

第一，根据马克思曾经指出的："无论哪一个社会形态，在它们所能容纳的全部生产力发挥出以前，是绝不会灭亡的；而更高的生产关系，在它存在的物质条件在旧社会的胎胞里成熟以前，是绝不会出现的。所以人类始终只提出自己能够解决的任务，因为只要仔细观察就可以发现，任务本身，只有在解决它的物质条件已经存在或者至少是在形成过程中的时候，才会产生。"① 我国现阶段生产力状况有两个基本特点，一是水平低，二是发展不平衡。这种状况必然要求以公有制为主体的多种经济成分共享，这是生产关系适应生产力作用的必然结果。以公有制经济为主体，多种经济成分共同发展，是由

① 中共中央马克思恩格斯列宁斯大林著作编译局．马克思恩格斯选集：第2卷［M］．北京：人民出版社，1995.

我国社会主义制度和现阶段生产力发展水平决定的。实践证明，只有坚持这条方针，才能使我国经济充满生机和活力，促进社会主义生产力的迅速发展。

第二，以私营经济成分为基础出现的我国现阶段的私营企业主，既不同于这个社会中一般的劳动者，也不同于原民族资本家，他们是在社会主义条件下，在党和政府的鼓励、扶持下，以生产资料私人占有为基础，通过雇佣劳动关系来实现生产要素组合，增加个人财富，促进社会经济发展的企业经营者。

第三，时下私营经济正朝着产品多元化、投资规模化、管理集团化、生产高科技化的方向发展。这种发展态势表明它将随着社会主义市场经济的历程继续存在和发展，只要我们坚持社会主义方向，加强宏观调控，积极进行有效的引导、监督和管理，我们就能使这支队伍沿着建设有中国特色的社会主义方向健康发展，从而使他们成为社会主义的一代新型企业家，这是当代私营业主群体唯一正确的，也是符合中国社会发展要求的未来走向。

5.3 私营企业主阶层的基本特征

在中国经济长达30多年的辉煌中，私营企业主作为我国经济结构、组织形态和社会关系重新组合的产物，在人员、组织、利益等方面都已经形成了不同于其他阶层和群体的社会经济特征。这些特征从社会生态的视角观察，集中反映出这个社会不断开放包容的发展历程。私营企业主的产生与改革开放的时代要求并行不悖，适应了社会的不同发展阶段和民众需要；但从私营经济的性质上看，也有着侵蚀扩张的特点。同时，由于他们在当下的生长还具有一定的特殊性，随着利益主体的分化，这也决定了他们有着不同于其他阶层和群体的社会特质，有着不同的利益追求。不管人们承认不承认，愿意不愿意接受，它都已经嵌入到我们社会的机体之中，成为我们这个社会生命循环系统的一部分。鉴于此，将私营企业主放在经济社会运行与发展的总体上考察，我们认为他们最基本特征主要体现如下。

5.3.1 经济特征

经济是决定一切的基础。私营企业主阶层之所以成为我们这个社会中异质性最高的部分，从经济的核心力考量，私营企业主对生产资料的私人占有与支配，为私人资本最大化而从事的生产经营活动，以及由此决定的其他利益要求，构成了他们同其他阶层和群体分野的基本经济特征。

（1）生产资料的私人所有和实际占有与支配，是私营企业主阶层的最本质特征，也是他们最深厚的利益源泉与基础。首先，生产资料的私人所有与支配，成为他们谋取一切利益，特别是经济利益的最重要手段。私营企业主作为私营经济这种生产关系的组织者，其最大特点是以生产资料的私人所有和经营形式参与社会分工，他们的劳动和分配具有私人占有性质。其次，由于生产资料的私人占有与支配，私营企业主就具有了私人资本人格化的特征。强烈的资本增值愿望，使他们在为着个人利益的最大获取而从事的生产经营活动中，不仅具有决策、使用、收益和处置的权力，而且他们所拥有的生产资料越多，其占有和获取利润的能量就越大，这也成为私营企业主最广泛的利益基础和发展动力。

（2）以雇佣劳动为基础占有他人的剩余劳动，从而实现生产要素的组合，这是私营企业主谋取利益的基本行为方式。个体劳动者通常是把自己的生产资料同自我的劳动力相结合，靠自己的劳动从事生产或提供劳务，以取得物质利益和精神利益。私营企业主则是通过雇佣劳动的形式，实现生产要素的组合，从而获取最大利益。他们是新的生产关系的组织者，具有彻底的支配权和独立的经营职能，有着为了经济利益的最大获取而不断发展的强烈愿望和自发倾向。因此，以雇佣劳动为基础，占有他人的劳动成果；将己有的生产资料与他人的劳动力相结合，最终实现剩余价值的产出占有，这是私营企业主阶层实现和获取利益的基本方式。

（3）私营企业主凭借占有一定的生产资料和资金等优势，在有效地把人力资源、社会资本、体制要素结合成新的生产力，成为私营经济主人的同时，他们也获得了多重身份，承担着不同的角色和功能，因而在占有和分享各项利益中也具有多元形式。作为生产资料和资金的投入者，他们分享着资金收益，取得食利收入；作为企业资产的所有者与支配者，他们占有劳工的剩余价值，而获得剥削收入；而作为生产经营中的决策者和管理者，他们还取得劳动管理报酬和风险补偿收入。这种“三位一体”的收入方式，成为他们实现和分享利益的基本途径，从而成为私营企业主阶层的一个显著特征。

5.3.2 社会特征

私营企业主的社会特征有两个重要来源：一是源自这一经济成分本身所具有的活力，如自由、开放、扩张、收益等自发倾向，或称之为先赋性特征；二是源自社会行动者在追逐各自理想和目标过程中所形成的角色关系、职业声望与地位评价等衍生特征，也可称之为后致性特征。私营企业主作为一个新生的社会阶层，他们正在得到中国社会的普遍认同，并且在客观和主观两个层面逐渐被建构起来。客观上，尽管不同的企业主所掌握的经济分量有着巨大差距，但在现实的经济社会生活中，这个阶层确实已经具有可感觉到的形态。主观上，尽管不同的私营企业主对自身的经济和社会地位有不同的体认，但对涉及他们共同利益的问题正在形成一些相对一致的看法，反映在他们的思想意识和行为上有着不同的方式和特点。

今天的私营企业主比起 30 多年前进入这一领域的创业者来说，他们的社会地位和作用已越来越显著。那时他们还没有形成规范的经济活动方式和利益实现机制，来自不同阶层或群体的从业人员远未脱离各自原有的阶层属性，因而他们也没有形成一种成熟的、统一的阶层意识和利益表达方式。而今天的私营企业主作为一个阶层已经形成，其成员交往和发展的基础尽管还有原始的物质动因，但明显的为了寻求一定的经济利益，为了获取并维护这种利益，他们之间不仅依靠某些共同的情感，还通过相互交往而产生比较一致的行动，形成了一定的阶层意识和认同。如体现在私营企业主之间的相互交往和作用方面，已经改变了过去那种缺乏明确的、规范的责任权利义务的交往方式，而更加注重市场规则的运用；他们由以往只注重一般的及个体的利益，而开始关注本阶层利益和社会事务，他们要求以纳税人身份参与政府决策与管理，要求确立私有财产保护，要求加入党派组织等，尤其是对政治系统活动和参政议政表现出极大热情。

从职业声望和地位上看，私营企业主作为改革开放以来经济结构与社会结构分化整合的产物，他们是在“群体快速组合”与“内部高速流动”的交互过程中生长起来的阶层。所谓“群体快速组合”，指的是该阶层会聚了来自社会不同阶层和群体的人士，他们带着各自的理想和抱负，以骄人的业绩和不可阻挡的气势结合起来，在社会结构中形成了一个具有较高收入和较高关注度的群体，从业人员正在日益扩大。所谓“内部高速流动”，是指在私营企业主所从事的职业领域，职业流动正在以一种较快的速度与频次展开。不同的教育背景、工作经验，更多的选择机会，使得这一阶层成员始终处于变动之中。

由于他们中绝大部分成员是从原有各阶层和群体中游离出来的，具有自发性与变异性相结合的特点，其生产经营活动有着更大的牟利性和投机性，因此，在他们创造出一个个经济奇迹的同时，私营企业主的经济地位与社会地位仍然存在着不平衡性。如银行信贷、土地使用、能源及原材料供应等，还或多或少地受到某些限制，一些合法权益也常常因各种因素受到侵害，不能得到及时有力的保护等。有关私营企业主的社会特征，本章接下来还会就此进行更深入的讨论。

5.3.3 政治特征

政治作为经济的集中体现，私营企业主的经济利益和地位决定了他们的政治诉求和表现。从一般情况看，他们不像国家工作人员那样具有明确的政治属性，对政党政治和民主政治似乎并不关心，而对生活政治及涉及个人前途和发展的政治动向和政策规定更为敏感。私营企业主的政治表现具有“强政治取向”和“弱政治参与”的显著特征。

所谓“强政治取向”，是指他们对政策政治具有较强的关注度和一定的依赖性，他们的行为更多时候会受到政治气候的影响。毋庸置疑，私营企业主群体在很大程度上是改革开放的受益者，他们伴随着经济体制变革和产业结构调整带来的良好机遇与资源，获得了优厚的市场回报。他们中的相当一部分人，不仅依靠党的富民政策和个人努力成为了先富起来的一部分，而且他们在政治生活中也有了一席之地。正是在这种情况下，他们深刻体会到政治稳定是国家强盛的基本保证，也是他们继续发展的重要保障。他们对“稳定的社会环境”、“良好的国家发展前景”有一种期待，因而，一旦他们觉察到或预感到社会生活环境面临挑战，或者相关政策发生调整，他们都会给予特别的关注。他们希望改革开放政策能够长期不变，要求有一个明确的稳定的政治形势和社会环境。他们要求行使国家法律和政策所赋予的权力，要求政治上平等，要求有独立的发言权。

与“强政治取向”形成对照，所谓“弱政治参与”，通常是指他们对主流政治宣传话语的集体淡漠，对一些重大政治事件的弱关心，对政治身份的“无所谓”态度。作为体制转型、经济转轨过程中萌生的职业阶层，他们虽然对市场经济有着天然的亲和力，但与建立社会主义市场经济体制的总目标相比，他们更专注于营造企业小天地，更关注个人利弊得失和我行我素。他们崇尚理性的经济人，而不愿担当政治的责任人。他们注重自己的付出与收获的权衡，而对民企的社会责任、公众利益较少关心，他们尚未确立起自己的思想归宿。

在表达意愿和维护自身权益方面，他们普遍的做法，一是通过个人组织化与政治系统建立联系，即通过加入中国共产党或是其他各党派团体，如中国民主建国会、工商联、私营企业家协会等，通过这些渠道反映诉求，利用这些“桥梁和纽带”，争取以人大代表或政协委员的身份确立起自己的地位，达到参政议政的目的。二是通过与政府官员的私下接触，寻找事业上的靠山，达到寻求政治代言人的目的。他们通过参加各种社会事务，提供社会赞助，扩大自己的影响力。

在政治诉求方面，私营企业主虽然还没有提出清晰明确和迫切的要求，但是，他们认为自己现在有经济实力，为国家和人民提供了积累和服务，就应该有相应的社会地位和政治权力。自己的事情应该自己来管，而不应放低一等，处在被别人管的位置。他们认为推选人大代表、政协委员不只是装门面的事，要让那些真正有参政议政能力的人代表他们的利益出来担任。除此以外，私营企业主也提出了建立行业组织、公开办报等的设想。作为一种新生的社会力量，私营企业主在政治方面的要求将随着其群体的不断发展壮大越来越多地表现出来。

5.3.4 人格特征

“人格”是指在一定的社会生活中的具体个人所具有的意识倾向性，以及经常出现的较稳定的心理特征总和。良好的自我意识是独立人格的内在基础。换言之，私营企业主对于自我拥有的决策地位、能力、独特价值的主体认识与自觉，构成了他们的人格特征，即以市场为核心的自我倾向性。所谓市场人格，就是指以获取现实好处和经济利益为目标，建构实惠型生活模式的个人行为特征。市场人格体现在不同基层的民众身上具有差异性。政治家通常以享有某种特权或权威作为追逐的目标，投资者、商人是以营利为最大驱动，平民大众则是以实惠性生活为主要追求，但其共同点都是受利益的驱使而产生出一种强烈和持久的动机行为。

市场人格作为潜在地对民众产生重要影响的一种人格类型，是随着现代化的发展和市场竞争的要求而形成的一种普遍意识，在行为表现上具有多种特质，如精于计划性、追求最大化效益、善于规避风险、投机、炒作等，其对社会变革产生的作用和影响也是复杂的。从积极方面看，市场经济的发展，使人们的精明性特质在各领域活动中体现出来，有利于人们从成本核算的角度考虑财富的积累扩大。不可否认，改革开放以来的市场繁荣与物质丰富，与民众渴求致富、精于努力、最大化追求效益密切相关，但副作用也较为明显。其一，由于注重现存财富的计较与分配，忽视发掘生产、创造的潜力。对社会发展的推动作用受到制约。其二，它注重人与人之间的互相利用与计较，会导致人们相互交往的成本上升，关系紧张。

据对在中国的日资企业的调查显示，中国员工对日本管理者个性特点的集中看法是：A. 工作努力 79.4%；B. 精打细算 72.2%；C. 善于经营 71.3%；D. 守规则 71.2%；E. 进取心强 69.5%；F. 团队主义（齐心）64.5%；G. 爱挑剔 63.9%。这反映出来华投资或从事管理、技术工作的人员，大多是企望精心计较而从中国人身上榨取利润[①]；同时，中国员工带着计较之心与外来投资者、管理者交往，也会较多发现其精明。如果互相利用与计较成为人们日常生活中的常态化样式，则其对社会进步和个体发展亦会造成损害。

在市场人格中还有一个问题不可回避，就是双重人格问题，这是在私营企业主身上表现较为突出的方面。由于从业者有着不同的经历、阅历和追求想法，私营企业主本身有着差异性和多层次性，因此，这更多时候决定了他们人格特点的双重性。一方面他们希望通过业绩获得更多的尊重、保护、表彰，另一方面他们时刻把追求个人利益作为首选。有些人为达到自己的目标或不择手段，表现为不讲诚信；一些人对财富与道德、责任的关系认识不清或不正确，表现为偷税漏税、轻视环境保护、缺乏公民意识等。他们一方面要求政府加快立法，保护私有者的利益，另一方面他们又在自己的企业违反劳动法规，漠视员工利益；他们一方面呼吁政府扩大市场准入，给私营企业更大的发展空间，另一方面他们又想垄断行业，做“龙头老大”，排斥或限制其他企业发展。

在观念意识方面，一方面私营企业主具有强烈的商品经济意识，靠自立精神和发愤创业塑造了一个高效益、高收入的鲜明形象，渴望成为一个完全自主的、独立的生产经营者立足于社会，但另一方面，他们又具有陈旧的小生产观念和狭隘的个人利益，受其保守性和封闭性的思想束缚，他们的生产经营活动表现出一定的盲目性和掠夺性，具有短期行为特点；在对待积累与发展问题上，他们承认改革开放政策给了他们生长和发展的机会，但同时他们对进一步深化改革又心存疑惧，担心有朝一日改革会落到自己头上，因此出现大量资产向海外转移的现象。就清除腐败、廉政建设来看，他们作为腐败现象中吃、拿、卡、要的受害者，具有痛恨和希望在法律的保护下从事经营活动的愿望，但他们时常也是腐败滋生的制造者，千方百计地钻执法和监督不严的空子，想方设法拉拢、腐蚀领导干部，对某些能使其换取到好处的腐败行为津津乐道，试图通过这些非正当合理的途径，使自己在许多方面“合法化”地发展起来。

在价值观追求方面，私营企业主作为自由经济成分代表，在加入市场经济活动中的同时，也要受到客观经济规律和现实社会发展要求的制约，由于受其自身素质和小生产者劣根性的影响，反映在他们的思想形态方面也会表现出明显的二元特征。在价值观上，他们崇尚金钱的力量，在把获取最大限

① 凌文轩，等．中日合资企业员工对日本管理者及所在企业的评价［J］．中国社会科学，1993（1）：75-79.

度利益作为第一追求的同时，内心世界又极不平衡，缺乏更高层次的精神追求，特别是当自己所在的阶层或群体遭到不公正待遇时，他们希冀社会能对他们多一分关爱或重视；对于社会公益事业，他们会表现出较高热情，但意图是通过金钱买到一个较好的社会形象；在处理个人利益与社会利益的关系上，他们有着强烈的取向自我的一面，但在政策约束和社会舆论的压力下，他们也会表现出某些不彻底的指向社会的一面，较之投入商海初期信奉的“人不为我天诛地灭”的信条，他们现在在更多场合标榜的是“在商言商、好自为之”，有的则热衷于著书立说，期许获得更多的讲台和掌声。

5.3.5　阶层边界与利益分化

有关私营企业主的最显著特征，除上述之外，我们认为随着经济社会及行为主体的变化，当前产生的一些变化趋势，也是发展中的重要特征，同时也是更加全面深入把握私营企业主阶层演化的基础。自改革开放以来出现的私营企业主，第 1 批主要来自于进城农民、城市待业人员和个体户，第 2 批主要来自于国有单位“下海”人员，第 3 批主要来自于国有集体企业承包转制员工，第四批主要来自于投资创业的专业技术人员，可以说，私营企业主来源于商人、农民、工人、机关事业单位负责人、公务员、学生等各种身份，几乎囊括了社会上的各种职业。这种来源多样化的特点，一方面使得私营企业主总是保持着与原有阶层和身份的联系，难以对新的社会角色做出准确定位；另一方面也为该阶层的不断分化整合创造了可能。

近年来，随着私营企业主的人员更替和职业变迁，机关干部、经营管理人员和专业科技人员已渐渐成为这支队伍的主体，出现了较为明显的精英化趋势。如私营企业主的文化程度越来越高；开办企业前所从事的职业对从业者的知识、技能和管理能力的要求越来越高；在开办企业前担任这样那样的职务，尤其是干部职务的私营企业主越来越多；对于准备进入这一阶层打拼的私营企业主拥有的资本量越来越大。这几种趋势造成的结果是，新加入的私营企业主越来越多地来自于传统体制中具有较大优势的阶层，而原本在传统体制中处于弱势地位的私营企业主，在私营企业主阶层所占的比例越来越少。作为中国社会的精英阶层之一，私营企业主阶层的边界正在从最初的高度开放走向相对封闭。

就私营企业主的收入和财产来看，近年来发生了分化现象，呈现出两极走势。据 2005 年中国民（私）营经济研究会调查资料显示，私营企业主家庭全年的总收入平均为 25.99 万元，中位收入为 11 万元，最高收入为 1500 万元。其中，年收入过百万的私营业主家庭占 14.4%，家庭年收入在 50 万元以下的家庭占相当大的比例。同样，这种收入分化现象在不同地区也很明显，2005 年，东部地区年收入达 100 万元以上的私营企业主比例为 4.2%，而中部地区和西部地区分别为 1.5%和 2.8%；东、中、西部年收入在 10 万元以下的私营企业主的比例分别为 58.6%、69.9%和 67.4%。此外，就中部和西部对比看，中部地区和西部地区私营企业主的收入具有较大的相似性。

这种分化现象在不同私营企业主群体的利益诉求方面也有所体现。私营企业主阶层大致可以分为 3 类不同的群体。第 1 类是白手起家、从个体工商户成长起来的私营企业主，可以称之为原生代的私营企业主。第 2 类是由国有或集体企业改制转化而来的私营企业主，可以称之为次生代的私营企业主。第 3 类是民营科技企业的创业人员，可以称之为新生代的私营企业主。

第一代私营企业主经历了中国私营经济发展的全过程，历经艰辛与曲折，他们尤其看重公平与正义，营造公平竞争的市场环境与政策环境成为他们最大的政治诉求。次生代的私营企业主不仅一夜身价陡增，还无偿继承了原有企业与政府社会方方面面的关系资源，是经济改革最大的受益者，作为既得利益者，维持现状是他们最大的心愿。新生代的私营企业主拥有技术优势，又享受国家对高新技术企业的优惠政策，他们可以说是时代的“宠儿”，争取更多更大的政策优惠是他们共同的诉求。

除此之外，这种分化还表现为阶层内部构成的不稳定。根据上海、浙江的调查，私营企业主的淘汰率每年都在 15%左右。上海市 20 世纪 80 年代出现的私营企业主现在已所剩无几，浙江省每年约有 2.5 万户左右的私营企业转产、停业或破产。

5.4 简要结论与探讨

上述对于私营企业主的社会属性及阶层特征的分析是否可以这样认为：现阶段的私营企业主，是参加创造财富活动，并以自己的劳动收入作为生活资料主要来源的人，是社会主义的建设者。但是，由于他们拥有较多的私人财产，雇佣劳动，故在价值取向、思想观念、利益要求、政治愿望以及生活方式等方面，有别于财产较少的普通劳动者。同时，在他们较多的私人财产中，一部分是通过无偿占有他人的劳动获得的。但是由于社会历史条件的不同，他们没有经过，也不可能再经过一次资本原始积累过程，所以，他们又不同于历史上的民族资产阶级。私营企业主的社会属性，主要的是由取得支配地位的创新劳动所规定的，创新劳动在私营企业主的社会属性中起着主导作用。

中国自改革开放和向市场经济转型以来，让一部分人先富起来既是改革的现实经历，也是改革进程中居于主导地位的意识形态之一。随着我国经济结构和社会结构的变化，阶层分化以及随之产生的阶层意识与诉求也逐渐显现出来。本研究从社会属性和总体特征分析，探讨国家与社会、厂商与政府、企业主与雇工之间所发生的关系变化和利益调整；试图从社会生态的内在规定性找寻私营企业主阶层意识和阶层认同的形成基础，这一点非常关键。当私营企业主作为一个相对独立的阶层形成以后，其阶层特征与阶层意识就会变得愈加生动和复杂，他们的阶层认同与利益诉求会随着组织化发展变得急迫起来。本文即是通过分析私营企业主的社会属性和阶层特征，为在总体上把握这一阶层的性质、地位和发展走势提供了必要的参考。

6 私营企业主的关系网与自我意识形成

核心提示：

● 从阶层意识与认同的一般观察，有关阶层意识的发生发展都是围绕主客体关系的认知与定位两个方面展开的。一是有关我与“我”的关系问题，即我（I）为什么是我（me），涉及“自我”（self）以及身心关系；二是我与他者（others）的关系问题，亦即人的归属感问题。本章对私营企业主社会关系网的选择、建构和功能分析，意在揭示他们的思想形态和行为方式的演化过程，为探讨不同的人际互动对个体及群体意识的形成影响提供依据。

● 私营企业主的社会关系网是典型的个体中心网络，它以“自我”为中心，以“关系”为手段，具有鲜明的工具性。在组织内部亲缘关系成为重要组成部分，它不仅基于对亲属的偏爱，更看重的是亲缘关系中的信任、伦理责任所能节约的组织成本、监督成本和交易成本。在外部关系上，这种网络的形成主要以占有资源和获取利益为核心。私营企业主关系网的构成、规模和紧密程度，取决于需要和利益的大小。

● 源于不同利益驱动所结成的关系网，不仅为私营企业主的利益形成、表达和实现提供了行动原则，也意味着他们有机会和可能以一定的经济财力建立起有效和实用的互通往来。他们热衷与各级官员建立密切联系，归源于从官员那里能够获得足够的资源和政治庇护。由于转型期某些制度规则不尽完善或执行力缺失，关系网起到了重要的替代作用。这种网络的建构其实可以理解为，个体为了取得社会经济地位回报而动员和投资资源的过程。

● 私营企业主是典型的自我行动者。作为理性的经济人，私营企业主的显著特征就是行为前要进行成本收益的计算与权衡，以追求自身效用的最大化，即使在组织或集团中也是如此；受自我主义和关系理性驱动，自我行动→关系行动→小集团或派系行动构成了他们的行动路线图。这种行动逻辑最终导致并促成行动者某些观念形态、阶层意识和认同过程的发生，即他们对客观阶级并不热衷归属，对认同阶级不抱有强烈依赖，对行动阶级采取随机而动的原则。理性的自利的个人，不会积极主动地发动集体行动，尤其是在面对变动不居、异质性非常强的群体时，表现得会更为明显。

在中国人的经济与社会生活中，关系扮演着极为重要的角色。特别是对于私营企业主来说，在社会转型的大背景下，由于市场经济还不完善，各种规章制度还在建立之中，非制度安排及潜规则不仅影响着私营企业主的经济行为，也影响着他们思想意识的形成。以往研究表明，关系网络和资源转化等因素对于私营企业主的产生、成长具有重要作用，事实上，在私营企业成功发展的背后，有各种社会资源的支持，即人际关系网络和社会资本的力量。从社会生态的角度看，变革时代的特点与社会政治经济环境的变化，客观上使他们得以营造关系网络并实现资源转化，并借此获得成功，而这种发迹过程又促成了自我意识的形成。在特定的体制机制等社会生态环境作用下生成的具有特殊意义的思维逻辑和行动特点，带来的不只是直接的好处和自我财富的快速增长，久而久之还会促成一定的观念意识形成，“关系/利益”即是其中最具基础性的意识和行动导向。因此，揭开私营企业主的关系网络面纱，剖析社会交往与资源转化之间存在的运行特点，从自我中心意识的衍生透视私营企业主的阶层意识与阶层认同过程，是本章所关注的主要问题。

6.1 相关研究背景及关系网含义

近年来，随着私营经济在中国经济总量中份额的不断扩大，私营企业主阶层的相应崛起，学者们对私营企业主的成长过程也做了大量研究。除经济学从产权制度方面探究这种变革作用之外，社会学侧重从社会结构和利益关系调整，强调环境条件、关系网络和资源转化等，分析这些因素对于私营企业主产生的影响，其中对于私营经济兴起过程的研究表明，私营企业主的成长并非只是由纯粹的经济因素完成的（李路路，1998；张其仔，1997）；有意识地营造和利用各种政治和经济的关系，不仅对于他们的经济增长具有意义，对于他们的政治利益形成、表达和实现也会产生重要影响（董明，2002；李培林，2005；尉建文，2009）。对私营企业主的社会交往方式与利益表达之间所具有的特殊意义分析，可以从一个侧面揭示他们的思想形态和行为方式的演变过程，为探讨不同的人际互动对个体及群体意识的形成影响提供依据。

6.1.1 关系、关系基础与关系意识

关系，通常的解释是指人与人之间所形成的相对稳定的交往方式，一般表现在人们之间的联合、适应、同化、分离、竞争或冲突等一系列行为过程中。人不同于一般的动物，人能群，所以不是孤立的存在；人们通过相互交往，彼此实现了沟通，满足了各自的愿望。因此，人的这种社会性交往活动，

实际上包含了两个层次：第1个层次是行为主体的价值观，它不仅受文化传统的影响，也会受一定的时空环境约束，它决定着行为选择的基本方向；第2个层次是关系行为的选择，即行为主体选择与谁交往、怎样交往，会考虑具体的约束条件而进行成本与收益的核算，希望以最小的成本实现自己的效用最大化，亦即理性选择的结果。

关系是一种资源，而且是一种能够调动资源的资源。事实上，我们的社会是一种高度分工的组织，每一个人都必须依赖他人才能生活。为了生活得更好，人们必须与他人打交道，进行各种资源交换，一旦人与人之间发生了交换，也就产生了交往关系。如果把人比喻成社会中的一个点，自己这个点与其他发生交换的点就构成了一个关系网络，网络中的点也会把其他关系网络带入其中。所以，关系总是一种交换关系，关系总是呈现出一种网络状态。

既然关系是指人与人之间的一种交换关系，那关系基础和关系意识就成为交往活动中非常重要的因素。有学者（李孔岳，2007）指出，关系的来源、建立和维护主要表现在3个方面。首先，关系来源于个人的主观认同，主观认同包括血缘、地缘、业缘、共同特征等因素。没有认同，人们就不愿意与之交往，个人不愿意加入某一群体，或是很难被一个群体所接受，也就很难建立起什么关系。关系的认同是一种价值观的认同，与理性选择的第1个层次相对应，决定着个人行为选择的基本方向。其次，关系的建立取决于需要。虽然某些关系是先赋性的，是个体无法排斥的，但需要与理性选择的第2个层次相对应，会体现出一定的效用原则，其往往伴随收益与成本的权衡。最后，关系的维护依赖于交往。交往可以是一种感情的交流，也可以是一种利益互换，交往的频率可以间接地衡量关系的密切程度。没有交往，即使有血缘基础也有可能行同路人；不断地交往能增加彼此感情，能够使得关系愈加密切，这或许就是传统习俗中所说的“远亲不如近邻”的含义。

交往是一种具体的行为选择，个人是否选择交往也遵循着理性行为逻辑：如果价值观有着高度的认同，个人通常倾向于继续交往，维护既有关系；如果在具体的交往过程中，自己总是得不偿失，个人就会倾向于疏远，久而久之关系就会断裂。所以，从个人主观认同、功利需要与交往程度3个方面看，关系是一种人与人之间相互认同和交往的社会纽带，依赖于这种社会纽带，人们可以获取相应的回报。

6.1.2 社会关系网研究

社会关系网研究（Social Network Research）是西方社会学中一个重要的分支领域，是一种关于社会结构的观点，同时也是一套分析社会行为的方法和技术。一般认为，社会网研究产生于英国人类学，而后兴盛于美国。作为社会学家观察社会结构变化和人类活动关系的一种重要方法，依照社会网的观点，在经济领域及人们的社会生活中，人的思想和行为不会孤立存在，而是依托人们所具有的各种关系和联系，在互动交往中形成并不断得到发展的。人为了取得物质酬劳和社会奖赏，就会与他人发生合作、交换等各种互动活动，当人们为了某种需要或为了达到某种目的，相互间形成一定的比较固定和持久的关系，并进而在相互往来和互惠交换中形成一组个人间的联系时，这便构成了某种关系网络。这里的联系纽带可以是亲属或非亲属的，直接或间接的，横向或纵向的，整个社会即是由相互交错或平行的网络所组成的一个大系统。

1. 关系网研究的理路

一直以来在有关社会关系网研究方面存在着两个不同的理路。一个理路认为社会网对人们的行为具有制约作用，着眼于网络结构对人的自主性的限制和对人们行为的塑造，更多强调从网络地位到个人行为的这一因果关系。持这种思路的学者有乔治·齐美尔（George Simmel）、哈里森·怀特（Harrison White）、马克·格拉诺维特（Mark Granovetter）等。另一个理路强调个人利用社会网络争取社会资源以获得地位的意义。其主要代表人物是科尔曼（James Coleman）、林楠、R. 伯特（Ronald Burt）等。持这种研究的学者对网络的功利性、人的主观能动性，即人们有意识地建构网络来获取一定的利益等问题表现出更大兴趣。如科尔曼从理性选择的角度出发，认为人可以通过理性选择而建立起各种社会关系。每个人都可以成为关系网络的中心，我们可以从个人出发来研究他们如何利用、发展和得益于这个关系网络。林楠长期研究社会资源对人们地位获得的重要性，他提出的社会资本理论即是从这一角度解释个人如何利用社会关系网络获得社会资源和社会地位。而R. 伯特则以个人为出发点，将网络作为一种工具性来研究，更多地强调从个人行为到网络关系，再到回报的这一因果机制。

2. 社会资源与社会资本的提出

依据关系网具有的"个人可以利用周围的社会关系实现工具性目标"这一特性，社会学家提出了两个重要概念。

一是林楠在考察了格兰诺维特（Granovetter，1973）对寻职行为中普遍存在着的人事关系研究的基础上，提出了社会资源理论。他认为所谓社会资源，就是那些嵌入在个人社会网络中的资源，这种资源不为个人所直接占有，而是通过个人的直接或间接的社会关系而获取。拥有这些资源可以使个人更好地满足自身生存和发展的需要（林楠，1981）。这些资源可以分成两类，即个人资源和社会资源。个人资源由个体所占有，个体能够自由地使用和处理它们而不会过多地考虑补偿。社会资源是个体通过直接和间接的联系可以接触到的资源。对这些资源的接触和使用是暂时的、借来的。如一个朋友（或朋友的朋友）的职业地位或权威，可以成为个体自我的社会资源。这个朋友可以利用他（她）的地位或网络来帮助个体自我找到一份工作。这些“借来的”资源有利于实现个体自我的某种目标，但它们仍然为那个朋友（或朋友的朋友）所拥有。

二是詹姆斯·科尔曼（James Coleman）在《社会理论的结构》一书中，对社会资本理论的阐释。他认为社会系统通常是由“行动者”和“资源”两部分组成，行动者拥有某种资源，并将其利益寓于其中，不同的行动者通过相互交换自己控制的资源以获取新的利益，从而形成持续存在的社会关系和复杂的社会系统。他认为所谓社会资本，就是个人拥有的、表现为社会结构资源的资本财产。它们由构成社会结构的各个要素组成，主要存在于人际关系的结构之中，并为结构内部的个人行动提供便利。社会资本强调的是在社会结构中所具有的特征，也可以说是一定社会生态的存在和表现形式。人们通过彼此间的交往，对社会网络中接触到的不同资源进行了投资或动员。

社会资源与社会资本的提出，深化了社会网研究，揭示了人类交往过程中蕴含的丰富内容。社会资源与社会资本的汇合，补充和推动了以嵌入在社会生态网络中的资源为关注对象的社会运动理论，它把社会资源的意义置入社会资本的更广泛的探讨之中，同时又将社会资本作为一个研究概念而进行了更有针对性的定义和操作化。

3. 关系本位的发现

对于中国人来讲，关系是再熟悉不过的字眼。学贯中西的梁漱溟曾指出，比之于西方社会，中国社会既不是个人本位，也不是社会本位，而是一个关系本位的社会。著名社会学家费孝通先生在探讨中国社会关系的特点时，用“差序格局”的概念生动概括了这种关系网络。他们认为，关系是理解中国社会结构和中国人心理与行为特征的一个核心概念，也最能体现中国人的行为特征。中国人的关系实质是先赋性的，其逻辑起点是以己为中心，以血缘关系、亲缘关系、地缘关系为基础。这种先赋性的关系在几千年的文明发展中逐渐被泛化在社会生活的各个方面，通过后天的交往而建立起可选择的联系。在人际交往中越靠近血缘关系中心，就越容易被接纳，也就越容易形成亲密合作的人际关系；越是远离己的中心，就越容易被排斥，就会形成疏淡的人际关系。也就是说，中国传统社会结构和人际关系的基本特征是一种具有同心圆波纹性质的差序格局。波纹中心是自己，与别人发生的社会关系就像水的波纹一样，一圈圈推出去，随着波纹与中心的远近，形成种种亲疏不同、贵贱不一的差序关系（费孝通，1947），于是，以差序格局为基础，中国人的行为特征集中体现为：第一，中国人的行为是关系意识导向的，关系意识的核心是家族意图或家族价值观；第二，现有的关系网络或关系结构对人的行为具有很强的约束，拓展关系网络行为遵循效用最大化原则。这个理论也揭示了中国传统社会存在的基本结构和秩序基础。

对于中国人的关系行为更为模式化的探讨，是来自黄光国（1988）对于中国社会人际关系的理论的研究。他根据人际关系中包含情感性成分和工具性成分的多少把人际关系分为情感性关系、混合性关系和工具性关系三大类，并将这3种关系分别与“需求法则”、“人情法则”和“公平法则”相对应。香港中文大学的金耀基先生（1992）认为，关系、人情和面子是理解中国社会结构的关键性的社会文化概念，是中国的成年人用以处理其日常生活的基本“储备知识”之一部分。他认为，中国人的关系网可以说是一种以自我为中心的网络建构的社会工程。香港中文大学的另一位学者李沛良先生（1993）则通过对香港华人社会的观察研究，发现香港华人运用了传统文化资源来达到个人目的，并由此概括出“工具性差序格局”理论。

综上所述，对于关系及关系的研究虽有不同视角，但其核心都是从“关系”角度分析人的行为，除了说明“关系”对人的影响外，同时还在探讨人作为行动主体在其中的能动性。本篇采用关系网络的分析方法，通过对私营企业主的关系/利益的建构过程的研究，研究在特定场域中的关系网对私营企业主的地位获得及观念意识形成的影响。我们将主要结合私营企业主的社交行为，回答关系为什么能成为一种获得利益的工具，如何才能寻找到切合的关系，以及如何通过某种行动逻辑将关系转化成资源的问题，进而循着利益维度去巩固、扩大和发展相互利益和关系。

6.2 私营企业主的社会关系网

对于当下中国私营企业主及其企业组织的关系网研究，学者们有不同的观察角度和概括。较有代表性的如石秀印（1998）从企业家是如何产生的角度，强调了社会网络对于企业家的影响。他认为企业主之所以成为企业主是因为他们较其他人有更良好的继承性社会关系，或者借助于各方面条件构建起了良好的获致性社会关系。他们的社会关系节点的特殊性质保证了其经营的成功。他还发现那些与资源拥有者具有更亲密的私人社会关系的私营企业主能获得更多的社会资源。张厚义（2002）在对私营企业主进行长期观察和细致研究基础上，他发现在私营企业主最看重的交往关系中，排行第1位的是政府官员，其次是银行职员，再次是合作伙伴，这些关系甚至比商业机密还重要。李孔岳（2007）从中国传统文化的背景出发，提出私营企业主关系行为的特点：第一，受家族意图或个体价值观指引，关系亲疏程度决定了企业主关系运作行为的基本方向；第二，关系的建立、发展和维持遵循效用最大化逻辑。私营企业主的关系运作类似一种家的放大过程，实际完成着两个阶段工作。一是交际阶段。利用血缘关系、亲缘关系、地缘关系等关系联系，或使用内群体或中间人关系，通过承袭已有的关系主动与他人确认共同的关系基础，通过各种手段接近权威人物扩展关系网络，不断把对自己有用的人纳入到关系网络之中。二是交情阶段。即通过礼尚往来等情感性色彩较强的方法发展关系，由初步的人际信任发展到互惠的信任，进而为将来利用关系奠定感情和资源基础。

事实上，从社会学角度来看，任何社会的经济活动都是嵌入在具体的社会关系中的，只有在具体的社会关系中，我们才能理解具体经济活动的内容和形式（Granovetter、Mark，1985）。中国的私营企业并不是以孤立的、原子状态存在及开展交易和竞争的，其创办、生存和交易活动都深深嵌入到了中国传统文化孕育的社会关系网络之中。而且，中国的私营企业是在政府的政策壁垒与市场壁垒的双重压力下产生的，在这种双重约束的压力下，私营企业要获得成功，企业主必须同时具备市场创新的能力和关系运作的能力，而关系运作的能力更是企业成功的关键。

那么，私营企业主的关系网是什么样子？他们的关系网络是如何运作的？私营企业主的关系网络会给他们带来怎样的社会支持？为此本研究开展了一项有针对性的调查。

6.2.1 数据来源和资料收集

本调查于2007年在天津市的18个区县依托工商联组织进行。首先我们在每个区县选取1组注册登记在8年以上，业绩经营正常和反映不错的企业，这个时段是20世纪末，许多国有集体中小企业改组之时；然后我们又在每个区县选取注册在2年以内，属于新兴技术型的企业，共计36家进行了深访调查。按照当时的研究设计，我们分列了若干调查题目，主要包括“在企业经营过程中，你与之最密切（互动最多）的人（客户、亲戚、员工和朋友）是谁，以及他们对你有何帮助？请列举3～5人”等；此外，调查还包括企业主所列举交往对象的职业、收入、认识途径等问题。

6.2.2 样本特征

该调查选取了36位私营企业主作为访谈对象，其中男性占83.3%，女性占16.7%；从年龄结构看，年龄在40岁以下的占72.2%，40～49岁的占27.8%；在36位受访企业主中，拥有大专及以上学历的占91.6%，高中及以下学历者仅占8.4%；有41.6%（15人）的私营企业主曾在政府或者事业单位工作过。

6.2.3 调查结果及发现

1. 关系网络特征

通过整理访谈记录，我们总共得到349个私营企业主的交往对象。以文化程度和职业地位（在单位是否处于领导位置）、月收入作为衡量交往对象文化资本、权力和经济资本的指标，具体情况见表6-1。

表6-1　私营企业主关系群体的学历、地位、收入　单位：%

交往密切的	大专以上文化程度	单位领导层	月薪3000元以上
员工（101）	89.2	76.2	54.4
客户（89）	90.6	86.8	90.1
亲戚（74）	73.1	36	59.6
朋友（85）	91.6	60	79.2

通过表6-1可以看出，在我们所调查的私营企业主交往群体中，大多具有较高的文化资本、权力和经济资源。其中，最为突出的是客户群体，他们各个方面的指标都远远高于其他的群体，他们多为单位的领导或企业的董事长、总经理等，掌握着大量的经济资源和权力。相比之下，亲戚群体无论是文化程度还是权力指标和经济收入都相对比较低。就朋友群体而言，他们的文化水平最高，尽管在单位处于领导层的比例不高，但是他们的收入水平仅次于客户群体。由此可见，私营企业主的先赋性关系资源相对来说还是比较有限的，而随着企业的不断壮大和发展，私营企业主自己的社会资本在不断地积累和增长。

2. 网络的建构和拓展

在企业的发展过程中，私营企业主需要与社会上方方面面的人打交道。他们不仅利用现有的各种关系和渠道为自己打开方便之门，而且还在不断地建构自己的关系网络以获得更多的社会支持。以下来看看私营企业主都希望同哪些人建立关系以及他们建构关系的原则。

（1）网络建构的对象。在研究中，我们设计了这样一个问题："您认为，在您的经营过程中，有没有必要与下列人员交朋友?"（最低1分，最高5分）。表6-2是得到的有关结果。

表6-2　私营企业主认为与不同职业群体建立联系的必要性的评估　　单位：分

	税务干部	地方领导	国企负责人	科研技术人员	私企负责人	工商干部	外企负责人	银行干部	新闻工作者	公安干部
总值	125	121	121	120	117	113	111	110	100	97
均值	4.03	3.90	3.90	3.87	3.77	3.65	3.58	3.55	3.23	3.13
排序	1	2	3	4	5	6	7	8	9	10

由表6-2可见，私营企业主觉得最有必要建立联系的是税务干部，平均分值为4.03；紧接着是地方领导，均值是3.9分；再往下依次是国有企业负责人、科研技术人员和私企负责人。这说明，对私营企业主来说，同政府官员建立起良好的关系是非常重要的，在一定程度上甚至超过了市场客户的关系。在本研究中很有意思的一点是与银行干部的关系，它被排在靠后的位置。对此我们的解释是：一种可能，由于被调查的企业规模比较小，还没有很大从银行贷款的需求，因此与这些人接触的动力不强；另一种可能是银行只面对大中型企业，对中小企业照顾较少，即使与银行干部建立关系，也不能获得更多支持，因此没有必要与他们建立较强关系。

（2）网络建构的手段。在调查中我们曾询问业主："如果您在经营过程中遇到困难，必须向一个陌生人寻求帮助，您认为用哪种方法接近此人最有效?"结果表明，只有15.8%的企业主表示要直接交谈，表明意图，努力让对方接受、理解自己。余下的大部分都表示，要托人找到自己需要的对象，然后请客吃饭或者直接送礼。这说明，中间人或桥梁在关系建构中有重要作用。

在访谈中有一位赵先生曾谈到："现在办事机构向市场化、法制化、阳光化发展，不是送礼、吃饭可以解决的，但是，许多时候不请吃饭、不送礼，办事情就会遇到很多麻烦。请吃饭只是一种形式，人家也明白用意，真正的功夫还在于建立起有效的联系。例如，经常见面、聚会、郊野活动、看演出等。"由此可见，私营企业主经常会通过请人帮忙、送礼、吃饭、参加各种娱乐活动等非正式渠道解决企业面临的问题。见图 6－1。

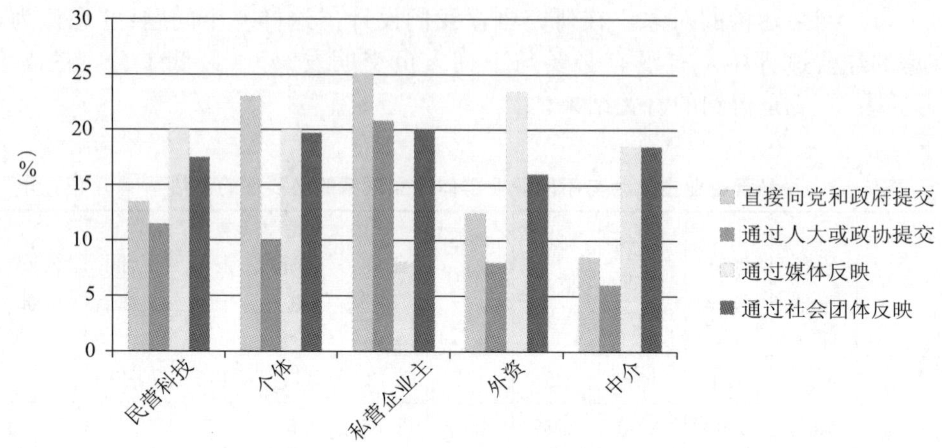

图 6－1　私营企业主网络建构的手段

3. 关系网络的维系与互动

关系是可变的，会随着时间空间环境的变化而发生调整。关系网研究关注社会网络形成的时机和制约因素以及不断演化的网络结构。如果把关系网络只看做是给定的，这就难免把社会网络静态化，抹杀了社会网络关系的动态性，与我们的实际生活并不相符，因此，本调查接下来的问题是，企业主与不同类型的社会关系群体之间是如何互动的。通过调查，我们了解到：

（1）私营企业主的主观能动作用和网络建构的能力，对于他们的关系网络资源至关重要。其中，80％以上的员工和 90％以上的客户都是私营企业主获致性的关系，即使亲缘性很强的朋友网络，接近 50％的关系也是在不断的互动中形成的。

（2）吃饭、娱乐和聊天是企业主与这 4 个群体互动的主要形式，这些生活化、世俗化的沟通方式尤其有利于企业主和员工、客户建立起超出契约关系、理性计算之外的、类似于亲人或朋友的感情和信任。投入大小与关系的可靠程度成正比。

（3）私营企业主的关系网络兼具理性与感性的特性。在员工网络和客户网络中，工作和业务的需要是第 1 位的，分别占到 47.7％和 37.8％，具有很强的工具性特征。但同时他们又非常重视“投缘”，注重关系的情感性因素。关系可以先于交换，交换的同时也可以产生关系。

4. 关系网络与社会支持

在这一部分，我们设计了两个题目。一个是“您认为好友（客户、员工、亲戚和朋友）在哪些方面对您有比较重要的帮助?”以此测量关系网络对于私营企业主实际的支持。另一个是私营企业主对不同群体社会支持的主观评价：“如果请您对不同交往圈在以下几个方面进行评分，您认为分别打多少比较合适?”（最高为 5 分，最低为 1 分）。调查的结果见表 6－3。

表 6－3　关系网络对私营企业主的支持程度　单位：%

	资金支持	业务支持	咨讯支持	情感支持
员工	5.9	76.6	13.3	4.1
客户	10.2	35.0	45.0	9.8
朋友	4.2	5.8	28.4	35.9
亲戚	33.3	18.2	6.8	41.7

通过表 6－3 可以看出，对于私营企业主资金支持最大的是“亲戚”群体（33.3%），接下来是市场中结识的“客户”群体（10.2%）。对新兴中小企业而言，私营企业主的资金大多还是通过个人的关系来获得的。就业务支持而言，员工的作用更加显著（76.6%），他们不仅帮助私营企业主处理公司的事务，还担负着开拓市场的任务。客户的业务支持主要体现在他们之间互惠互利的业务往来，或是由业务往来所带来的市场机会上。亲属的业务支持多是劳动力的支持，特别是在创业的初期，亲属群体是中小私营企业劳动力的重要来源。对私营企业主而言，资讯支持最大的是客户群体（45%），他们经常的互动中交流的信息对于私营企业主的作用非常重大；此外就是他们的朋友（28.4%），私营企业主的情感支持多来自于他们的亲友，分别占到 41.7%和 35.9%。关于私营企业主对于不同关系群体所提供社会支持的评价见表 6－4。

表 6－4　私营企业主对各关系群体功能的评估　单位：%

	资金支持	业务支持	咨讯支持	情感支持
员工	2.19	4.74	3.48	3.07
客户	2.29	4.10	3.71	2.90
朋友	2.06	2.74	3.10	4.10
亲戚	2.97	2.29	2.81	4.48

表 6－4 所显示的结果与表 6－3 的结论基本一致。亲戚和朋友在情感支持方面的帮助较突出，亲戚在资金支持方面的认可度也比较高。员工在工作和

业务拓展方面贡献更多。客户在业务拓展和资讯支持方面的作用都是最大的。朋友的情感支持和信息支持的作用明显。

通过以上分析我们可以得到以下几个基本发现。

第一，私营企业主所交往的群体大多具有较高的文化资本、权力和经济资源。在4个群体中，客户群体所拥有的文化资本、权力和经济资源等各个方面的指标都远远高于其他群体；亲戚群体则相对都比较低。

第二，私营企业主所接受的社会支持和他们对这些支持的认知基本上是一致的。亲戚和朋友在情感支持方面尤为突出，亲戚在资金支持方面的力度最大，员工在工作和业务拓展方面贡献更多，客户在业务拓展和资讯支持方面的作用都是最大的，朋友在情感支持和信息支持上作用很大。

第三，私营企业主的大部分关系网络是获致性的，是在不断的交往和互动过程中建立起来的。吃饭、娱乐、聊天是他们之间互动的主要形式。私营企业主最想结识的对象是税务干部和当地的政府官员。随后是国企负责人、科研人员和私企负责人。托人打招呼、请客吃饭、送礼、经常接触是建立关系网络最基本、最有效的手段。

6.3 私营企业主关系网的功能分析

对于私营企业主社会关系网的功能分析，有两条研究路径。一条是资源路径，即首先区分私营企业主需要获取的资源，然后再来分析他们通过何种途径或者通过什么关系来获取这种资源。另一条可称之为关系网络路径，即先区分私营企业主的关系网络的类型，然后再来考察不同的关系网络所带来的资源。鉴于本研究的目的和实地研究条件，笔者选取后一条路径，即把关系网络和社会资源配置的机制结合起来，看一下关系网运作对组织演变的影响。

按照市场网络观点，所谓市场其实就是一个变动无形的网络，人们的经济行为根植于行为者的社会网络之中（White，1981），这一观点已成为人们认识研究社会的出发点和工具（边燕杰，1996），不同的网络构成产生着不同的社会资源和市场机会。在我国，由于新旧两种体制对市场的形成发育都在产生着作用，地方保护、任期效益、团体利益膨胀已成为许多政府部门无法回避的事实，而市场化扩张及个体行为的恣意化，又会渗透到社会生活的各个领域。因此，市场的非规范性、政策的非一致性和寻租行为的产生，也会影响到投资者及企业主的利益和行为。其经济目标和社会地位的实现，不仅要求他们在企业的运营管理方面要有独到之处，而且在人际交往方面，还要为自己营造出一个好的关系网，以便运用更多的社会资源，为实现其目标服务。

在不断推进的市场化过程中，权力转化对于私营企业主的社会网来说具有重要意义，而权力变型则必然会带来官商勾结、互相利用的倾向。我们的研究正是要考察在私营企业主的利益结构中，人际关系网在多大程度上促成了这种利益转换。同时，考察这种社会交往对私营企业主的思想观念形态的作用影响，分析他们利益表达的方式、机制，包括社会网将在何种程度上能够予以支持。

6.3.1 关系网对组织演变的影响

这里主要探讨 3 个方面问题：一是私营企业内的关系处理与组织变迁；二是私营企业主与政府部门的关系运作；三是私营企业间相互关系的依存作用。由此我们来了解私营企业主及其企业组织关系的演变状况。

1. 私营企业内关系处理与组织变迁

始于 20 世纪 80 年代的中国私营企业的组织形式演变大体呈现以下趋势：从最初的由企业主或亲密家庭成员垄断控制权的家庭企业，发展到由以血缘关系、亲缘关系为主的家族成员垄断企业控制权的家族企业，再到将一部分控制权转让给具有地缘关系、朋友关系的非家族人员的泛家族企业，再到引入部分非家族经理的混合家族企业，甚至最终到家族掌握临界控制权的公众公司。在私营企业组织演变的趋势中，起核心作用的要素是企业控制权。从外表来看，企业控制权的转移过程总是表现为企业管理岗位的逐渐对外开放过程；从权力主体来看，企业控制权的转移过程又总是企业家的主动授权过程。因此，把握企业家的授权动机和授权原因，也就把握了中国私营企业组织形式的逻辑演变过程。

随着私营企业规模的扩张，企业主的精力或能力都无法对企业实施全面的控制，企业主必须将自己的能力集中到企业的战略或对企业的关键岗位的控制上，因而，企业必须将部分控制权授予他人。企业主究竟将权力授予谁，则取决于企业主自己对员工的忠诚和才能的权衡，且忠诚是第一位的。忠诚产生于信任，信任的基础则是关系亲疏。因为稳定的关系意味着一种义务感，可以使人们按照一定的社会规范去行动，所以关系带来行为的可预见性，从而产生人际信任。但是，中国人的信任是建立在个人承诺、人情面子基础上的，因而信任是有限的。对家庭的信任是绝对的，对朋友的信任则是为了建立相互依赖关系，对此，台湾学者郑伯壎（1995）认为，华人文化缺少普遍的社会信任，信任主要存在于血亲关系上，建立在血亲关系上的低信任社会难以使公司制度化。于是，私营企业主的授权过程或控制权的转移过程多是采用渗透模式，即按关系亲疏、忠诚度高低、才能大小的依次顺序，控制权逐步下放到与企业主有血缘关系、亲缘关系、地缘关系的各种人员手中，最终才真正落到职业经理人员手中①。

但是，由于对外人的不信任，私营企业主把权力移交给职业经理人员，并把控制权与所有权分离，明显存在很多困难。于是，为了赢得职业经理的忠诚，企业主往往通过拟亲化过程，将有才能的职业经理纳入自家人的关系网络中。随着企业控制权的转移，企业的管理岗位也经历了由家族或家族成员垄断全部岗位，到逐步对外开放部分非关键岗位，再开放关键岗位，最终实现全部岗位对外开放的过程。结果，私营企业的组织形式也就呈现出由家庭企业、家族企业、泛家族企业、家族掌握临界控制权的公众公司的一般趋势。

2. 私营企业主与政府的关系运作

众所周知，中国的私营企业是在政府管制体制不断松动的情况下，在夹缝中顽强地生存长大。与制度环境相适应，私营企业组织变迁大体经历了几个阶段：一是 1980—1988 年，以家庭作坊为主组建“乡镇企业”，众多的家庭作坊则以乡镇企业为主体，采用“挂户经营”的方式进行生产与经营，俗称“借红帽子”；二是 1989—1992 年，以家庭作坊为基础组建合伙企业，当时叫“股份合作企业”，采用按股分红和按劳分红相结合的方式组织生产与经营，俗称“戴红帽子”；三是 1993—1997 年，股份合作企业相继亮明私营企业身份，而变更为有限责任公司或股份有限公司；四是 1998 年后，私营企业内部相继建立党的组织，企业组织形态及经营管理方式出现了多元化。

我们的问题是 1992 年之前为什么私营企业要采用“挂户经营”和“股份合作企业”的方式？20 世纪 90 年代中后期，已亮明身份的私营企业为什么又热衷于在企业内部成立党的组织？对于这些事实的描述，不同的观察者有各自的观点，本文只想借助于交易费用理论来解释这种现象。

交易费用理论的逻辑是企业家选择何种组织形式，或采用何种组织结构是在制度环境（政治制度、政府管制）和市场环境的约束条件下追求交易费用最小化的理性选择结果（Williamson，1979）。1992 年之前，中国的私营企业面临很强的政策壁垒。其一，经营合法性问题。1988 年之前私营企业的经

① 台湾著名管理学家郑伯壎（1995）教授以华人企业家的角色定位为基础，从企业家的认知结构切入，依据差序格局的转变，按关系亲疏、忠诚度高低和才能大小等 3 个维度将企业员工分成八种类型，讨论企业家与不同类别员工的行为互动。他对企业家的关系意识、信任格局的变化如何导致企业内部权力体系形成、演变进行了深入研究。

营合法性问题一直受到质疑，直到1988年4月第七届全国人民代表大会第一次会议通过的《中华人民共和国宪法修正案》才明确了私营企业的经营合法性问题[①]。其二，政治歧视问题。1992年邓小平南巡讲话之前，私营企业姓社姓资的问题仍然没有解决，私营企业仍然面临政治歧视问题。中国的私营企业生存在约束力很强的制度环境里，私营企业采用"乡镇企业"或"挂户经营"、"股份合作企业"的组织形式，实际上是私营企业主为了适应制度环境，解决经营合法性问题和政治歧视问题的一种理性选择行为[②]。

20世纪90年代中后期以来，私营企业已经获得了经营合法性和政治合法性问题，但私营企业主为什么又热衷于参与政治过程呢？1992年10月中共十四大明确了社会主义市场经济改革方向，私营企业的合法性问题已基本解决。但是，在体制转轨过程中，政府仍然拥有关键资源的分配权和执法自由裁量权。在这种特殊背景下，私营企业主会积极地与政府官员打交道，积极地参与政治过程，不断编制与政府之间的社会关系网络，这一方面是为了自己争取一定的社会地位（李宝梁，2001），另一方面是为了获取政府的关键资源支持，提高私人企业可持续发展的动力（李路路，1997；石秀印，1998；戴建中，2001）。伴随着中国私营企业主与政府关系运作的深入，私营企业的政治特征也越来越明显；私营企业正在一步步演化成一种"类似晚清的官僚资本主义体系和有权势的家族控制相结合的民族资本主义体系"（Boisot and John Child，1996）。

3. 私营企业间相互关系的依存作用

进入21世纪以来，市场竞争格局已由价格竞争、质量竞争向品牌竞争转变，单纯依靠低廉价格进入市场的中小私营企业面临着很大的生存压力，于是，如何提高企业的可持续竞争优势就成为私营企业家必须思考和解决的战略问题。为了适应外界市场竞争格局的变化，提高企业的竞争能力，具有创新精神的私营企业主纷纷选择调整发展战略，并把企业的战略定位在提高市场占有率上。提高企业市场占有率最直接的办法就是扩大生产规模和提升品牌的知名度，且生产规模的扩大是品牌的知名度提升的基础，于是，问题又转化为如何扩大企业的生产规模。

私营企业规模的扩张既受制于内部管理能力的约束，又受制于内部资源、

---

① 第七届全国人大第一次会议通过的《中华人民共和国宪法修正案》第11条增加："国家允许私营经济在法律规定的范围内存在和发展。私营经济是社会主义所有制经济的补充。国家保护私营经济的合法权益，对私营经济实行引导、监督和管理。"

② 社会学的解释逻辑是合法性机制（或称社会承认的逻辑），社会合法性机制，如法律制度、文化制度、观念制度、社会期待等制度环境会诱使或迫使组织采纳在外部环境中具有合法性的组织结构或做法。

知识和技术的约束。在扩张企业规模的路径选择上，私营企业首先要进行产权明晰化改革，并适当引进忠诚度高、能力强的职业经理，从而提升企业的管理能力，这是导致私营企业 20 世纪 90 年代后期相继改组为有限责任公司的市场原因。但是，内部的产权改革仅仅是扩大生产规模的前提，企业生产规模的扩大还需要突破资源、技术和知识的约束。然而，实力、知名度不同的私营企业，突破资源约束、扩大生产规模的方法不同。实力雄厚、知名度比较高的企业就会兼并同行业上下游的中小企业，通过组建企业集团来发挥资源、技术和知识的互补作用，并提高内部治理效率，从而扩大生产规模、提高市场占有率。如浙江正泰集团就是通过兼并、组建企业集团的方式迅速扩大生产规模的。而中小私营企业为了避免被实力雄厚的企业兼并，就以血缘关系、亲缘关系、地缘关系和朋友关系为基础，要么通过广泛的亲属网形成的家族联盟来扩大交易与势力①，要么通过既保持各自独立的经营地位又能组成一个整体的联盟方式进入市场来抵御外界的竞争，于是，既保持独立的法人地位又以新股东身份组建的股份有限公司就应运而生。

小结：当下中国私营企业主的行为是关系/利益意识导向的，致富意图与家族价值观（做大做强家族企业，光宗耀祖）决定了其行为的基本方向。具体的关系运作则是在现有的政治经济生态条件作用下，依照差序格局机理，采用渗透模式逐渐向外延伸，并扩展新的关系网络，这必然会导致企业组织发生相应的演变。图 6－2 是私营企业主关系运作与组织变迁的相关模型。

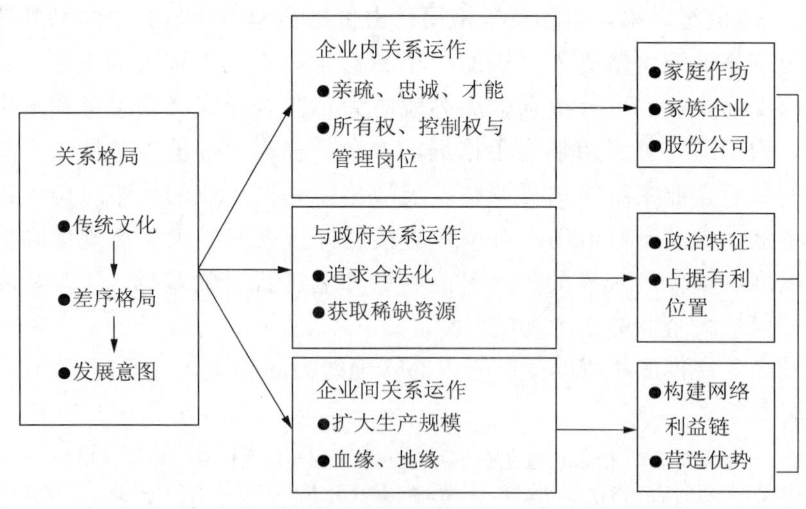

图 6－2　私营企业主关系运作与组织变迁模型

① 家族联盟能抵消互不信任的问题，家族信任能降低交易成本。

（1）面临日益激烈的市场竞争，企业发展的管理能力约束愈加明显。私营企业主会权衡员工的亲疏、忠诚度、才能，对企业的控制权或管理岗位进行相应的调整。这会导致私营企业的组织形式按家庭作坊—家族企业—泛家族企业—家族掌握临界控制权的公众公司过程演变。

（2）私营企业主与政府的关系运作主要考虑两个目的：一是迎合制度环境变化的需要，在获得合法性的同时，争取政府控制的稀缺资源；二是寻求各种利益保护伞。由此导致私营企业的组织结构带有明显的政治特征。

（3）随着市场竞争格局的转变，为了提高企业的竞争优势，具有一定远见和能力的私营企业主会把提高市场占有率作为企业的战略目标，实现这样目标一定要扩大生产规模。在这种背景下，私营企业主迫于竞争压力，为做大做强企业，要么以血缘、地缘关系为纽带寻找合作伙伴建立家族战略联盟，要么各自保持独立的法人地位，进而以新股东的身份组建股份有限公司。

6.3.2 关系网对自我意识的形成影响

一般来讲，个体意识的形成主要有两个来源：一是主观；二是客观。主观表明的是一个人的偏好、追求、信念；客观是说外部世界所呈现给人们的环境、氛围、体制、机制等。主观与客观相结合，就会形成一定的价值观。而价值观包含着人们对各方面基本价值的认知和遵从，是一个广义的、深层的系统集成。换句话说，它不是一个口号，一句空话，而是在主客观共同作用下有着丰富内涵的意义系统。

自我意识中最基本、最重要、最普遍的因素有五个层面。一是主体的历史方位感，即“对自己的存在和地位方面的考量”。这种观念成为主体评价一切社会现象、自己和他人行为的出发点。二是社会秩序感，即“对人类生活和社会结构方面的考量”。它从内心深处决定人们对社会制度、社会现象的具体看法。三是社会规范感，即“对社会的各种规范方面的考量”，如规范的目的、作用、方法、合理性、公正性等。四是价值本位感，即“在各种不同价值相比较和权衡时，一个人会选择一种价值作为自己思考问题的重点”，比如自然物、神、信仰、知识、权力、金钱、道德、人情等。五是价值实践感，即“头脑中关于实行价值追求方面的思维特征”，即人们对于自己所选择和追求的东西的价值体认，如是否获得了一定的满足感、成就感等。自我意识的各个层面之间有内在的逻辑联系，并由此构成了一个完整的价值坐标系统①。

从自我意识形成所反映出的五个层面来看，私营企业主社会关系网的构

---

① 苏颂兴，胡振平．分化与整合——当代中国青年价值观［M］．上海：上海社科院出版社，2000.

建过程，既是私营企业主作为行为主体对自身所处位置和环境从价值本位和价值实践角度做出的行动选择，也是他们在主观认知与考量基础上对客观生态环境做出的反应。可以说，源于各种利益而结成的关系网对个体意识的形成具有很大的影响作用，主要体现在：

（1）关系网络的建构虽是结构性因素限制的结果，但更是个体理性选择的手段。由于我国改革发展的主线是“党和政府对经济体制定位的不断变化”，因此决定了不管多大规模的私营企业，企业主总是努力要争取到（各级）官员的支持，甚至把自己变成与国家有关系的企业。当然，对关系网络的建构与运用有时候会对社会整体产生负面的作用，但对企业主个人而言却具有正面的功能。通过各种途径建构起来的关系网络成为一种最有力的策略性工具，其结果是社会关系对社会制度的全面渗透，这不仅直接影响到资源的重新分配，而且还促使了各种资本和权力关系的重构，成为社会结构变迁的重要因素之一。在关系网络建构过程中，私营企业主以礼物作为拉关系的媒介，以人情作为社会性交换的货币，将关系对象编织成自己所需的关系模式，再以经济资本的投入作为巩固双方关系的筹码，使对方依据行动者的需求采取行动，作出倾向于对方的决定。

（2）私营企业主之间社会互动的重要机制不是市场而是“关系”。处在经济体制转轨和社会转型的大背景下，私营企业主要想有所作为并且能够有所作为，凭借的是世代积累传承的生存经验和生存智慧，即传统。这里的传统被赋予了现代的工具性意义，可以带来组织内部的凝聚力，带来某一群体的发展繁荣，但也不应忽略其“钝滞现象”，即那些帮助我们生活，同时又禁锢着我们，而我们并不知晓的东西（布罗代尔，1993）。所以，体现在对国有企业的改革中，就是改革难以深入下去，并常常走回头路，这在很大程度上限制了市场经济的正常发展。在竞争激烈的市场经济中，人们却要用感情、人情的因素来维持秩序，人为地造成了竞争的不平等，并用关系网络的建构能力替代了企业的经营管理能力，用“情感约束”代替了“文本契约”，可见，对中国而言，市场规则、信用制度的建立尚需一个长时期的努力过程。

（3）出于交易费用最小化的考量，私营企业主的价值选择更倾向于“自我行动”逻辑。所谓“自我行动”（self-action），可以简单定义为是一种以关系理性为约束的自我主义的行动。这里有两个很重要的限定词，即“自我主义”和“关系理性”。

“自我主义”概念源于费孝通先生的研究发现，以此区别于西方的“个人主义”概念。他认为，西方的个人主义是相对团体而言的，个人主义作为一种行动取向，是以平等观念（指在同一团体中每个人的地位相等，个人不能侵犯大家的权利）和宪法观念（指团体不能抹杀个人，只能在个人所愿意交出的一份权利上控制个人）为基础的，这是西方文明的产物。在中国传统文化里生成的不是个人主义，而是自我主义，即“一切价值是以‘己’作为中心的主义”（费孝通，1985）。那么，中国人何以将“己”作为一切价值判断的中心？

第一，儒家文化赋予了个人在建立和谐的世俗秩序中的中心地位。儒家哲学有“为仁由己”之说，个人被赋予了很大的自主性。但在儒家学说中，个人不是孤立的、独立的实体，个人被界定为群体性的或人际关系的存在（金耀基，2002）。中国人是在其所处的关系网络中相对自主地行动。费孝通指出，中国人的人际关系网络犹如“一块石头丢在水面上所发生的一圈圈推出去的波纹”，而“每个人都是他社会影响所推出去的圈子的中心”（费孝通，1985）。个人不仅处于他的关系网络的中心，而且他可以根据自己的需要和社会影响建构和利用此关系网络（尤其是各种非自然的关系）。后来有学者将其概括为中国人自我行动的逻辑，指的就是中国人所特有的以“自我”为中心，且以“关系”为运作空间及手段的行动方式。从自我行动到关系行动，再到小集团或派系行动的进程，构成了中国单位组织真实的社会建构的基础。[①]

第二，与中国人“自我行动的逻辑”相比，西方人的“个人行动的逻辑”主要表现为一种从“个人行动”到“契约行动”再到“集体行动”的逻辑进程。个人行动建立在“个人主义”和“经济理性”基础之上，个人行动易于导向“平等”、“合意”的契约行动，通过契约行动更易结成目标一致的和具有普遍主义纽带的集团。在这样的（尤其是小型）集团中，只要设计出像奥尔森提出的所谓用于克服搭便车的“选择性激励”的条件，便不难解决集体行动的困境问题。

从自我主义的概念和逻辑出发，自我行动是导致中国单位组织中集体行动缺失或不足的根本原因。如上所述，自我主义和关系理性是自我行动的动力和约束。自我行动诱使人们采取的是非正式的关系行动（包括关系交易）。而关系行动，意指一切建构和维护关系的行动。其所包括的关系交易则是那种可产生上下间庇护依赖关系的互惠交易行动。依附性的“关系交易”与建立在个人平等和合意基础上的“契约交易”形成明显对照。关系行动引致的是小集团或派系行动，而非协调一致的集体行动。

（4）自我中心影响下的行为主体，在阶层意识与阶层认同形成方面有着三个主要特征：①自我是一个有着巨大自主性和能动性的行动主体，是一个

---

① 汪和建．理解“新传统主义”与中国单位组织的真实的社会建构［J］．社会，2006（3）．

积极的、有反思能力的自我；②自我处于其社会关系网络的中心，无论何时何地，或无论时空条件如何变化，自我永远处于关系网的中心；③自我有着充分的经济动力或经济理性去建构和利用他的关系网络。这可能是自我主义行动的最为突出的特征。正是基于这样一些特征，在私营企业主的交往行为中，就会形成一定的思维逻辑和思想定式，即以自我为中心、有用和管用为原则、利益至上、对集体行动不热衷、奉行个体交易、院外授意，等等。

6.4 简要结论与探讨

本篇采用社会关系网络的分析方法，在社会行动理论的基础上，对私营企业主关系网的选择、建构和功能进行分析，研究在特定场域中的结构与环境同私营企业主群体之间的相互联系，透析私营企业主从“关系性”到“利益性”的衍生机制，以及由“手段”向“资源”的转变。据此，探讨私营企业主的阶层意识形成过程，我们可以得出以下结论。

（1）私营企业主关系网是以经济资源为主导，追逐利益为目的，互惠交往为机制，具有鲜明的工具性特征的。源于不同利益驱动所结成的关系网，不仅为私营企业主的利益形成、表达和实现提供了行为基础，而且也意味着他们有机会和可能以一定的经济财力为基础建立起有效和实用的互通关系，以此充当跨越社会界限的桥梁，最终实现其所追求的目标。如官员网络，官员掌握的“资源配置权”和“合理伤害权”是主导私营企业主和官员关系的两种机制。无论是先赋性还是建构性的关系网络，官员在市场机会、资金和信息等诸多方面，对私营企业主都有很大支持和帮助。私营企业主倾向于和官员建立某种特殊的和密切的关系，根本原因是从官员那里能够获得足够的资源和政治庇护。

（2）中国传统文化对私营企业主倚重关系网络虽具有一定的解释力，但更具解释力的是在社会转型时期，由于某些制度缺失或约束力不够，导致关系网起到了非正式制度的替代作用。私营企业主的社会关系网是一种典型的个体中心网络，它有一些显著特点：网络成员异质性强，趋同性低；内部普遍存在着家族式人事和用工关系；以血缘、姻缘连接起来的亲缘关系成为重要组成部分，也是形成其他关系的基础；而从外部关系看，私营企业主个人关系网的形成主要以占有各种资源和获取利益为核心；私营企业主关系网的构成、规模和紧密程度，决定于需要和利益的大小。如私营企业主建立何种客户网络，取决于交往和建构双方所能带来的合作受益总量。私营企业主构建亲缘关系网络不是基于对亲属的偏爱，而是作为一种手段和工具来利用。

他们看重的是亲缘关系网络中的信任、责任伦理所能节约的组织成本、监督成本和交易成本。

(3) 承袭对私营企业主的地位获得研究，从关系/资源的角度，地位获得（包括阶层意识的形成）可以理解为个体为了取得社会经济地位的回报而动员和投资资源的一个过程（林楠，2003）。中国人自我行动的逻辑，是以“自我”为中心，且以“关系”为运作空间及手段的行动方式。从自我行动到关系行动，再到小集团或派系行动的过程，私营企业主是一个典型的自我行动者。受自我主义和关系理性的驱动和约束。自我行动→关系行动→小集团或派系行动，构成了私营企业主的行动路线图，也诠释了私营企业主生存发展的社会建构基础。

作为理性的经济人，私营企业主的显著特征就是行为前要进行成本收益的计算与权衡，以追求自身效用的最大化，即使在组织或集团中也是如此；理性的自利的个人，不会积极主动地发动集体行动，尤其是在面对变动不居、异质性非常强的群体时，表现得会更为明显。这种行动逻辑将最终导致及促成行动者（私营企业主）某些观念形态、阶层意识和认同过程的发生，即对客观阶级并不热衷归属，对认同阶级不抱有强烈依赖，对行动阶级采取随机而动的原则。

(4) 本章从私营企业主的关系网透视这一阶层自我意识的形成，从认识论角度，至少在关系行为与阶层意识的相互作用研究方法上，可以给我们一些启示：一是如怀特所说的阶层意识的观察需要透过人们的行为，否则就只能是推测和不确切的，这也可以被认为是实证研究的方法；二是思想意识形态的东西，最终还是要体现在或是反映到人们的行动中。因此，本研究通过对私营企业主的社会交往方式与利益表达之间所具有的特殊意义进行分析，可以从一个侧面揭示他们的思想形态和行为方式的发生演变过程，为探讨不同的人际互动对个体及群体意识的形成影响提供依据。

7 私营企业主的社会认知与阶层认同

核心提示：

● 私营企业主的阶层意识与阶层认同包含诸多认知要素。作为社会认知的具体表现形态，本章分别对私营企业主的认知倾向、地位评价、意见表达方式，以及利益诉求关切等做了集中探讨，同时从代际传承及两代人的思想行为比较中，围绕角色转换、地位焦虑、压力挑战等探讨了阶层意识与阶层认同的形成演变特点。

● 社会认知作为对自身位置与他者关系的一种理解把握，它确定了人们相互间的行为“脚本”。私营企业主“自我映象”的生成，综合了个体已有的经验认识，带有个体差异和不确定性。由于私营企业主的社会来源多样复杂，各自成长的经历与环境不同，基于不同发展阶段的利益诉求也不尽一致，所以在有关身份、地位、关切等方面，虽然有较为一致的“区隔”倾向，但在信心、定位、期待、行动等方面还会表现出较大的“自我”差异。作为中国社会的精英阶层之一，私营企业主的阶层边界正在从最初的高度开放走向相对封闭。

● 私营企业主具有“自我”的强烈取向，从创业的那一刻起，就明确在为自我而奋斗，因而他们总是努力为自己营造着发展空间。但从自我映象的角度观察，当具有足够资本，钱不再是唯一最重要需求时，他们最在意和敏感的恰是别人的评价，别人怎么看，或者说，更加关心人家是否把自己当回事。这种取向的发生，正是他们对自己所处位置和环境做出的判断和反应，实际上他们很看重自我形象和社会舆论，并且越是成功人士，这种反应越强烈。这说明这一阶层还不成熟，还不自信，还没有成为一个独立的自为阶层。

● 阶层意识与阶层认同是人们对自己所处的社会历史环境和经济条件的一种关系反映，它是客观经济结构和社会结构的思想反映。阶级/阶层意识的产生和发展，同社会变动的剧烈程度有关。在一个相对稳定的社会结构中，尽管阶层分化也程度不同地存在，但未必会导致鲜明的阶层意识；而在一个急剧变动的社会中，人们所处的社会经济地位的相对变化，不仅会使人们敏感于自己的得失，更有可能导致明确的阶级/阶层意识的形成。总体上，私营企业主的阶层意识与阶层认同还处在不断分化、调整、聚合的过程。研究的目的不是希望越鲜明越好，而是为了找到共同点，促进各阶层的相互了解与融合。

私营企业主作为私人资本人格化的体现，具有多样化的社会属性，具有与其他阶层不同的政治、经济、社会、人格等特征，这在之前的分析中有过阐述。这些属性和特征决定了他们对自身地位和价值的理解追求，在一定程度上也影响着他们社会认知的形成。那么，作为一个新生阶层，他们的认知过程具有怎样的特点？他们是否已经具有一些共同的阶层意识和一致的阶层认同？他们在经济领域之外又会发出自己怎样的声音？带着这些问题本章将着重从私营企业主的认知过程，从他们对自身价值和利益的定位、期待、主观评价等方面进行考察。特别是从代际传承角度，从两代人的思想行为比较中，围绕角色转变、地位焦虑、两代人的关切等，探讨私营企业主的阶层意识与阶层认同的形成及演化。

7.1 社会认知特点与阶层认同取向

人们对于社会中存在的各种事物和发生的事件，都会产生自己的想法和判断，这在社会心理学中被称为社会认知（Social Cognition）。它反映的是外部环境或事件、个体观察与感受和人们彼此间行为关系相互作用的因果模式。简单地讲，社会认知就是关于自我和他人的思维、情感动机和行为的认识加工（David R. Shaffer，2005），也可以说是关于自己和他人的认识[①]。

一般认为，社会认知涉及 3 个不同层次，即对自我的认知、对彼此间关系的认知，以及对所处环境或团体的认知。阶层意识与阶层认同作为社会认知的具体表现形态，也包含着这 3 方面的内容。要认识和解读私营企业主的阶层意识与阶层认同是怎样的，首先需要了解社会认知是如何展开的，人们的认知过程有怎样的特点。

7.1.1 关于“自我映象”的发现

社会学家 C. H. 库利（1902）曾将人们对自我的认知观察结果描述为“自我映象”，也称为“镜中的我”。就像自己站在镜前看到自己一样，这面镜子是社会上其他人对个体的认识和评价。个体的自我映象是一个间接性的产物，它综合了个体已有的认识、经验，具有概括性的特点。例如，一个人把自己的容貌、姿态、服饰等作为自己拥有的东西，在“镜”前仔细观察，并总是以一定的社会标准来衡量美与丑，如果认为符合社会标准，自己就会感到欣慰，否则就会表现出沮丧。同样，个体在想象他人心目中关于自己的姿

① DAVID R. SHAFFER. 发展心理学［M］. 邹泓，译. 北京：中国轻工业出版社，2005.
方富熹. 儿童社会认知发展研究简介［J］. 心理科学，1992（2）.

态、行为方式、性格特征时，也会表现出高兴或悲伤的心理活动或情绪体验。概而言之，自我映象是关于被他人看到的自己姿态的自我觉察，是关于他人对自己所做评价与判断的自我想象，是关于对自己怀有的某种感情——自尊感或自卑感等的自我感知。个体观察如此，群体观察也是如此。

7.1.2 阶层认同中的两种不同“取向”

社会分层理论认为，一个阶层的成型，应具有明显区别于其他阶层的群体特征，即具有较明晰的阶层行为边界，并已形成相应的阶层认知或阶层认同。所谓阶层认同，是指个人对自身在社会阶层结构中所处的位置、地位的主观认识及所形成的归属感。从个体角度看，人们不仅是客观地存在于某一阶层位置之中，而且还会自我标签、自我认同自己的阶级归属或社会地位归属。作为阶层认同的判断，它是个人对自我存在、他人存在以及社会存在等不同参照物进行比较而形成的。阶层认同主要有“他者”取向和“自我”取向两种类型。前者意味着阶层认同主要是形成和根植于他人存在、社会存在之中，后者则意味着阶层认同主要形成和根植于自我存在之中。

从整体上说，改革开放前，中国社会的阶层认同主要是一种“他者”取向，主要体现在如下方面。

第一，“两个阶级、一个阶层”成为社会成员自身阶层认同的共同话语。绝大多数社会成员都被纳入到这一社会结构中，同时，计划经济体制显示了对于收入平等、职业保障、最低限度的教育医疗以及其他必需品的一种普遍关切，这些都使得人们在经济、政治等方面的社会地位具有某种相对平等性。因此，从阶层认同看“两个阶级、一个阶层”成为社会成员自身阶层认同的共同话语，人们大多也乐意接受自己作为其中一分子的身份，并在其中形成很强的阶级归属感及地位认同感。

第二，集体主义价值观具有很强的社会指导性和渗透力。在社会主义的伦理学说中，集体主义的“集体”是全体社会成员的构成整体，包括一个单位、一级组织等。在集体中，身份制、单位制和行政制成为三个相互关联的核心因素。“集体”成为人们忠诚的特定对象，人们会自觉不自觉地采用他人的视角、立场、标准来对照自身。集体主义的原则要求献身于共同事业，自觉地克服将个人考虑置于集体之上的取向，同时强调个人从集体中获取利益、成就感和满足感。

改革开放以来，人们一方面对集体主义原则和价值观进行反思，另一方面也使得个体主义价值观逐步显现，呈现出个体主义和集体主义相互融合的状态。这种价值观转变的直接后果就是使得因各种运动、政治说教和意识形态等外在压力而淹没在“集体”中的“个体”及个体要素显现出来。社会阶层的认同逐渐由“他者”向“自我”取向发展，人们更多地把自身的权利、地位和要求作为认同的主要内容，以自身的价值观诠释着生命的意义及其对生活的理解，在这种诠释中随处可见张扬的个性与自我的权利。应该说，这是对改革开放前那种集体主义价值观的一种叛逆，也是对个性和权利的呼唤。

阶层认同包含诸多认知要素，根本的是对其阶层的社会地位及功能的自我认同与社会认同。从社会存在决定社会意识的角度出发，阶层存在与阶层认同的最直接表达就是阶层意识发出的声音。而阶层意识是指某个阶层成员对本阶层的归属感、认同感，亦即全体成员对本阶层共同处境和共同利益的共同认识。阶层意识一旦形成和建立，阶层成员之间就会产生一种“我们感”，而对于外部，对于其他社会阶层或群体，则会从心理和行为上产生一种区别感。

7.2　私营企业主的阶层意识与阶层认同

在社会认知过程中，“自我映象”的发现，以及不同“取向”的特点，对于探究私营企业主的阶层意识与阶层认同具有重要的指导意义。按通常经验理解，在社会认知方面，私营企业主总体上是取向“自我”的，因为他们从创业的那一刻起，就明确在为自我而奋斗，而不是为他人活着。因此，他们总是努力为自己营造着发展空间。但是，从“自我映象”的角度观察，当他们有了足够的资本，钱不再是唯一的最重要的需求时，他们最为关切的反倒是别人的评价，别人怎么看，或者说，更加关心人家是否把自己当回事。这种取向的发生，正是他们对自己所处位置和环境做出的判断和反应，实际上他们很看重自我形象和社会舆论，并且越是成功的人士，这种反应越强烈。因此，为了能够说明私营企业主的社会认知与阶层认同状况，以下结合相关调查资料，主要从4个大方面作一分析。

7.2.1　关于阶层地位的认定与评价

根据2006年全国第7次私营企业抽样调查资料显示，目前私营企业主普遍将自身的经济地位、政治地位和社会地位定位于全社会的中等阶层。在一项对于自身经济地位、政治地位和社会地位的评价中，研究人员将3种地位各划分为10个层次，结果发现，认为自身的经济地位、政治地位和社会地位位于中间层次的比例最高，分别为21.2%、26.0%和26.6%；认为自己的经济地位、政治地位和社会地位在中等以上的比例均在60%以上。见表7-1。

表 7-1　私营企业主对于自身各项地位评价　单位：%

地位排序	经济地位	政治地位	社会地位
1	1.3	1.5	1.8
2	4.2	5.2	3.6
3	9.9	12.0	11.9
4	9.0	11.3	12.1
5	21.2	26.0	26.6
6	15.7	18.1	18.7
7	9.7	9.4	10.3
8	11.8	9.55	8.8
9	7.0	2.9	2.3
10	6.3	1.0	0.9

说明：(1) 数字1表示地位最高，数字越大代表地位越低。不同百分比数值代表了对于自身地位不同评价的私营企业主占被调查的私营企业主的比例。

(2) 本表根据2006年全国第七次私营企业抽样调查数据资料整理。

在阶层地位的自我评价方面，张超、张卫、张春龙（2006）等人曾引用“江苏省新社会阶层研究课题组”于2006年在全省进行的抽样问卷调查资料撰文指出①，在江苏的调查表明，五大新社会阶层大多认为自己处于社会的中间层，其中，私营企业主自我评价的阶层地位最高；个体户自我评价的阶层地位最低，接近中下层；外资企业的管理技术人员与中介组织从业人员的地位评价相近；自由职业者由于缺乏共同的阶层利益和组织基础，同质性低，因此，目前还不可能完成群体意识的整合，阶层意识也比较淡薄。

私营企业主阶层和其他几个新社会阶层相比，无论是经济地位、政治地位还是社会声望都是最高的，个体户虽然和私营企业主同为私有经济，但其经济地位、政治地位和社会声望在五大新社会阶层中却是最低的。见表7-2。

① 张超．私营企业主阶层化特征［J］．吉林大学社会科学学报，2006，46（6）．
张卫，张春龙．新社会阶层的社会特征分析——以江苏为例［J］．江海学刊，2006（4）．

表 7-2　　私营企业主与其他新社会阶层的阶级地位比较

五大新社会阶层	经济地位平均数	政治地位平均数	社会声望平均数
私营企业主	5.32	4.95	5.31
民营科技企业人员	4.49	4.17	4.46
外资企业人员	4.63	4.19	4.39
个体户	4.20	3.99	4.37
中介组织人员	4.86	3.99	4.81

注：表中“民营科技企业人员”代表“民营科技企业的创业人员和技术人员”，“外资企业人员”代表“受聘于外资企业的管理技术人员”，“中介组织人员”代表“中介组织的从业人员”。

从这次调查的结果上看，五大新社会阶层的阶层意识并不强烈。有30%～40%的人认为本群体能成为一个阶层，也有30%～40%的人对本群体能否成为一个阶层的回答是“说不清楚”。相对而言，私营企业主的阶层意识还比较强，有超过四成的私营企业主认为能成为一个阶层，达到41.5%，在同时调查的几个新阶层中，认为能成为一个阶层的比例私营企业主最高。当问及“和其他社会群体相比，您是否觉得私营企业主是个比较特殊的群体”时，有33.1%的人作了肯定回答。

基于上述调查得出的结果，从阶层意识来看，至少可以表明在对于阶层地位的认知评价方面，私营企业主具有比较一致的认识，他们关心自己在社会阶层结构中的地位。这种意识实质就是关心自己的前途和命运。用他们自己的话说，企业的兴衰存亡，只是一个赚钱亏本的问题；而政治上一旦被打入“另册”，则不仅自己一辈子抬不起头，可能还要祸及子孙，株连亲友，几代人都不能翻身。因此，他们对本阶层成员在社会阶层结构中的等级归属有着共同认识。

7.2.2　关于个人及阶层利益的诉求表达

一个阶层将共同的利益和想法落实到行动上，通常依靠的不是人人喊话，而是需要优秀的代表或是阶层代言人，或有专门的组织代表该阶层利益去表达诉求。在江苏的有关调查表明，目前私营企业主认为中国有代表私营企业主阶层利益的组织的占34.9%，认为没有的占65.1%，即1/3的私营企业主认为有自己的代言组织。那么，私营企业主认为的代言组织是谁？从他们反映民意的渠道来看，私营企业主反映问题和意见的途径一般为，直接向党和政府部门提交、私下交流、通过人大或政协反映或通过社会团体反映。私营企业主通常有问题和建议时马上想到的是通过人大、政协反映，这可能与私营企业主在人大、政协中的比例较高有关。

但实际情况果真如此吗？

据江苏省的调查显示，被调查的私营企业主有14.8%是人大代表，19.3%是政协委员。在人大代表或政协委员中，有18.1%是乡镇（街道）级的；有66.9%是县（市、区）级的；有12.6%是地级市一级的，还有1.6%是省级的，0.8%是全国的。在被调查的私营企业主中，有74%的人认为目前各级人大代表中私营企业主所占比例不够，13.6%的人认为“没有感觉他们的存在”，但是，同时也有其他阶层人士已经开始忧虑“人大代表老板化”问题。

据了解，从所占比例上看，私营企业主的比例确实高于其他群体，在被调查的五个新社会阶层中，已经是人大代表的平均比例是5.9%，已经是政协委员的平均比例是7.2%，另被调查的私营企业主是工商联会员的比例为56.9%；参加工商联主管的行业商会或同业工会的比例为44.2%；参加政府主管的行业协会的比例为38.2%。可见，私营企业主加入各类组织的比例较高，这使他们有更多机会和可能通过组织渠道反映意见或建议。

值得注意的是，直接向党和政府反映及私下交流的比例，高于通过组织渠道反映、交流的比例，这说明现阶段为私营企业主代言的除组织系统外还有个人，且后者的影响可能更大。调查显示，私营企业主和当地主要党政领导经常联系的比例为29.9%，偶然有联系的比例为51.8%，几乎没有联系的比例只占18.4%。另据全国第6次私营企业调查显示，在私营企业主中，“争当人大代表和政协委员”的选择排在“与党政领导搞好关系”之后，也可见他们对“当人大代表和政协委员”这样的参政方式虽然相当重视，但在实际运作中他们更看重“与党政领导搞好关系”。官商联系并不一定导致腐败，但是，如果把私营企业主与当地主要党政领导的联系作为间接政治参与的手段，那么，近三成私营企业主与当地主要党政领导保持经常联系的现象就很值得关注。

还有一个值得注意的问题：在不同阶层选择向有关部门反映本阶层意见、建议的途径和渠道方面，与其他新的社会阶层相比，私营企业主会较多地利用人大、政协或行业组织反映问题，也会直接向党和政府部门提交转达意见，而较少利用大众传媒的途径表达意见、建议。相反，其他几个新社会阶层发表意见或建议使用较多的则是媒体途径。见图7-1。

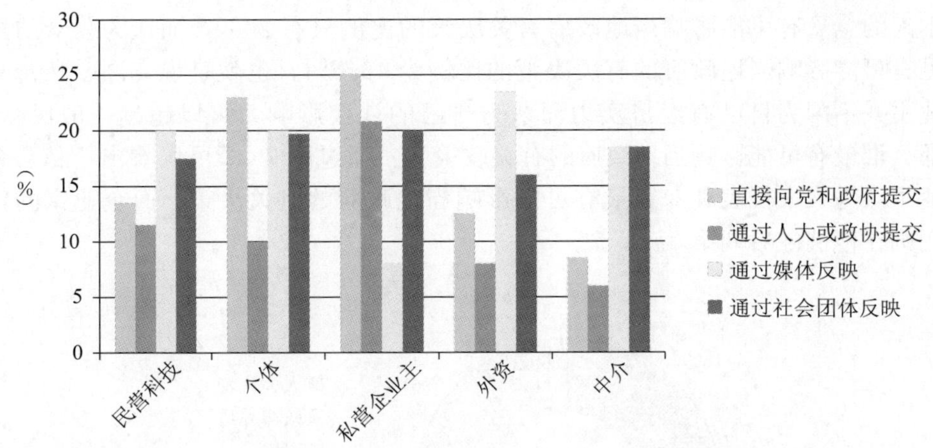

图 7－1　私营企业主阶层与其他社会群体发表意见途径比较

按照以上叙述的情况，照理私营企业主的利益表达和诉求应该更倾向于通过组织渠道或是代言人。但是，在现实中我们也发现，当私营企业主遇到工作方面的纠纷时，通常采用的解决方式不是组织渠道，而是私下方式。如果说私营企业主阶层有自己的代言组织，那么，在处理纠纷尤其是处理与管理部门的纠纷时，可能更多地通过协会或自发联合起来争取解决。据有关调查统计，私营企业主在处理各种纠纷的方法和途径方面主要有以下趋向，见表 7－3。

表 7－3　　私营企业主处理纠纷的主要途径　　单位：%

遇到纠纷时常采用的方法	一般经济纠纷	与管理部门纠纷
默默忍受	9.1	10.3
私下协商、自行解决	44.8	9.9
请求当地政府或上级主管部门解决	20.4	59.2
提请仲裁机构仲裁或向法院提出诉讼	20.1	11.3
通过协会协助解决	3.7	5.0
自发联合起来争取解决	1.5	0.4
向报纸等舆论工具反映	0.3	3.5

注：由于取值时四舍五入，数据存在极小误差。

这表明私营企业主一方面需要有组织化的利益代表，另一方面他们对利益代表的作用信心还不足。在有关“您认为最有可能影响政府决策的群体”调查中，他们对能影响政府的人群的判断也佐证了这一点。私营企业主认为本人的意见有可能影响当地政府有关决策的比例只有20%，而认为公众的意见有可能影响当地政府的有关决策的比例为46.6%。也就是说，许多私营企业主并不因为自己有经济实力而认为自己的社会影响力可以超越一般民众。那么谁最有可能影响当地政府的有关政策呢？通过图7－2可以看出，私营企业主认为人大代表和专家最有可能影响当地政府的有关决策，而企业家的作用则在他们之后列第3。

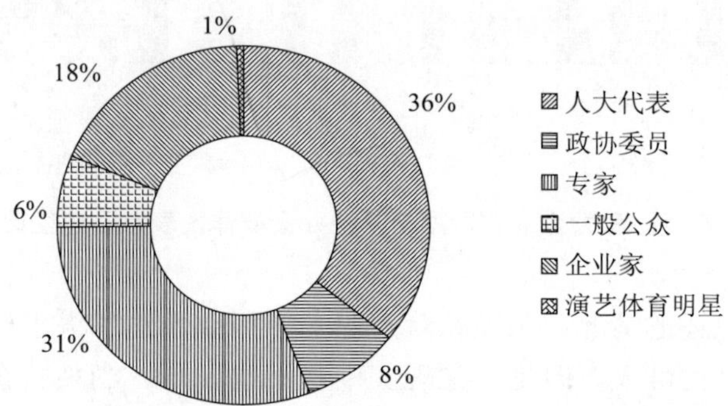

图7－2　私营业主认为最有可能影响政府决策的群体

7.2.3　关于阶层关系和社会责任

1. 总体上对党和政府的信任度逐渐增强，政治参与和阶层意识更趋积极

据全国第6次私营企业调查江苏省抽样调查数据表明，1997—2004年，私营企业党员业主的比例从12.3%增加到40%，被调查的私营企业成立党组织的比例高达59.6%。绝大部分私营企业主关心党和国家的方针政策，在改善私营经济发展环境上，最关心的问题依次为税收制度改革、转变政府经济管理职能、建立社会信用体系、规范市场秩序、打破垄断放宽市场准入、完善社会保障体系、投融资体制改革等。

党的十六大、十七大确定将包括私营企业主和个体工商户等的新的社会阶层定位为中国特色社会主义的建设者，提升了私营企业主的政治地位，私营企业主的社会意识和政治态度更趋积极。他们围绕着事业拓展，将自己的关注点放在企业的经营和发展上，“把企业事情办好”成为私营企业主最为关注的事情。私营企业主在力求经济上有所作为的同时，也较注重与其他社会阶层成员和睦相处。私营企业主在社会经济组织中任职的不少，与社会各界接触的机会也比较多，这是优势也是资源，他们一般都非常珍视，也比较注意自己的言行。

2. 在社会责任感方面，认同度正面、积极

私营企业主作为先富起来的阶层，参与社会公益捐赠是其回报社会的重要方式。根据全国第7次私营企业抽样调查，在被调查的企业主中有过捐赠行为的占到84.1%，但捐赠额相差较大，最低的为100元，最高的为8000万元，中位数为5万元，比第六次调查提高了32%，说明公益事业正在被越来越多的私营企业主所理解、认同，他们的态度更趋向于正面、积极。

但值得注意的是，私营企业主对社会责任的认识虽有所提高，但在"知与行"方面还没有达到统一，有片面之处。他们对"合法经营，依法纳税，诚实守信，就是尽企业的社会责任"的认同度达到了99.5%，绝大多数私营企业主对企业应承担社会责任持认同态度。但对于"关爱员工，保护环境，热心公益事业"等的认同度就没有那么高。一些企业和个人，寻找各种理由逃避社会责任，违法生产、拖欠工资、偷工减料、欺骗顾客、污染环境等，违背了诚信经营的准则，违背了企业的社会责任。而他们的解释是"现在就是这个阶段，这是整个社会的问题"，试图推卸作为一个企业主的责任。

3. 在劳资关系方面，总体上趋于改善

对于私营企业中的劳资关系状况，江苏省的调查主要是从员工劳动合同签订情况、员工的工资福利保险情况，以及企业组建工会的情况3个方面进行考察。调查发现：在私营企业中，企业员工劳动合同签订率有所提高，但仍不理想；企业工会组建率有所上升，但发展速度较慢；企业员工工资提升幅度较大，与国有单位职工平均工资水平的差距正在缩小；劳保福利支出显著增长，劳动条件正在改善；建立员工保险的企业比率有所上升，但目前医疗保险、养老保险、失业保险、工伤保险和生育保险的覆盖率仍然过低。

在私营企业主心目中，协调劳资关系的最好办法是什么？调查结果表明，排第1位的是"随着企业效益提高而提高员工工资福利待遇"；排第2位的是"善待员工，尊重员工人格"；排第3位的是"改善工作条件，减少工伤事故"；排第4位的是"通过企业文化建设，加强企业凝聚力"；排第5位的是"通过劳动力市场来调节，合则留，不合则去"；排第6位的是"支持工会协调劳动关系"；排最后的是"其他"。这表明私营企业主对协调劳资关系的看法总体上是合理的。

从综合情况看，在私营企业主心目中，协调劳资关系的核心问题是根据企业效益增加员工的收入以及对员工人格给予尊重，再辅之以劳动条件改善和企业文化建设。应当说，这个选择模式还是反映了问题的实质。值得注意的是，纯粹依靠市场机制来调节劳资关系的主张，在广大私营企业主中似乎并没有多少市场；私营企业主对工会的作用也并不十分看好，工会作为一种

协调劳资关系的组织形式，在私营企业主心目中的分量还很轻。

7.2.4 私营企业主的关切与期待

1. 普遍关心他们的合法权益，特别关心私有财产安全

调查表明，在私营企业主个人财富积聚到一定程度后，有94.4%的人表示会继续拓展自己的事业，但也确有顾虑。普遍关心他们的合法权益，特别是他们合法的私有财产的安全。有位企业主曾经坦言："老实说，不少从业者心有余悸。要发展就得增加投资，扩大再生产。假如你把辛辛苦苦挣来的钱全投进去了，却没有法律保护，谁能塌下心来?"这位企业主的话无疑反映了这个新生阶层的共同心声。

对于私营企业主继续拓展事业的动力，有70.4%的人选择"在更高层次上实现自我价值"，55.1%的人选择"尽社会责任"，38.2%的人选择"不进则退"，30.1%的人选择"继续积累财富"。在发展事业的同时，随着财富的增加，私营企业主的顾虑除了与同行竞争这一生意上的因素外，最大的顾虑是"社会的仇富心态"与"国家对私有财产保护不力"，选择这两项的比例分别达到59.8%和54.7%，其中反映最为集中的是"三乱"问题。调查显示，在私企中平均每户企业各种摊派为4.38万元，各种捐赠为6.25万元，应酬交际为10.04万元。即使排除出于自愿的捐赠，但一个企业用于这方面的支出也已超过20万元（高出投资者分红14.67万元），这无疑加大了企业负担和运行成本。对于如何解决"三乱"问题，有59%的人认为应该转变政府职能，规范收费行为；有35.4%的人认为应该加强立法；有4.8%的人认为应该依靠行业组织规范。

2. 在商言商，把企业办好

从全国第7次私营企业抽样调查数据来看，当问及在经济、政治和社会生活中的具体打算时，有高达70.8%的私营企业主认为当前最迫切的事情是"在商言商，把企业办好"，这同前几次调查得出的结论完全一致。因为自己经营的企业是私营企业主安身立命的根本、人生舞台的基础。企业经济实力的强弱是他们参与政治活动的砝码，是他们在人生舞台上的价值体现。而有高达50.5%的私营企业主认为，要努力在日常生活中树立良好的个人和企业形象，做一名社会贤达。这也可以说是坚持在商言商，把企业办好理念的一种延续。事实上，他们把办好企业看得比什么都重要。

对于如何才能把企业办得更好，私营企业主们的回答如下。

第1位是"讲究诚信"。因为缺乏诚信已经是私营企业发展的严重障碍，特别是企业之间的相互拖欠现象极其普遍。数据显示，"其他企业拖欠了您企

业多少货款，借款”这一问题答案的平均数是164.13万元；而“您的企业拖欠了其他企业多少货款、借款”这一问题答案的平均数是46.29万元。对于怎样提高信用水平、诚实经营，有61.1%的人认为应该依靠行业组织；认为应该加强立法和转变政府职能的，分别占26.7%和12.2%。

第2位是“依法纳税”。数据显示，随着企业规模的扩大，其销售额和纳税额也呈迅速增长之势。第5次调查与第4次调查比较，企业平均的销售额由400万元增加到580万元，增长了45%；而每个企业的平均纳税额却由14万元增加到22万元，增长了57%。这得益于近年来国家对私营企业的税收征管力度加大，同时私营企业主的纳税意识也在逐步增强。

第3位是“努力发展生产”；第4位是“善待员工”；第5位是“解决就业”。有数据显示，目前平均每家私营企业雇用员工60人左右，其中有90.6%的企业雇用了国有企业的下岗职工，下岗职工占员工总数的20%，职工平均年收入为10240元，平均年劳动保险费为217.75元，平均支出医疗费用68.90元。另据国家工商总局统计资料，全国私营企业从业人员从1999年到2008年，每年都有30%左右的增长，2008年全国私营企业总户数达到657.42万户，从业人员总数达到7365万人。

3. 社会声望需求与提高政治地位

社会声望与社会地位，通俗讲就是受人尊敬的程度，是社会上多数人对某个人或某个阶层的价值评价。作为一个曾经在中国政治舞台上处于边缘位置的、身份模糊不清的利益群体，私营企业主很在意公众对自己的评价，很在意自己在社会上的名声。在“树立良好的个人和企业形象，做一名贤达之士”方面，私营企业主的普遍回答是“多做公益事业”。根据江苏省的抽样调查显示，在被调查者中，有2755人提供过捐助，平均每人捐助金额25.2万元。在具体分析捐助的原因时，综合排序第1位的是“对社会多作贡献”，占42.2%；“答谢政府”占20.5%；“报答父老乡亲”占16.5%；“提高企业名望”占10.6%；“与当地政府搞好关系”占7.4%；另还有“被指派”和“其他原因”，占2.8%。由此可见，捐助公益事业已成为提高社会声望的重要内容。

对于如何提高自己的政治地位？处于被调查者回答前3位的是：“争取当人大代表，政协委员”（25.5%），“与党政领导人经常联系”（22.4%），“在媒体上多宣传自己”（17.6%）。在意识形态方面，他们希望“社会舆论对私营企业主更多理解”（21.2%），“在劳动价值等理论上有新的突破”（11.4%）。同时，他们还要求进一步拓宽政治联系渠道。为了维护自身的经济利益和协调各种关系，要求与党和政府建立起各种正式和非正式的联系渠道。包括：一是加强与统战部、工商联和私营企业协会的联系，希望这些部门能真正成为反映诉求和愿望的“娘家”；二是能够经常参加由党政有关部门召集的座谈会，以充分表达自己的呼声；三是希望通过一定的途径，将其要求与愿望纳入党和政府的决策，并能及时了解决策过程；四是希望与当地党政主要领导人建立起联系。

4. 希望工商联和行业组织发挥更大作用

工商联作为由中国工商界组成的人民团体和民间商会，其为推动非公有制经济健康发展和非公有制经济人士健康成长发挥着越来越重要的作用。据全国工商联统计，截至2006年6月底，工商联拥有会员197.3万，其中企业会员67.5万，县以上组织3119个，乡镇商会、街道分会等基层组织22402个，组建的各级行业组织7588个。调查显示，私营企业主对工商联工作寄予厚望，工商联会员企业对民营企业家担任工商联会长的支持率也在不断上升。

私营企业主对行业协会等中介组织的维权要求更为迫切。调查显示，当前有2/3的私营企业参加了政府部门主管的行业协会，许多私营企业为了自己的发展，不得不求助于政府部门的行业协会。企业家们希望行业商会或同业公会多做实事，不欢迎增加企业负担的空谈和无效益的考察。私营企业主对工商联及行业组织期待最高的前3项分别是“代表本行业企业的共同利益”、“帮助企业与政府有关方面增加沟通”和“健全行规、行约，加强自律，维护信誉”等。

5. 当前反映最强烈的问题

主要有3个方面，一是尽快落实中央有关鼓励扶持私营经济发展的政策精神，营造更加宽松的企业发展环境（占74.8%）。他们认为，目前在发展环境方面仍然存在着一些突出问题，如企业发展中的资金需求，被调查企业扩大规模需要资金的中位数是100万元，普遍反映贷款难。这是一个“老大难”问题。政府、银行、工商联等虽经多方面努力，但还是成效甚微。二是社会治安问题。有些地区的社会治安问题非常突出，直接威胁到企业主及其家庭成员的生命安全。对于如何搞好社会治安，他们认为应该加强立法和打击力度（82%）、完善政府有关部门职能（15.4%），同时依靠行业组织建立联防联保机制（2.6%）。三是要求打破行业垄断，解决行业准入、行业竞争不规范的问题。

7.3 代际传承与两代人的思想行为变化

在私营企业主的社会认知与阶层认同中，有一个客观事实不容忽略，就是随着第一代私营企业主年龄的增长，第二代开始接过父辈的事业，许多私营企业已经进入或即将进入交接班这一敏感阶段。在代际传承与认知发展过程中，由于两代人受到的教育、环境、接受的事物和面临的挑战不同，他们的认知能力和水平也不一致。从代际传承角度，在两代人的思想行为比较中，围绕角色转变、地位焦虑、两代人的关切等，探讨私营企业主的阶层意识与阶层认同亦是非常有意义的事情。

中国30多年来的改革开放和市场经济之路，造就了第一代私营企业主，在他们的引领下，中国私营经济从无到有、从小到大，成为了今日中国市场经济的重要组成部分。而新生代，他们从小生活在优越的家庭环境中，在父辈的熏陶下，他们较之一般年轻人获得了对企业更多的感性认识和潜在的创业意识，同时，他们的父辈也对他们寄予厚望，期待着自己开创的事业能后继有人、不断光大。在父与子之间、第一代创业者与第二代继承人之间，正在演绎着许多不同的故事。

7.3.1 第一代创业者与第二代继承人之间的区别及特点

所谓第一代创业者，是指始于20世纪八九十年代，40岁左右起步，现在已临近正常人的退休年龄的私营企业主。他们经过多年的艰辛创业历程，随着年龄的增长，开始逐步退居幕后，新一代年轻人正在接过接力棒，走上企业管理和决策的中心。应该看到，如今的社会生态已不同于改革开放之初，当年的创业环境也早已被激烈的市场竞争所取代。由于私企的第一代创业者与第二代继承人所处的历史环境不同、所受教育背景不同，因此，他们在思维方式、创业精神、经营思路和发展理念上也有比较大的差异，应该说老一辈有他们的优点，但弱点也很明显；第二代有他们的长处，但在成长之路上也不会一帆风顺。具体来说，在新生代成长和转换这个新老更替过程中，他们之间的区别和最大特点主要体现如下。

(1) 第一代人的知识和文化背景并不高，做事很感性。当初他们创业时没有更多理性的东西可以借鉴，其生产、管理、营销都是空白。据全国工商联1995年所作的全国第二次私营企业抽样调查显示，中专以下文化程度的私营企业主占74.8%，而大专以上学历的仅为18.3%。另据全国工商联2003年在国内21个城市的抽样调查显示，有70%左右的私营企业主看不懂财务报表。这说明他们的经营和管理还很粗放，甚至全凭直觉。如20世纪80年代发迹于浙江的第一代商人就是凭着有限的资金＋闯劲＋机遇，成就了他们的事业，也成就了浙江“私营经济第一大省”的美誉。

但是第二代的情况不同，他们的受教育背景和文化素质普遍比第一代高。

私企二代接班人大都接受过良好的教育，他们中的许多人还有过留洋经历：与父辈相比，在接人待物、言谈举止方面都显得有一定教养，因为从小就生活在比较优越的环境里，做事相对比较理性，性格上也比较豁达，同时视野也更为宽阔，在他们身上会更多地体现出知识型的色彩。

（2）第一代人吃苦耐劳，敢于冒风险，机遇和勤奋加上果断处事成就了私营企业今天的辉煌，这一点从第一代人日常的言谈举止和办事风格上都会有所体现。在有限的机遇面前，果断地决定一件事并竭力去做好，不在意付出多大的努力，只要事情做成了就是达到了目的，就有成就感。与此相比，私企第二代的紧张感、危机感明显不如第一代，特别在心理素质上，缺乏父辈那种敢冒险、善打拼的精神。由于第一代创业者具有累积财富及努力实现自我奋斗的强大动力，在维护财富方面他们要比第二代细心和谨慎得多。而“富二代”由于父辈给予了他们远超出社会常规的优越条件，他们对财富的珍惜程度相对来说就会弱一些。

（3）第一代人把企业看做是自己面临的一个山头，危机意识强，总有一种被狼追赶的紧迫感。冒险实际上是第一代保持做事效率的一种方法。他们的“占有”意识强，不断寻求机遇和变化，这与他们当年的生活阅历有关。因为有着不安全感，所以，第一代企业主想问题、做事情像是拿生死作赌注。他们时常会做一些糊涂事，但果断地去做，不求甚解，其抗打击能力也特别强。他们在求生和占有市场方面倾注了大量心血，但在企业内部管理上则显得捉襟见肘，受企业规模和制度环境以及社会氛围的制约，私营企业明显存在着制度不规范、人才进不来留不住的问题。同时先进的管理理念还无法推广和使用，管理者的素质和能力还达不到现代企业的发展要求。

第二代私营企业继承人的情况与第一代有所不同，他们讲究的是知识和对全局的掌控能力。他们做事情、思考问题总想找一种大家最容易接受的方式。他们试图在前辈的基础上也能有所创新，从变中获益。但许多时候他们不像第一代人那样想到了就马上去做，而是将之当成一个数学题目反复求证。在推行和完善企业管理方面，他们会有一套不同于前辈的理解和做法，但由于缺乏掌控全局的经验，缺少锐利的胆识和背水一战的勇气，有时结果并不令他们满意。

（4）第一代人对发展私营经济的认识还比较简单实用。一方面，人们对于渐进性改革中出现的某些问题和政策，如国有私有的主体划分、建立基层党组织等缺乏深刻理解和把握；另一方面，依靠个人打拼，抢占一定市场先机先富起来的创业者，从整体上对国家与市场、个人与社会的认识也有一定局限性，甚至是根本没有想。他们投身私企一开始就是为了能自食其力，赌一把；二是为了实现一定的理想或抱负，证明我能行；三是进入自我欣赏和陶冶阶段，追求做一个社会贤达，修身养性，偶尔也作作秀，表明自己的存在价值，包括募捐行善，追求名声。由于第一代企业主的使命似乎就是要在“夹缝”中闯出一条生路，许多企业是在不规范的环境中长大的，因此，这在总体上造成他们对私营经济的认识还处在比较初级的阶段。

综上所述，私营企业第二代继承人有如下特点：①受教育水平普遍提高，知识结构也更为现代；②他们的个人英雄主义色彩开始淡化，更加注重企业内部管理；③在公司治理方面更讲究整体和团队精神；④更加注重企业创新，提高企业发展中的技术与知识含量；⑤更加注重公司品牌，力求把握企业发展的前沿。私企第二代接班人正以其青年人的锐气，务实地对父辈打下的“基业”进行“扬弃”。他们正试图寻找家族式企业与现代企业制度的契合点，以不断革新“企业政治”的姿态，重新塑造企业形象；以他们所具有的开阔视野和知识胆识，在更广泛的领域参与国际、国内分工与竞争。

7.3.2 新生代企业主的成长之路

1. 私企主帅交接班的模式选择

私企的交接班主要有以下3种模式。

第一种是子承父业型。在私营经济中，家族企业是一种最普遍类型。第一代人对于其创下的基业，通常的做法也是愿意交给子女。根据对浙商的调查表明，有88%的企业主选择让自己的子女接手，当然最理想的情况是子女有能力，也愿意接班。只有6%的人愿意让子女继承财富，把经营权出让，请职业经理人来管理。另有6%的人选择在亲戚中挑选接班人。即便不是子女，也主要还是自己家族的人在掌管企业，家族痕迹很深。据有关资料显示，在“换代”企业中，八成私企“子承父业”，这主要是受传统宗法观念以及血缘、业缘关系的影响。

第二种是两权分离型。采用这一模式的私营企业大多企业规模和资产比较大，基本上解决了企业的产权关系，初步建立了规范化和国际化的现代企业制度。除此之外，随着家族化问题的日益突出，并不是每一个创业者的后代都是最好的接班人。如果子女既可靠又有能力，子承父业是一种上策选择。但在子承父业过程中，若出现内讧或争斗，则会给企业的可持续发展留下隐患。当然也有一些企业主的子女并不热衷于简单接班，在他们看来，由于财富并非自己亲手所创，在享受财富的同时还要面对巨大的压力，加之两代人在知识结构和管理思路上不同，他们更愿意以自己的方式创出一片天地。

第三种是管理团队型。这种模式主要为个人打天下而家族资源不足和由国企直接转化为私企的这两类企业所采用。从发展趋势和未来需要看，这种模式有两种选择，一是从外界高薪请来职业经理人，由一个核心组成一个管理团队；二是企业悉心培养内部精英，通过锻炼而后推上前台承担大任，这也可称为内部精英的更替。

2. 私企选择接班人的标准

选谁为接班人一定程度上取决于第一代创业者个人的价值取向。最新统计资料显示，在中国现有的300多万家私营企业中，家族企业占八成，而90%以上的家族企业都选择“子承父业”式的换帅模式。当前，为数众多的家族企业在完成了最初的原始资本积累后，这些家族企业正处于两代人财富、权力交接的缓冲过渡阶段，期间传承与转型是家族企业成长进程中最脆弱的“关口”。实际上，私企选接班人，首先是对自我的否定与检验，某些企业开创者总是认为老子天下第一，谁都不如我，他们成功后容易走极端，刚愎自用。在一些高科技领域，第一代人认为技术才是企业的生命，而事实上，技术、资本、人才都是企业发展的要素。

如果说私企第一代是英雄辈出的时代，那么，第二代就是职业经理人与家族资本掌门人混合的时代，要真正走进职业经理人时代，目前看还需要有一个缓冲过渡期，或许到第三代甚至第四代，随着市场经济的不断规范和完善，随着企业家社会的到来，投资方与经理人之间将能够真正确立起相互信任机制，使双方相互都成熟起来，这样才能真正走进职业经理人时代。

3. 第二代私营企业主的培养

如何让自己的继承人在承袭巨额财富的同时，不辜负父辈的期望，把企业、事业继承和光大，这是第一代创业者的共同愿望，而在中国职业经理人市场发育不充分、不很成熟的情况下，在资方与职业经理人难以建立起完全信任的情况下，最可靠和经济的办法就是把子女培养成具有职业经理人素质的接班人，为此，第一代创业者投入了大量心血，而从他们的培养方式和过程来看，主要有以下几个特点。

第一，第二代继承人的教育被当做头等大事。为了让子女接班的理想得以实现，第一代创业者普遍把对子女的教育作为一件大事，很舍得投资，尤其钟情国外教育。有调查发现，70%的浙江私营企业主表示已送子女出国或有此计划。他们愿意选择精英教育的方式，不惜花重金送子女出国，在他们的潜意识中，似乎只有国外教育才更适合培养出具有超强能力的新一代接班人。如康奈老总郑秀康把儿子郑莱毅送到英国留学；正泰董事长南存辉把3个子女都送到美国学习；在绍兴，年销售额超亿元的102家企业中，有20余位老总的子女留洋后回国，到父辈企业继任或即将回国接班。

即使选择在国内读大学的，也会特别倾心学习经营管理知识。2004 年，浙江大学根据日益紧迫的社会需求，开展了青年二代企业家培育工程，首创"浙江大学创新与创业高级研修班"，将国际创新与创业管理理论与浙江私企实战经验结合起来，致力于培养新一代的卓越企业经营管理人才。据校方称，这些学生的家庭大多拥有千万元甚至上亿元资产。不同专业背景的 30 名学生，每周六齐聚一室，学习创业和企业管理方面的专业知识，学校还不定期地聘请校外的知名教师、企业家前来授课，并进行户外拓展训练。

第二，要想真正成为家族企业的掌门人，并不是仅凭血缘关系就能一步登天的，从企业基层做起，已成为相当多的企业主对第二代继承人提出的基本要求。据一项调查表明，83%的浙商表示子女要承担起掌管企业的重任需从基层做起，这样才能对整个企业有更深的了解和感情。对于是否要求子女一毕业就进入自己企业，很多老板表示他们并不会主动提出，有 36%的人支持子女先到其他国际性的大公司去实践，以学到更多的经验。

把企业做成"常青树"是企业家们的共同梦想。在欧洲，一些由创始家族控制的公司，为了使家族企业能够成功实现领导人的更替，他们通常会自愿组成一个社团，这个社团的成员除讨论各种发展战略外，还提供让子女"换岗"到其他家族的公司中去工作的机会，以学习自己家族公司以外的工作经验。

在中国，演绎这种家族企业的新生代掌门人正在形成一个群体。但是，现在比较突出的问题是，这种更替还没有纳入整个社会的人才培养中，缺乏规范，缺少制度保障。对于要风得风、要雨得雨的年轻一代，他们要学习执掌未来财富和权力的真经，不应只是"手把手传帮带"式的培养，也不应只是家族的愿望和第一代创业者的要求。中国的第一代私企创业者也可以考虑将子女送到不相关的企业中去历练两三年，这样不仅可以增长他们的见识和抗风险、抗挫折的能力，同时，也给他们独立运作一个企业的机会，不失为培养、锻炼年轻人的好方法。

7.3.3 新生代掌门人的历史使命：压力与挑战

家族企业在当代全球经济中扮演着重要的角色，影响力一直为各国所关注。私营企业在我国不仅成为经济快速增长的活力源泉，同时在目前的经济环境下，企业主的个人素质直接关系到企业能否有好的发展。私企二代的素质，实际上也关系到一代中国私营企业家的形象，关系到整个中国私企能否在市场经济改革之路上稳健地成长发展。在享受财富的同时面对企业传承和社会道德的双重关注和压力，能否将压力转化为动力，将是私企二代们能否走向成功的分野。

1. 压力：来自于责任以及克服自身的不足

创业难，守业难，守中创业难上难。美国布鲁克林家族企业学院的一项研究表明，家族企业约有70%未能传到下一代，88%未能传到第三代，只有3%的家族企业在第四代及以后还在经营。美国麦肯锡咨询公司的研究也证实，在家族企业中只有15%的企业能延续3代以上。全球每年约有40%的家族式企业在进行着财富和权力的代际交接，但在中国，这样的交接才刚刚开始。

首先，这种压力不是来自于生存，而是来自于父辈的期待，即如何将家族的产业继续做大做强。通常二代继承人对于父辈创下的基业并没有那分成就感与自豪感，反而如履薄冰，感到沉重的压力。在继承和光大过程中，私企二代在自觉或不自觉地经历着去家族化、去亲属化的努力。家族势力和影响对二代掌门人来说不可小视，他们也不会轻易放弃。而事实上，去家族化的象征意义远大于实际意义。在这个过程中他们不但要树立起新形象和威信，更要承担各种无形的压力，

其次，第二代需在继承父辈优良品质和传统的基础上，具备与父辈不一样的经营理念、管理方式，以及视野、胸襟和气魄。第一代创业者为了生存，有时会刻意追求场面、体面和情面；第二代则不同，他们会不拘泥于家族和金钱，他们更懂得生活，追求修身养性，当然有时也是姿态，表明一定的眼光或能力。比起第一代创业者，第二代继承人普遍缺乏吃苦耐劳和坚忍不拔的毅力，更缺乏生存的危机感。这些先天不足有可能成为他们财富路上的最大绊脚石。他们只有努力克服自身的缺点与劣势，才能迈过接班的“门槛”。

2. 挑战：确立宽阔视野，克服整体浮躁

不可否认，与父辈相比，接班的私企少帅更多地具有现代知识型色彩和青年人的激扬。看上去他们管理企业要比父辈现代得多，眼界更为开阔，目标也更为清晰。他们注重现代公司发展战略，重视与世界接轨，并学会经营品牌与资本运作。他们有着在全球化市场中与国际化力量较量继而获胜的强烈渴望。这绝对是种进步，也是私企在全球经济一体化加快、市场竞争规范化程度提高的大环境下必须适应的新方向。

然而，在这一过程中，私企二代表现出的整体浮躁也令人担忧。如他们热衷于资本运作，而非实体经营，不管条件是否成熟，都试图早早“上市”，或者动不动就制订海外战略，这或许与他们拥有富足的家境和良好教育有关。但是，要与世界接轨，首先应该向国际巨头们学习的就是耐心，而这恰是“浮躁”的反面。与时俱进和韬光养晦同样重要。第二代年轻企业主们必须在

法人治理结构上下功夫，要通过专业化管理来控制成本，从而体现第二代人的现代管理理念；要重构企业的利润中心，寻求新的增长点，否则企业的发展就不可能超过上一代。

3. 第二代私营企业主今后发展的着力点

面对压力，迎着挑战，私企第二代掌门人的责任很重。如何完成父辈交给的担子，第二代接班人需要在哪些方面有所突破，其着力点主要有 3 个方面。

第一，要保持企业的优势发展，必须在做好原有主导产业的同时，通过引进高新技术做大、做强企业，实现产业的升级、创新。要制订企业各个阶段的发展战略，认识到过去那种靠投机的、不正常的时代已经结束了。明确设计好企业未来的发展模式，引进人才和智力，不再走父辈拍脑门做事的路子；建立新的资金链条，培育新的利润增长点，使企业真正走上资本运营时代。

第二，继承父辈的创业精神和艰苦奋斗精神，立足专业化管理，建立优化的和可持续的发展机制。客观地讲，第一代留给第二代的都是比较难管理的东西，第二代必须靠内部挖潜，靠管理赚钱。管理就必须有专业化人才，这与第一代所用的人有很大差别。第一代靠感情、靠喝酒、靠拍肩膀、第二代必须靠规则、靠制度，围绕着法人治理和管理方式创新，某种程度上第二代要否定第一代，要触及到父辈留下来的在管理中的历史问题和障碍，这就需要新生代有决心和毅力，更要有耐心和信心与他们的父辈沟通，同时要借他们的影响力来推动改革。与第一代的勇士不同，第二代企业主必须是内部管理的建设者。

第三，随着全球经济一体化的加快，市场竞争的规范化程度提高，私企成长的基本矛盾已经转变，不再是计划与市场的博弈，而是全球化市场中本土化力量与国际化力量的较量。这就迫使文化程度高且视野开阔的私企二代，比自己的父辈要更加注重现代企业制度建设，重视与世界接轨，并学会经营品牌与资本运作。随着中国市场经济体系的发展完善，我国私营企业也面临全球经济一体化的机遇和挑战，呼唤更加成熟的财富运作模式。第二代私营企业主作为保持企业基业长青的支柱，唯有将企业自主创新能力置于战略发展高度，摒弃家族制企业的僵化，引进先进科学的公司治理结构，运用行之有效的现代管理经验和运营模式，勇敢担当时代赋予的责任，方能在改革开放的浪潮中独领风骚。

7.4 简要结论与探讨

（1）社会认知作为人们对自身位置、与他人关系的一种定位，它确定了人们行为的“脚本”，也带来了想象中的自身形象或身份，也就是社会角色的确立。私营企业主“自我映象”的生成综合了个体已有的经验认识，是一种不全面的、带有个体差异和不确定性的“自我映象”。由此产生的阶层认同，由于人们各自成长的经历与环境不同，基于不同发展阶段的利益诉求也不尽一致，所以，在有关身份、地位、关切等方面，虽然有较为一致的“他者”倾向，但在信心、定位、期待、行动等方面会表现出较大的“自我”差异。由于阶层意识与阶层认同是影响社会融合的一个重要因素，因此为了使各阶层和睦相处，各阶层的阶层意识与特征是否越鲜明越好，这是值得进一步探讨的问题。

（2）私营企业主阶层意识与阶层认同包含诸多认知要素。作为社会认知的具体表现形态，本章分别对私营企业主的阶层地位与认知评价、阶层利益的诉求表达、阶层关系与社会责任，以及他们的关切与期待等做了集中探讨。总体上看，私营企业主在上述方面还是有比较一致的认识的，他们将其经济地位、政治地位和社会地位定位在全社会的中等位置。他们普遍关心自己在社会结构中的地位，也希望“在商言商，把自己的企业办好”；同时希望“在日常生活中树立良好的个人和企业形象，做一名社会贤达”；私营企业主对“和社会上其他阶层成员和睦相处”表现出强烈愿望；他们寄希望工商联和行业组织能在表达利益诉求、规范行业发展、维护自身权益方面发挥更大作用。

（3）我国第一代私营企业主随着年龄的增长，已陆续进入交接班阶段。第二代年轻掌门人是一个特殊的群体，他们与第一代创业者既有着血缘和财富上的共通性，也有着在思维方式、创业精神、经营思路和发展理念上的差异性。他们肩负着对父辈业绩的传承和超越。接过权杖的第二代接班人正以其青年人的锐气，务实地对父辈打下的基业进行扬弃。他们正试图寻找家族式企业与现代企业制度的契合点，以他们所具有的开阔视野和知识胆识，在更广泛的领域参与市场分工和竞争。私企第二代企业主的成长关乎私企的未来，也关乎中国市场经济的健康发展，关注私企第二代接班人的成长是全社会的责任。

8 私营企业主的财富观与消费生活方式

核心提示：

● 生活方式是社会学研究的重要领域，也是观察新阶层成长最直接、最生动的方面。对私营企业主的阶层意识与阶层认同的研究，既要重视客观地位如何获得、环境制度有怎样的影响，也需要关注消费及生活方式。事实上，这方面不仅可以反映出他们的生活面貌和工作状态，也可反映出他们对生活和事业的理想、追求以及他们的自我认知、修养。对私营企业主的财富观及消费生活方式进行研究，是探究其阶层意识与阶层认同的一个新视角。

● 财富观、消费倾向及生活方式有着密切关系。作为阶层意识和阶层认同中的重要组成部分，私营企业主的消费行为及生活方式是在一定的财富观支配影响下形成的。无论是在物质资料消费上，还是在精神生活追求、闲暇生活方式上等，不同的财富观既能引导人们做出不同的财富选择，指向不同的财富行为，也能导致不同的财富结果。总体上，私营企业主的财富观与企业发展规模和经营业绩与企业主的文化修养、道德自律有内在关联和同向性，他们的消费具有前卫特点，其生活方式则具有实用与个性并重的特点。

● 本章对私营企业主的财富观与消费生活方式的分析，包括这样几个方面：一是阐述了消费分层研究的兴起，以及生活方式研究的特点；二是就私营企业主的财富观，分别从他们参与社会事务的态度表现，富豪榜，慈善榜，关注的财富热词，以及投资移民海外情态做了概括；三是在生活方式方面，对私营企业主及其家庭的收入支出，工作及时间分配，闲暇生活方式及主要内容等进行了全景式描述。

● 阶层意识与阶层认同是可以透过人们的居住、社交、消费等生活方式展现出来的。作为先富起来的一部分，私营企业主的消费及生活方式展示了职业（工作或事业）生活的另一面，体现了社会不断开放包容的发展过程。从文化与消费的视角对私营企业主阶层意识与阶层认同进行探讨，不仅可以折射出他们具有的观念意识和思想活动特点，透过生活方式及消费领域观察，也可使人们对客观阶层有一个直观鲜活的感受，对行动阶级增加一些了解。

8.1 社会分层研究的新视角

在社会分层研究方面，经典的阶级分析方法，是根据人们的财产占有关系、受教育程度、职业声望、劳动过程的权威支配性等划分出不同的阶级，并通过对这些阶级关系的结构性考察，如出身背景、身份地位、收入多寡，探索阶级利益的分疏性，进而判断阶级联合、冲突和阶级一致性行动的可能。这种基于客观指标得出的“阶级”或“阶层”，在社会学的经验研究方面被称为理论阶级或客观阶级。

在社会分层的各种要素中，虽然经济资源的占有和使用仍然是基础性的，但不可否认，在现实社会中人们的生活圈子对社会分层和社会流动理论已经构成一个挑战。因为各种社会分层理论，其实都有一个共同的假设，就是同一社会阶层的人有一些共同的、基本的东西，如共同的经济社会地位、共同的利益要求、共同的价值观念、共同的社会方式、共同的行为取向等。然而在现实生活中，一个人的思想和行为，有时可能会更多地受其生活圈子的影响，而不是受人们为其划定的社会阶层的影响。

如衡量个人现代性的一项重要指标，就是生活半径的大小。一个传统的农民，可能一生的生活半径就是方圆几十千米，一生交往的人数不过几百人。但现代交通和通信技术的进步，扩展了人们的生活半径。互联网的产生把整个世界变成一个“村落”，饭后到街坊邻居家聊天被 E-mail 和聊天室交流所取代。现实社会的生活网络，除了阶级阶层和地位群体之外，还有各种血缘、亲缘、地缘、业缘等社会圈子，它们相互交叉，影响和制约着人们的行为选择和观念取向。由各种社会交往勾画出的生活方式就显得更为客观而真实，因此，有学者曾指出，对于一个群体的了解，从生活方式开始是一个恰当的路径[①]。

8.1.1 生活方式：一个观察阶层状况的重要领域

“生活方式”（Lifestyle）一般是指个人的由情趣、爱好和价值取向决定的，生活行为的独特表现形式。它包括人们的衣、食、住、行、劳动工作、休息娱乐、社会交往、待人接物等物质资料消费方式，精神生活方式以及闲暇生活方式。它反映一个人的情趣和追求，也反映着个人的价值观和基本行为倾向。生活方式不仅能够表明社会支配我们的基本生活状况，也代表着我

① 张翼．上行阶层报告：他们推动中国转型——生活方式［N］．21 世纪经济报道，2002-12-29.

们自己对于生活的选择。生活方式是一个历史范畴，随着社会的发展而变化。不同社会，不同历史时期、不同阶层和不同职业的人，有着不同的生活方式和思想意识，反过来它又会影响着一个人的行为方式和对社会的态度。生活方式具有鲜明的时代性和民族性，它是日常生活中我们都能感知到的活的存在。

生活方式原属日常用语。19 世纪中叶以后，开始作为科学概念出现在学术著作中。K. 马克思、F. 恩格斯在创建历史唯物主义理论时，把生产方式和生活方式两个概念同时提出，用以揭示一定历史时期的社会关系和社会过程。依据马克思主义的基本原理，生产方式是人类社会赖以建立的基础和发展过程的起点，没有物质资料的生产，就谈不上人们的生活活动。但是，如果没有人类满足自身生存、享受、发展需要的生活活动即一定的生活方式，也就没有人类自身的生产和再生产，整个社会的发展就不可能。人类社会的历史表明，生产力越发达，科学技术越进步，人们生活的空间和时间也就越扩大和增多，人们的主体性在社会发展中的作用越增强，同时，生活方式在社会的生产和再生产中的地位和作用也就越重要。

20 世纪中期，生活方式研究成为各国学者关注的对象。20 世纪五六十年代，美国等西方学者主要针对西方社会中急剧变化的价值观和各种思潮，试图通过对生活方式选择问题的研究寻求解决各种价值冲突的答案。20 世纪 70 年代以后，西方学者主要关注的课题是新技术革命将给人们的生活方式带来哪些变化，如何建立一种“平衡的”生活方式。同一时期，苏联和东欧国家的社会学家对生活方式做了大量的经验研究和理论探索，其中包括生活方式理论体系的建构，各领域、各阶层的生活方式，城市和农村的生活方式，生活方式在社会经济发展中的作用，以及生活方式指标体系的建立等。

20 世纪 80 年代，随着我国改革开放，人们的生活方式日益多样化，国内学者也开始关注这一领域发展。不过，与社会转型中发生的群体流动和阶层变动相比，国内学者更多地把目光集中在分层研究上，而在生活方式的观察分析方面略显不足。实际上，生活方式是不同经济和社会地位的群体可以看得见的指标，也是根据经济收入划分的阶层展示其社会存在的方式之一。正如钱尼（David Chaney，1996）在《生活方式》一书中提到的，那些生活在现代社会中的人都需要使用生活方式这一概念来描述自己或他人的生活，因为“生活方式是区分人和人的行为模式”，“它有助于我们理解人们的所作所为，以及这样的行为方式对他本人和他人的意义是什么”。

生活方式是一个包容性很大的概念，是现代社会或者说是现代性的特征。生活方式及消费领域的研究既是社会分层研究的继续，也是反映客观阶级实际存在着的认同与行动阶层状况的一个角度。因此，要更多地了解私营企业主的阶层意识和阶层认同，我们可以从解读他们的生活方式入手。

8.1.2 消费分层研究的兴起

生活方式、消费以及文化研究，在西方发达国家基本上都归于消费社会学领域。虽然消费在人类历史上所有的民族和文化中都存在，但是，只是到了晚近，在大众基础上形成的消费才逐渐成为社会的基本属性，消费社会学才开始被人们所认识，而有关消费分层研究也渐渐被重视起来。准确地说，在社会学领域，将生活方式作为一个专题进行全面系统的研究的并不多。中国人民大学的夏建中（2008）曾对此进行过概括，他认为，纵观马克思以来的著名学者对生活方式和消费的研究，较有代表性的人物是韦伯、凡勃伦和布迪厄，他们的主要思想和关注的问题主要集中在以下方面。

1. 韦伯认为生活方式是确认地位群体的标志

作为马克思的后继者及批评者，韦伯对于生活方式表现出了更明确的兴趣。他除了肯定阶级的概念外，还指出了“地位群体”（status group）的存在。在韦伯看来，地位群体是以生活方式为基础形成的，它是在一定客观标志的基础上，对所属群体的自我认同，而生活方式则是识别一定群体的重要标志。韦伯在《阶层、地位与权力》一文中反复强调了两点：①生活方式确定了一定群体的社会地位。韦伯认为，“阶级”虽然是指相同处境中的所有人，但“处境”则意味着那种典型的获取商品供应、外在生活条件及个人生活经验的机会。尊荣或卑微，它们构成了关于荣辱观的社会评价。一些人企盼能够获得成功，成为这个圈子中的一员，因此，韦伯认为，社会地位是由生活方式所决定的。社会地位的范围是以特定的生活方式为标志的，对生活方式的认同是群体内部凝聚和排斥外部群体的机制①。②生活方式主要表现为一定的消费模式。韦伯认为，资本、财富与收入本身并不能成为区分阶级的生活方式的指标，但生活方式可以区分出一定的地位群体，并通过一定的消费模式表现出来。人们在阶层社会中总会处于一定的位置，这一位置意味着人们在物品供给、外部生活条件以及个人生活经历上的特有机会，因此，消费是工具性的。人们通过消费行为来维持、整合一种群体的认同感，维持群体的特征。

2. 凡勃伦认为生活方式是阶级地位与尊荣的社会标志

在凡勃伦著名的《有闲阶级论》一书中，他曾描述了成功的工商业精英

---

① 马克斯·韦伯．经济与社会：上卷［M］．北京：商务印书馆，1997：335-339.

们所表现出来的炫耀性消费的有闲阶级特征。他发现，消费是受社会竞争和攀比刺激的。消费在塑造人们的社会关系和社会意义方面一点儿也不逊色于生产。在生活方式所包含的消费、态度与休闲中，消费包含了物质和文化两个方面，物质商品往往被当成是具有象征意义的符号。人们通过对不同商品（符号）的消费来保持自己的个性。炫耀性消费就是这样一种对物品的消费，如果个人拥有财富并且渴望社会地位，那么这个人必定要炫耀其有钱。人们用物品来显示自己，因为他们的社会地位不再为出身、阶级和社会等级所彰显。由于先天地位的消逝，人们消费是为了以一种新的方式获取地位，通过与那些更富、更有权力的人竞争和攀比，力图不断获得某些尊荣，而炫耀性休闲正是显示财富和社会地位的最有效的手段。不同的社会群体通过消费特定物品和消费这些物品的方式，建造着某种自认为适合的感知世界。

3. 布迪厄的消费主义分层理论

法国社会学家布迪厄在其著名的《区隔》一书中，对阶级、消费与生活方式曾进行过深入探讨。他把资本的概念扩展到了文化和教育，并与消费活动联系起来。他认为，生活方式是经济资本与文化资本的结合产物。个人的受教育程度和财富多少，决定了其所属的人群或是其的喜好。消费是一种标志，虽然消费是一种日常生活行为，但其能体现出不同的“品味”和偏好。在消费的选择上，经由习惯的作用，以及受到经济资本与文化资本的左右，消费者“品味”会体现在日常生活中，消费者“品味”的差异是阶级的区分标准之一。他认为，以人的消费嗜好或偏好来划分阶级在当今社会更能说明问题，你属于哪个阶级不在于你拥有多少财富，而在于你消费了什么东西、消费了哪个阶层的东西。

在布迪厄的消费分层理论中有一个基本的假设，这个假设认为：社会是一个再生产的机器，社会结构决定了社会的再生产。当资本主义进入成熟阶段后，社会结构也就处在了一个比较稳定的状态，社会的再生产功能便不断得到加强。表面上，人们可以通过教育培训之类的过程改变已有的境遇，进行自由竞争，但布迪厄认为，教育本身其实就是一个极强的再生产机器，你是什么阶层就决定了你进什么样的大学。如在法国，政界人士都出自高等行政学院、巴黎政治大学；企业界人士都出自一些工商管理大学等。每个占有资本的个人或团体都总是在竭力保持和扩大自己的资本，每个社会成员都可按占有资本的数量划分为不同的阶级或等级（Bourdieu，1986），因此，通过观察消费能力和消费产品，研究者便可区分不同阶层的存在，这一点在新富人阶层会表现得尤为明显。

综上，西方学者对于消费与阶层的研究有一个共同点，都强调了消费和生活方式在社会分层中的作用。所不同的是有的把消费作为一种阶级的附属特征，认为还是经济地位决定着人们的消费特征，而有的更加强调消费在分层和社会变迁中的作用。但不管怎样，这些理论都为我们提供了更为广阔的观察人们行为、研究分层问题的新视角。

8.2 私营企业主的财富观

财富与消费及生活方式有着密切关系。任何的消费和生活方式都以拥有一定的财富为基础。所谓财富观是指人们对于财富价值的理解和认识，即一个人对待财富的看法和态度，是价值观的重要组成部分。我们的所有创业活动，都是在一定的财富观支配下形成的，如崇尚勤劳致富、关爱体贴他人，或是炫耀财富、为富不仁等。不同的财富观能引导人们做出不同的财富选择，指向不同的财富行为，导致不同的财富结果。

财富有不同的表现形式。最早的财富形态是各种实物，而后随着生产力的发展、社会生产的复杂化，货币成为重要的财富标志，财富的货币积累风潮也开始流行。财富的积累带来了资本的膨胀，而资本的逐利性直接推动了经济的变革发展。但是，财富如果只是积累金钱，那只是积累了一堆数字。进入现代工业社会，人们对财富的理解更加深化，人们注意到通货膨胀可能随时会吞噬掉自己的财富，因而财富的外延随之扩展，不动产、股票、期货、保险、商标，甚至是“机会成本”、“声誉”等都有可能成为财富的一部分。

不同的社会制度，不同的社会发展阶段，人们对于财富的理解和钟情程度是不一样的。亚当·斯密曾将其经济学的奠基之作命名为《国民财富的性质及其原因的研究》，强调“财富”是经济学的核心，离开了财富及其创造和分配，也就没有了经济和经济学。从财富价值的演变来看，财富具有使用价值、交换价值和作为资本的价值，这些在推动现代经济社会发展方面起着重要作用。财富已不仅仅是一个经济范畴，它正向政治、社会、文化等各个生活层面渗透，成为一种支配力量。

我国自改革开放以来社会生产力得到了极大解放，人们的致富热情也被充分调动起来。我们明确提出了“贫穷不是社会主义”，“让一部分人先富起来”，然后走向共同富裕的政策，这促进了国民经济的发展和社会财富的积累。在这个变革发展过程中，私营企业主扮演了重要的角色，其经济实力的壮大受到整个社会的关注。但是，历史赋予他们的双重身份——经济改革的先锋和利益攫取的投机者——使他们的社会镜像披上了灰色的外装，使人们对他们拥有的财富和生活方式有着各种看法和猜测，有羡慕，也有指责。从客观阶级归属与主观阶级认同来看，私营企业主本身也有着不一致性。他们不满于自己的地位，通过某些消费和生活方式体验，更希望表达私营经济的发展不只是政策作用的结果，更是他们辛勤努力的结果，或是叫自己的本事。他们通过财富的占有、使用和分配，期待证明他们的能力、贡献和优势，有些看似炫耀性消费，用他们自己的话说，只是为了感到有面子。其实这里表达的不仅是财大气粗，更是一种不满和无奈，还有一种焦虑。因此，为了加深对私营企业主阶层意识与阶层认同的研究，非常有必要对他们的财富观和财富行为做进一步考察。

8.2.1 从富豪榜和慈善榜认识他们的财富作为

私营企业主的私人财富究竟有多少，这是一个为国人和外界所关注的问题，也是很难一下子说清的问题。近年来，外国人制作的中国富豪榜曾引起人们的关注和争议。富豪榜、慈善榜、注册资本和营业收入等，这些数据虽不一定很准确，也不能代表私营企业主阶层的全部，但确能从不同角度反映他们的财富状况。

1994 年，美国《福布斯》与香港《资本家》杂志合作，首次公布中国内地富豪榜，上榜者共 19 人，首富财产 6 亿元。1999 年，在安达信工作的英国人胡润与《福布斯》合作，于 2000 年推出了“中国 50 财富人物排行榜”。2004 年，胡润与《福布斯》分手，同“欧洲货币投资机构”合作，推出胡润版的中国富豪榜，首富财产为 106 亿元。同一年度，胡润还推出了“中国内地慈善家排行榜”。但是人们发现，胡润“百富榜”中仅有 17 人进入了“慈善家”的榜单。在富豪榜上，房地产业上榜人数最多。2010 年胡润榜中，从事房地产业的中国富豪所占比重虽然比上一年度略有减少，但仍高达 20.1％。从事房地产行业前 50 名上榜者的平均财富，是排名第二行业上榜者平均财富的两倍。2004—2008 年，房地产业富豪在胡润榜中的比例处于逐年上升的趋势，分别为 23.4％、24.0％、25.5％、28.0％和 45.0％。据《胡润百富榜——中国富豪特别报告》称，1999—2009 年上榜的 1330 位富豪中，有 50 位发生了“变故”，其中，获刑的有 18 人，待判的有 2 人，正在接受调查的有 10 人，下落不明的有 7 人，曾被调查过的有 7 人，已经去世的有 6 人。

慈善是社会的美德。慈善也是企业家应该担当，能够担当的责任。企业家不仅要有眼光、有胆量、有能力，更重要的是还要有社会责任。企业家需要追求的不仅仅是商业上的成功，更要注重履行企业社会责任，热心公益事业，以财富回馈社会。中国的私营企业主没有辜负期望，在这方面，可以说他们有不俗的表现。

2011年4月，福布斯第六次发布中国慈善榜，见表8－1。大连万达集团董事长王健林、福耀集团董事局主席曹德旺、泛海控股集团董事长卢志强分别以12.8亿元、10.3亿元、5.5亿元的现金捐赠额名列前三位。榜单显示，100位上榜企业家（企业）现金捐赠总额为81.2亿元，同比上年增长214%。第100名的入围门槛也由2010年的500万元大幅提升至1400万元。

表8－1　　2011年福布斯发布的中国内地慈善榜前10位的情况

排名	企业名称	董事长/实际控制人	2010年现金捐赠总额(万元)	总部所在地（省/直辖市）	公司所属行业	主要捐赠方向
1	大连万达集团	王健林	128314	辽宁	房地产	王健林捐款10亿元用于南京大报恩寺重建，万达集团向玉树地震灾区捐款1亿元
2	福耀集团	曹德旺	102801	福建	汽车玻璃	福州市图书馆新馆建设捐资4亿元，西南五省抗旱救灾捐款2亿元
3	泛海集团	卢志强	54955	北京	多元化经营	捐款2亿元成立泛海公益基金会，向玉树地震灾区捐款1亿元
4	珠江投资、合生创展等	朱孟依家族	42000	广东	房地产	在“广东扶贫济困日”活动中，朱孟依家族下属四家企业联合捐出4.2亿元
5	世纪金源集团	黄如伦	26545	北京	房地产	共捐3亿元建设河南中原文化艺术学院，目前到账1亿元
6	陕西兴茂集团	高乃则	25990	陕西	煤业、化工	高乃则为陕西省府谷县“双百工程”捐资8232万元

续 表

排名	企业名称	董事长/实际控制人	2010年现金捐赠总额(万元)	总部所在地（省/直辖市）	公司所属行业	主要捐赠方向
7	步步高电子	段永平	19868	广东	电子产品	段永平、刘昕夫妇向人民大学捐赠3000万美元
8	日照钢铁集团	杜双华	18432	山东	钢铁	向玉树地震灾区捐款5000万元，为北京大学歌剧研究院剧院建设捐款8500万元
9	恒大集团	许家印	15430	广东	房地产	在“广东扶贫济困日”活动中捐款1.2亿元
10	民生银行	董文标	14900	北京	金融	向玉树地震灾区捐助1000万元，为修建民生现代美术馆捐赠1.12亿元

在公益扶贫方面，1994年，由非公有制经济人士和私营企业作为参与主体，以自愿、互利、义利兼顾为原则的开发式扶贫事业——光彩事业诞生。这是一项更具普遍意义的先富带后富的事业，它取得的成绩并不逊色于富人们的义举，从1997—2006年光彩事业项目统计表中可以窥见一斑。

表8-2　　1997—2006年光彩事业项目统计

年份	光彩事业实施项目统计表A（投资类）						统计表B（捐赠类）		
	投资项目数（个）	参与企业（个）	累计到位资金（亿元）	累计培训（万人）	累计就业（万人）	累计脱贫（万人）	项目数（个）	参与企业数（个）	捐赠总额（亿元）
2006	15429	19982	1247.13	372.98	479.81	769.81	—	—	170.15
2005	13544	18723	1069.96	294.09	300.82	548.27	15616	19003	130.83
2004	11849	16504	813.4	271.74	276.91	538.41	13637	15177	96.88
2003	9765	14407	523.73	200.35	210.24	459.46	10536	13684	85.04

续 表

年份	光彩事业实施项目统计表 A（投资类）						统计表 B（捐赠类）		
	投资项目数（个）	参与企业（个）	累计到位资金（亿元）	累计培训（万人）	累计就业（万人）	累计脱贫（万人）	项目数（个）	参与企业数（个）	捐赠总额（亿元）
2002	7377	10994	314.59	148.99	134.48	350.73	6359	6478	47.56
2001	5744	8846	229.18	103.95	104.85	259.09	—	44.13	—
1999	3829	3508	105.21	73.36	76.15	192.92	—	—	12.17
1998	3589	2669	75.35	32.97	38.01	153.01	—	—	6.59
1997	2731	2296	51.61	25.56	—	54071	—	—	3.86

注：本表根据中国光彩事业促进会编著的《中国光彩事业年鉴（1994—2007）》整理而成。

私营企业主把巨额财富投身于慈善事业和光彩事业，我们有理由给予他们应有的社会肯定。企业主要带好企业，更好地为社会创造财富，慈善家则比一般的企业家要承担更多的责任。他们不仅要有对社会公益事业的大笔捐赠，还需要通过言传身教树立榜样的作用；不仅要遵守企业家应有的社会准则，还要回应来自社会各方面的期许，履行作为公众人物的义务。慈善是价值观的升华，获得了升华的价值观，需要慈善者和我们更好地去呵护。

如何判断私营企业主的整体财富状况？这里我们以 2007 年进行的全国第八次私营企业抽样调查为基础，结合有关抽样数据，进行一下简要归纳。此次调查范围覆盖全国 31 个省、直辖市、自治区，有效样本 4098 份。

调查数据显示，全国私营企业所有者权益（中位数）为 300 万元，其中超过 1000 万元的占 29.9%，超过 5000 万元的占 8.0%，超过 1 亿元的占 3.3%；全国私营企业年销售收入（中位数）为 784 万元，其中超过 1000 万元的占 46.3%，超过 5000 万元的占 22.3%，超过 1 亿元的占 13.0%；全国私营企业年纳税额（中位数）为 26 万元，其中超过 100 万元的占 31.2%，超过 200 万元的占 22.2%，超过 500 万元的占 11.8%，超过 1000 万元的占 6.3%。

从总体上看，现阶段的我国私营企业，经营规模小，资本构成单一，绝大多数是技术含量低、劳动密集型的小企业。由于成立时间不很长（中位数为 7 年），资本积累、技术积累、经营管理的经验积累都很有限，本小利微，因此，整体上讲，他们应对市场的能力还不强。但就企业规模而言，中国私营企业规模的大小分化已极为严重，并且由于企业本身的规模效应，以及地方政府普遍推行的扶优、扶强政策的作用，可以预见，未来中国私营企业主阶层中的“富豪”将会越来越多。

8.2.2 私营企业主关注的财富热词

2004年全国人大修宪，明确指出合法的私有财产受到国家法律保护，一时间私营企业主热情高涨，不少私营企业主兴奋地说，中国私营经济又会迎来一个大发展的春天。几年过去了，如何更多地创造财富、更理性地看待财富，这里我们就私营企业主普遍关注的五大财富热点话题，看一下他们的理解和关切。

1. “清障”：让财富充分涌流

大力促进私营经济发展，不仅是私营企业主的愿望，也是各级政府普遍关心的问题。因为私企的发展带来了GDP，带来了税收增长呢？带来了就业岗位，带来了社会稳定。那么，如何才能让企业财富不断增长呢？企业主给出的首选回答是“清障”，就是说，保护私产只是第一步，它能产生一定的社会预期。但要把宪法精神真正贯彻好，切实消除阻碍发展的各种障碍，关键还在落实上，即在围绕清理限制非公经济发展的法律法规；消除制度歧视，给予国民待遇；加快政府职能转变，规范审批行为；加大扶植中小企业的力度等方面，真正做好做实。不要雷声大雨点小，不要互相推诿，不要花架子。如此才能产生更好的示范效应，会激励更多的人加入到创业队伍中来。

2. “原罪”：创业有理，致富无罪

有关个别私营企业主的“第一桶金”是否干净，一直以来有人认为，它是充满原罪的，私营企业依靠的是违法、投机、逃税、血腥剥削发家的，更有一些“问题富豪”胆大妄为得接连出事，这似乎更为这种观点提供了注脚。对此，私营企业主普遍认为，说私营企业都是一诞生就带有罪恶，这是对私企的歧视。有些私企在发展初期的确存在违法违规问题，但中国的私企是在制度不完善、环境有问题、官员有问题、国企有问题的背景下产生的，私企要在这些夹缝中求生存，一点问题不出是不可能的。当然，有问题就应该治理，近年来有一些“富豪”因违法违规而落马，甚至有人说，凡是上了福布斯排行榜的就等于上了“黑名单”，对此，私营企业主们普遍认为：是人就会犯错误，任何人犯法都应受惩处。国企出事的人也不少，关键还是在个人品行。他们认为，正是偏见导致了“原罪”说。因此，要引导企业遵纪守法，多为国家分忧，回报社会，不要因历史的错误而毁掉一个企业。

3. “仇富”：你穷并不是因为我富

时下不少企业主对社会上存在的“仇富心态”表示忧虑。重庆力帆集团董事长尹明善说：很多人都相信为富不仁，其实未必。要知道在寻求财富的过程中我们遇到过许多困难，吃得苦中苦，认准不放松，才寻得了华山一条路。“仇富”心态的根源是什么？四川新希望集团董事长刘永好说：“有些媒体炒作少数不法‘富人’涉及腐败案件的新闻，不少的影视文学作品也将腐败与非公企业联系在一起，在社会上造成‘富而不仁’的误导，极大影响了社会对私营企业的客观认识。”许多私营企业主表示，“仇富”实在没有道理，因为绝大多数私营企业的财富不是靠剥夺他人而是靠奋斗积累而来的。重庆中讯实业集团董事长吴江林说：私企的致富靠的是勤劳，而不是占据了穷人的财富。解决贫富差距不是私企的职责，而要靠政府通过增加税收、转移支付、法律倾斜等方式解决。对于社会上存在的“仇富心态”，私营企业主也普遍表示，应该理解未富群体的心情。毕竟我们抓住了机遇，先发展了起来，应多做些事情，帮扶未富群体，要学会敬业乐群，善待职工，回报社会。

4. “做大做强”：私企反省八大发展误区

“做大做强”是私营企业主的共识。他们深知创业艰辛，发展不易，特别珍惜今天的局面。对于私营企业，社会上曾有“富不过三代”的担忧。有人认为，私营企业主的第一代是创业之子，第二代是花花公子，第三代是败家之子。对此，不少企业主提出：作为一个企业家，如果没有一种居安思危、敢为天下先的精神，没有一种创新、超越先前的思想，没有既能睡床板又能睡地板的劲头，企业是无法做大做强的。对于如何强大起来，浙江星月集团董事长胡济荣告诫说，目前个别私营企业存在的“八大发展误区”值得反省。一是目光短浅。只顾眼前利益，缺乏战略眼光。二是盲目做大。拔苗助长导致根基不稳，贪大求洋失去灵活高效。三是言行不一。忘记诚信乃企业立身之本。四是思路局限。要认识到服务是钱，点子是钱，潜在的市场更是钱。五是取之无道。企业用人是门大学问，不能杀鸡取卵。六是疑人办事。要信任下属，学会授权，用制度管人做事。七是独吞独食。要学会尊重对手，向对手学习，学会在竞争中合作。八是系于一身。将企业命运系于创业者一身，风险太大，企业永续发展更需要团队，需要接班人，需要凝聚力。

5. “财富品德”：财富就是责任

“富而思进”还是“富而思淫”？个别人不思进取，骄奢堕落，已经使私营企业主形象受损。对此，浙江传化集团总裁徐冠巨认为，私营经济的快速成长，既是财富与生产资料的集聚过程，也是社会责任集聚的过程。他提出“财富即是责任”，要注重“财富品德”的培养，这在私营企业界已引起共鸣。

"财富品德"包含3方面的内容：要以诚信守法的方式创造财富；以健康向上的"阳光心态"对待生活；以"财富就是责任"的使命回馈社会。企业最大的财富不是看得见、摸得着的金钱，而是一种精神、一种责任。私营企业只有在社会上找到创造价值的责任，才能在市场上获得永续发展的空间，才能在公众中博得认可。当然，在私营企业主中间也不乏利欲熏心、腐化堕落之徒。徐冠巨认为，其实这些人挥金如土、消耗财富的过程，恰恰是财富重新分解组合的过程，也是财富向更有责任感的企业家集聚的过程。从时代发展的必然趋势看，只有那些充满社会责任感的人才能更持久地拥有财富。

8.2.3 从移民海外计划看他们的财富忧虑

近年来，我国大陆居民向海外移民倾向持续走高，这其中有相当一部分是新富人。据新华网2010年5月22日报道，在一次推介会上，48岁的上海人刘某，带着将信将疑的想法进入推介会现场时，才发现和他有相似想法的人实在不少。一个容量300人的会议室中人头攒动，座位边的走道上摆满了各式别墅的易拉宝广告，价格都在70万美元左右。只要买上这样一幢海滨别墅（移民的投资下限是35万美元），再走一下例行的申请、体检和评估手续，就可以获得圣基茨和尼维斯联邦的公民身份。这个身份能给他带来的好处至少有两点：一是圣基茨和尼维斯联邦是英联邦国家，其护照在全球许多发达国家都是免签的；二是两地是避税天堂，对于外国迁入居民免征各种税收。

刘某是一个私营企业老板，在上海市郊拥有一家生产玻璃制品的企业，雇员200多人，个人资产数亿，移民已经是刘某多年来的打算。其实，像刘先生这样的私营企业主，他们中的许多人都盘算过是否要选择投资移民到国外，也有许多人已经实现了移民海外计划。这是一个事实，也是一个不能回避的问题，它反映了私营企业主的财富观和追求想法，也折射出当前我们遇到的许多问题。例如，面对国内高涨的教育支出和过滥的教育质量，面对各种经营税费的居高不下，面对通胀压力的不断升高、投资渠道的不畅、社会仇富心理的加重，人们为了追求资产安全，为了避免"均贫富"，为了能够让子女接受更好的教育，为了给自己选择一个更安逸的去处，于是，只要是具备了一定的经济实力，他们就有可能将移民海外作为一个比较好的选择。

新富阶层投资移民持续升温有以下几个特点。从移民理由上看，排名第一位的是为子女教育。由创业而富贵的一代，很多人的文化水平并不高。为了让子女接班的理想得以实现，他们对子女教育舍得投资，尤其钟情国外教育。在浙江有70%的私企老板表示已送子女出国或有此计划，更愿意选择精英教育的方式培养子女，在他们的潜意识中，似乎只有国外教育才更适合培养出新一代能力超群的浙商来。排名第二位的是寻求安全感。为了避免国内投资环境变化，引发对财富“原罪”的追问以及“仇富”事件的发生，他们企盼获得更具安全感的政治、经济、社会以及健全的法制环境。排名第三位的是追求新的生活方式。例如，比起上海灰蓝的天空和嘈杂的车声人声，有钱人自然更向往在加勒比海海滩休闲式的生活。那儿没有尾气污染，没有高楼大厦，也没有拥挤的人群。他们向往持他国护照的便利，以及更为完善的社会保障制度、宽松自由的生活工作环境等。

越来越多的私营企业主投资移民海外，从现实影响上看就是私企精英人才的流失与财富向海外的转移。许多手持绿卡的企业主，相信不只是为了到国外去养老。他们大部分时间还是在国内经营企业或工作，他们希望用国外的身份来保护自己。2008 年新加坡取消了遗产税，令该国对国内富豪的吸引力加大。与美国、加拿大不同的是，新加坡对移民没有居住时间限制，获得新加坡绿卡的私营企业主仍可以持续在国内经营企业，这点对国内业务存续的企业主具有很大吸引力。因此，目前富人移民海外，我们应该反思。要留钱，先留人；要留人，先留心。我们应该先把心留住，才能把富人留住，才能把财富留住。我们应该进一步完善市场经济，让资源的获取变得更开放、更公平。其实移民海外的许多人很矛盾，知道中国是目前世界上发展最好的国家，发展的机会也很多，但是感到不安全。他们想往产业链的上游拓展，要投资金融业、能源业，但这些行业又不是完全开放的行业。因此，针对这一切，重要的是要继续深化改革，让不公平变得公平，让不安全变得更安全。

8.3 私营企业主的生活方式

前面已经谈到，生活方式是一个包容性很大的概念，不仅包括人们的衣、食、住、行等生活状态，还包括劳动工作、休息娱乐、社会交往、待人接物等物质资料消费方式、精神生活方式以及闲暇生活方式。它能够反映一个人的情趣和追求，也可反映人们的价值观和基本行为倾向。谈到私营企业主的生活方式，人们会联想到“大款”、“忙碌”、“时尚”、“与众不同”、“奢华”等词汇。但是，用这些词来概括这个群体的生活方式是否准确？在这些表象的背后有着怎样一个真实的存在？这里我们不妨来认识考察一下。

8.3.1 有关业主及其家庭的收入支出

在中国，家庭是除工作单位之外人们最主要的日常生活单位，家庭收支状况总体上能反映生活水平高低。社会舆论在谈到分配悬殊时，经常以私营企业主为高收入的例证。其实如果深入观察可以发现，私营企业主总数中60%以上资产在100万元以下，他们的家庭日常支出或总体高于一般城镇居民，但他们的生活并不如人们想象的那样潇洒、富裕。

以第7次全国私营企业抽样调查为例①，2005我国私营企业主年均收入为20万元，与上次2003年的调查结果相比有所增长。如2003年调查的业主个人年收入平均值为13.8万元，中位数为5万元；2005年的调查发现，业主个人年收入平均值为20.2万元，中位数为6万元，分别比前者高出46.7%和20%。被访业主的家庭年收入也呈增加趋势：2003年被访业主的家庭年收入平均值为18.5万元，中位数为8万元；2005年被访业主的家庭年收入平均值为26.7万元，中位数为10万元，分别比前者高出44.3%和25%。

从家庭的收支总水平上看，私营企业主家庭高于一般城镇家庭。在人均收入方面，2005年被访业主家庭的人均收入为6.37万元；同期全国城镇居民人均可支配收入为1.05万元。被访业主的户均年生活消费支出为7.8万元，人均生活消费支出1.9万元，而同期全国城镇居民人均消费性支出仅为7943元，相比之下，私营企业主家庭的人均生活支出较高。但不同业主家庭的生活消费支出具有差异，在娱乐保健支出与教育学习支出上的差距尤其大。

从家庭财富来看，被访业主或其家庭掌握的财富，主要由家庭金融资产、住房原值以及业主本人在企业中拥有的所有者权益等3项构成。调查结果表明，在家庭财富总额中，业主在其企业拥有的所有者权益占85.4%，住房原值占8.3%，家庭金融资产占6.3%。这说明私营企业主的主要财富在其企业里，表现为企业资产。但是，被访业主的各项财富的分布也有差别，标准差是平均值的3.2～6.3倍；最高的20%人（户）所拥有的财富是最低的20%人（户）的11.3～2130倍，可见，私营业主的家庭收入和财产情况已呈两极分化趋势。

8.3.2 私营企业主的工作及时间分配

生活方式是一种生活态度，也是一种经营态度。观察私营企业主的生活方式，不仅要对其收入、支出、消费水平进行了解，同时，还要观察他们对待生活的态度，探查他们如何打理自己的生活，这一点从他们日常工作及休

---

① 此次调查由中共中央统战部、中华全国工商业联合会、国家工商行政管理总局、中国民（私）营经济研究会共同组织，各地工商联和工商局负责具体实施。调查遍布全国31个省、市、自治区，按0.55‰比例进行多阶段抽样，先按社会经济发展水平抽取县和（县级）市，再按城乡与行业分布随机抽取被调查企业，共发放2360份问卷，回收2301份，回收率97.5%；工商局在15个省、市、自治区的常年观测点实施调查，共发放1600份问卷，回收问卷1536份，回收率为96.0%。本次调查统计时点为2005年年末。

息娱乐的时间分配上可以看到。

在第7次全国私营企业抽样调查的统计数据中可以发现，被访业主平均每天要把11.4小时的时间用在企业的运行和发展上，占一天24小时的47.5%；少数业主的工作时间更长，最长的有18个小时用于工作。他们休息、娱乐的时间平均为9.4小时，占一天24小时的39.2%；学习时间平均为1.2小时，占5%。调查中还发现，企业越大，工作时间越长；企业资产越大，压力越大。拥有资产越多的企业主，其工作和学习的时间就越多，休闲和睡眠时间就越少。他们日复一日、年复一年，比常人更多地拼精力、拼时间，比常人有着更高的工作热情。浙江传化集团总裁徐冠巨身边的工作人员曾谈到：这些企业家的劳动强度非常大。以徐总为例，他每天到晚上12点以后才能休息，午饭只花15分钟。在江浙一带的许多资产过10个亿的企业主，没有一个早上能睡懒觉，从来没有星期天，这可能就是人们称作的企业家"敬业精神"。

表面上看，成功的私营企业主走在了财富生活的高端，但是，当人们揭开他们工作生活的面纱时，会发现其实他们的生活并不轻松。据南京市工商联2007年对全市200家私营企业所做的抽样调查分析显示，南京市私营企业主，每天用于日常经营管理工作的时间是8.42小时，用于外出联系业务、开会、公关、招待的时间是3.87小时，用于参加各种学习活动和休息的平均时间为2.58小时和9.09小时。如果把前两项视为被访业主的"工作时间"，那么一天中，被访业主平均要把12.28小时的时间用在企业的运行和发展上，占一天24小时的51.2%。这说明，私营企业主的付出要远远高于企业的其他人员。见表8-3。

表8-3　私营企业主平均每天在各项活动中花费的时间　单位：小时

	样本数	最小值	最大值	平均值	标准差
日常经营管理工作	199	3.0	15.0	8.417	1.9415
外出联系业务、开会、公关、招待	199	1.0	8.0	3.867	1.6632
参加各种学习活动	199	0.0	10.0	2.580	1.5926
休　息	199	5.0	16.0	9.090	2.0374

综合看私营企业主的工作和生活方式，可知，在创业初期，围绕企业的工作几乎就是他们生活的全部。但随着企业步入正轨，随着企业主对企业驾驭能力的提高以及对事业和自我定位的不断调整，他们的工作生活方式也在发生变化。从企业和企业主的成长经历上概括，他们大致会经历3个阶段：

“企业就是家”阶段；“企业不是家”阶段；“企业为大家”阶段。这个“三段论”揭示了私营企业主在工作和生活方式上的一些变化规律[①]。

1.“企业就是家”阶段

所谓“企业就是家”阶段，是指在企业发展初期，业主几乎将100%的时间和精力投注在企业活动中，基本上无法做到工作与生活的平衡。因此，他们还得了许多外号，如企业主白天忙，晚上心事重，上半夜睡得着，下半夜睡不着，老是起夜，久而久之企业主成了“起夜家”！有的企业负责人只有晚上才能碰在一起讨论工作，久之企业变成了“夜总会”！由于企业主的活动都是围绕着企业事务转，无休止的应酬使得他们的生活无规律，患“三高”的多，脾气好的少，对家人子女普遍关心不够，留下许多遗憾。

2.“企业不是家”阶段

第2个阶段是“企业不是家”。根据涉及全球数百万员工的敬业度调查显示，进入公司3～5年的员工群，其敬业度通常比任职初要低，这被称为“员工职业倦怠期”。同理，经过几年甚至十几年坚持不懈的奋斗，企业主也开始进入不易察觉的职业倦怠期。由于过度劳累，严重刺激绷紧的神经，有的企业主就是在这个阶段离开了家庭和事业。如2004年3月，北京大中电器有限公司总经理胡凯因突发心脏病去世，终年52岁；2005年9月，网易代理首席执行官孙德棣猝死，年仅38岁。这样一些事实提醒他们，在企业与家庭、事业与生活方面，要学会分离自己的生意与生活，要积极向公司以外寻求个人空间。于是，企业不再是唯一。他们似乎突然改变了生活方式，登山、游泳、打高尔夫球的人多了。当然，他们中有的转变并不高雅，有的过于娱乐化，有的只是挥霍，也有的烧香拜佛，只为了自我。

3.“企业为大家”阶段

第3个阶段是“企业为大家”。最近几年，一大批优秀的本土企业主开始进入“由富转贵”的阶段。他们重新回归企业经营本身，思考企业的使命，思考事业的目标，探索新的发展模式。他们意识到，企业不再属于某一个人，企业实际上是社会的，是广泛行善和改善社会的工具。“企业为大家”，即倡导在企业以外，有着更大的使命、更高的秩序和更广阔的世界。于是我们看到，越来越多的企业家在殚精竭虑地推进企业国际化的同时，身体力行地参与到各种慈善活动中，他们的参政议政热情日益提升。在个人生活安排上，从当初的集体赶时髦转向真正的个性化：王石在登山，冯仑千里走单骑，马

① 郑理．企业家队伍的三个变化［J］．天津中小企业，2010（3）：22.

云修炼太极拳，刘永好低调蛰伏；也有的把大量时间精力投入到传道解惑中去，将自己的阅历和体会加以传播。他们正在探索一条事业、家庭、社会、心灵相平衡的经营之道。

8.3.3 私营企业主的闲暇生活方式

生活方式有各种表现形式，凡勃伦认为，特定的生活方式是特定阶层与所获尊荣的象征。现代社会表现财富的手段便是“有闲”的生活方式。“有闲”即标志着个人的成功，意味着不必为下一顿饭而操心，也意味着有充分的物质生活保障。同时，他们追求的不再是传统意义上的奢华，如大肆挥霍或炫耀金钱威力，购置豪华汽车，破坏生态环境修建别墅，这种精英生活的传统奢华价值已经跌落，不仅为社会舆论所诟病，更不能体现出精英的示范力量。在真正的精英生活方式中，高贵、优雅、健康、愉悦、低调、品味、个性、时尚等成为最鲜明的特征。这种闲暇生活强调低调奢华，重视人文内涵与人性关怀，以内心的渴望为出发点，注重感觉和回味。高雅的生活方式并不能与生俱来，它需要不断培养和体验，当然，也需要有一定的经济财富作后盾。在这些方面，可以说私营企业主阶层已经领先一步，尽管可能不是他们中的全部，但至少有一部分人在进行着尝试。以下从 8 个方面来具体看一下。

1. 购物：品牌是大多数人的首选

在私营企业主中，有比例相当大的一群人在购物时注重对名牌或品牌的选择，而价格对他们来说并不是选择商品时优先考虑的因素。私营企业主在进行消费时，品牌是多数人考虑的对象。有资料显示，在国际和国内许多大品牌定位消费人群时，私营企业主已经榜上有名。

2. 家居：注重低调而相对专属

家居的设计和装饰是私营企业主比较最在意的要素。他们不仅注重视觉效果和造型，更强调设计新颖，讲究原创领先。在材料与质感的体验上，他们注重环保健康以及空间的艺术性应用。如以家居中大量使用的陶瓷为例，如不是上上珍品、豪门之作，不能够实现卓越设计与奢华空间的完美结合，则很难入这一群体的法眼。

3. 艺术品收藏：重在玩味陶冶性情

私营企业主中有收藏爱好的不在少数。不仅有实业家业余收藏艺术品，还有把艺术品做成产业的名副其实的收藏家。私营企业主玩收藏，多是追求文化、提升个人品位的需要，也有集聚财富之意。这种生活方式投入较高，但投资回报也很高，如对企业来说，收藏高档艺术品，对树立企业形象有很好的效果。杨休、徐其明、陈丽华、马未都等都是此道中人。

4. 高尔夫：追求绅士儒雅

高尔夫有严格的礼仪规则，是培养绅士的运动，要求自律谦逊，不仅锻炼意志，还能赏心悦目，耐心和准头是制胜法宝。高尔夫是对生命享受和事业升级的最好嘉奖。与同行、对手通过球场上的充分沟通而产生合作构想和改变谈判气氛的有很多经典案例。高尔夫运动多为会员制，俱乐部终身会员卡几万美元不等，私营企业主是常客。有人曾形容老板们相互见面时问“打几杆”已然快成了平民中问“吃过了没有”一样的说法。

5. 旅行：为了忘却和感知

现今旅游已成为中国人的主要休闲方式，对大多数私营企业主来说也是如此，只不过他们更加追求个性化的自助远足。对于整日里忙于商务的私营企业主来说，旅游能让其远离尘嚣，全方位放松身心，因此，他们认为旅游休闲和工作同等重要。在出行方面，国外的豪华旅游机构、国际连锁豪华酒店集团、保健疗养地、豪华邮轮都是他们的首选。而自助一族则喜欢独往独来，如远足的张朝阳、冲浪的汪潮涌等，在敦煌沙漠行中也可以看到私营企业主的身影。

6. 体育运动：健身与个性张扬

运动是保持身体健康的主要方式。调查显示，游泳是最为各个年龄层次的业主们青睐的运动项目，随后还有羽毛球和乒乓球。极限运动在不少企业主中也是比较热衷的运动方式。当然，这需要的是金钱、胆量和闲情。作为工商界的精英，他们也热衷于个性化运动，如爬山、狩猎、开私人飞机等。

7. 会所消费：享受尊贵和惬意

会所是服务高端化的重要组织形式，现今更多的消费、玩乐、服务以会所的方式出现。这些对于企业主而言，不仅使其有机会熟习一项可以表现的运动或活动，也使其多了一张可以招待朋友、显示身份的卡。除此之外，加入顶级私人俱乐部，成为顶级会所客户群体中的一员，也是他们的愿望。在这个特殊的商业交际平台，可以聚集形成一个能量巨大的交际圈，还可为其带来许多商业机会。

8. 公益慈善：爱人如爱己

企业家群体大多热衷慈善事业，能让人们感受到他们正在改变着中国的财富形象。慈善未必是一种义务，但却是一种权力，透过慈善投资、互利互助的方式来同步提升个人、公司形象，已经成为表现社会责任的载体。2007年，最能让蒙牛乳业的牛根生、招商银行的马蔚华等拿出来说事的就是社会责任与慈善。现如今，私营企业主带着资金、带着爱人如爱己的朴素思想加入公益行动，一批以中国企业家为形象的公益基金与公益基金会正在兴起。

8.4 简要结论与探讨

（1）生活方式是社会学研究的重要领域，也是观察新阶层成长的最直接、最生动的方面。总体上，私营企业主作为一个新阶层，还处在发育和调整阶段，在我国目前的社会结构中，也并未形成具有阶级一致性的身份认同和阶层边界。对私营企业主的阶层意识与阶层认同的研究，既要重视其客观地位如何获得、环境与制度安排具有怎样的作用，同时，也需要关注他们的消费及生活方式。事实上，在这方面的某些特点，不仅可以反映出他们的生活面貌和工作状态，也可反映出他们对生活和事业的理想、追求以及对自我的认知、修养。因此，对私营企业主的财富观及消费生活方式的研究，是探究其阶层意识与阶层认同的重要方面。

（2）财富与消费及生活方式有着密切关系。作为价值观中的重要组成部分，私营企业主的消费行为及生活方式养成即是在一定的财富观支配影响下形成的。无论是在物质资料消费方面，还是在精神生活追求以及闲暇生活方式等方面，不同的财富观既能引导人们做出不同的财富选择、指向不同的财富行为，也能导致不同的财富结果。总体上看，私营企业主的财富观与企业发展规模和经营业绩，与企业主的文化修养、道德自律有内在关联和同向性，他们的消费具有前卫特点，其生活方式则具有实用与个性并重的特点。

9

私营企业主的思想形态与政治参与

核心提示：

● 思想形态及政治参与是分层研究中判定不同阶层状况、走向，探究阶层意识与阶层认同的极重要方面。本章围绕私营企业主在政治格局中的地位和利益关系展开分析，目的在于揭示他们与政治主体之间、自我认知与社会期待之间、利益诉求与有序参与之间所发生的联系和作用关系。强调在中国特色制度环境下，他们或主动或本能地根据要求调整自己的方位和行动，由此形成的与政治系统的联姻、互动及彼此间的走势关系，不仅会在他们的阶层意识和行动中反映出来，也会影响到相关选择和未来走势。

● 在思想形态方面，围绕利益表达与追求方式、政治态度和社会态度、对制度安排的反应与关注度，以及对自身成长的理解定位等，主要探讨了私营企业主作为一种新生社会力量，在经济、政治格局和制度安排下的利益表现，以及对党的统战工作的认识；提出他们在经济实力扩大后正努力寻求保护其利益的政治后盾，市场主体意识增强后积极寻求反映意愿的政治渠道，为提高声望地位积极寻求参与公众事务的社会舞台。

● 在政治参与方面，我们利用访谈资料和案例分析，分别对参与主体、参与客体、参与途径，以及参与结果进行了系统分析，提出了“从超经济强制到关系性合意”的观点。指出私营企业主的参与热情并不是随着经济实力的不断增加而增长，相反呈现出边际效用递减特征。他们介入政治的目的，更多的是为了获得政治中心的认可，为了捞取政治经济资本，他们会把政治参与作为达到非政治目的的一种手段，而未形成自觉完整的政治要求。

● 作为对所处地位、环境以及制度安排的一种回应，私营企业主与主政者之间不存在尖锐的利益对抗和政治分野。他们的思想形态和政治参与表现是一种价值判断的结果，是建立在切实物质利益基础之上的一种人生观的社会选择。他们的政治参与实际上是在超经济强制下不断寻求关系性合意的过程。与政治系统保持合作态度，为个人利益寻求最大化支持。关系性合意的存在对政治参与中的主客体来讲，是在现有体制下所能谋求的最佳结合。通过关系性合意，求得个人参与目的的实现，这是参与主体所能追求和期待的理想状态，也是他们成长过程中重要的社会政治生态。

9.1 相关学术背景及研究

从学术的角度看，在政治参与和思想形态方面有两个最为关键的问题：一是人们为什么要参与政治，也就是说政治参与意味着什么；二是思想形态形成的基础，即人们一定的思想意识看法是怎样产生的，什么因素决定了人们的思想意识的形成。

9.1.1 人们为什么要参与政治

这是政治学中的一个基本问题，也是现实政治生活中人们经常谈论的问题。古往今来有各种不同的学说，其中有代表性的观点如下。本性说认为，人是天生的政治动物，人们之所以要参与政治，乃是出于人的本性、向善的自然倾向。理性选择说认为，人是有理性地出于大众自己的需要而参与政治，它是国家与人民订立的契约。功利选择说认为，人们并不是本能地要参与政治，也不是生下来就具有参与政治的权利，而仅仅是当参与政治能给人们带来一定的利益或避免一种更大的祸害时，人们才去参与政治①。

与上述观点不同，马克思的政治参与观强调了两点。其一，人们之所以参与政治，是以切实的物质利益为基础的，而不是出自“本能”、“理性”、“理智”这样虚无缥缈的精神原因。政治是经济的集中表现，政治权力不过是用来实现经济利益的手段。其二，政治参与是建立在阶级矛盾和阶级冲突基础之上的。实际上在任何社会都存在着两种性质的政治参与，一种是统治阶级的政治参与，一种是被统治阶级的政治参与。前者的目的是通过运用和控制公共权威，维护既存的生产关系和社会关系；后者的目的是通过夺取和控制公共权威，改变既存的生产关系和社会关系②。

9.1.2 有关思想形态的表述

这是建立在人们对历史和现实的思考、感悟和体验基础上的，对人与自然、社会、政治、经济、文化等形成的一整套观念和认识的统称。它属于意识形态范畴，与人生观、价值观、社会观相联系，同时与政治的经历、感受、愿望相关。思想形态有两个重要特性：一是思想形态的产生依赖于一定的社会存在，它是对社会存在的能动反映；二是思想形态对于社会存在而言具有

① 陶东明，陈明明．当代中国政治参与［M］．杭州：浙江人民出版社，1998：107-123.

② 中共中央马克思恩格斯列宁斯大林著作编译局．马克思恩格斯选集［M］．北京：人民出版社，1995.

相对独立性，一旦形成可以反作用于社会存在，影响人们的行为和结果。从思想形态的形成和发生上看，利益以及由利益引发的各种关系活动是思想形态形成的基础。

人是社会的主体，利益是主体进行活动的动力。人们时刻处于各种关系和利益之中，社会成员无论是以个体还是以集团形式出现，总是期望把利益关系控制在“有利于己”的范围内。但是，这种利益的博弈不是肆意的，必须在一定的规则和范围内进行，否则会天下大乱。于是，政治观念和政治秩序就发挥了作用，所谓政治就是对利益进行权威性的分配活动。当人们为了有利于己而参与或是干涉到政治活动中，以实力对比和某种原则组成一种战略结构或态势，这就是政治格局。而这种格局一旦形成，即会对人们的思想和行为产生深刻影响，无论是局内还是局外的人，都会据此形成一套认识社会、看问题、做事情的观念和认识。结合本课题的研究主体——私营企业主来说，我们完全可以这样认为，他们的思想形态和阶层意识的形成基础就是利益，以及由利益所引发的各种政治关系活动。

9.1.3 关于私营企业主政治参与状况及其影响的讨论

这一直是阶层研究中一个极重要的主题，有较丰富的成果，研究视角也在不断拓展。其中，有对该阶层政治参与特点进行的实证分析，也有对参与状况和社会影响进行的主观分析。如张厚义认为，私营企业主阶层在从原来的社会阶层分化出来，重新组合成一个新社会群体的过程中，迫切要求正在转型的社会结构能接纳和认同他们。但从总体来看，其阶层意识目前尚处于自发、本能的初始阶段和朦胧状态。姜南扬认为①，目前私营企业主的政治参与，正在经历一个逐渐定位和参与的过程。其中大致可以分成 3 个层次，一是关心政治；二是提出政治要求；三是参与政治活动。但从总体上，他们尚未形成自觉、完整的政治要求，大多数人对政治的关心仅是一种自我保护的反应。董明、朱光磊、杨立武等学者从政治心态角度出发，提出私营企业主阶层的思想状况和政治参与有 4 种类型②，即证明型政治参与、功利型政治参与、民主型政治参与和规避型政治参与。由于私营企业主阶层政治参与的影响不断提升，又引得一些学者对其政治社会作用进行相应讨论③，华正学认

---

① 姜南扬．私企主政治参与的过程、特点与效应［J］．中国党政干部论坛，2005（4）．

② 所谓证明型就是期待通过参与政治和社会活动，证明自己的能力，为了争取更多的名分。笔者注。

③ 董明．论当前我国私营企业主阶层的政治参与［J］．宁波市委党校学报，2005（1）．
朱光磊，杨立武．中国私营企业主政治参与的形式、特点、意义和限度［J］．南开学报，2004（5）．

为，私营企业主的政治参与，如今已发展为一个阶层普遍的、日常的、综合性的群体性政治实践活动，成为我国民主政治建设进程中一道亮丽的风景①。张厚义认为，随着私营企业主阶层综合素质的不断提高，他们不仅是一支重要的经济力量，而且还是一支不可忽视的政治力量。他也认为，对其作用的概括应是“硬币的两面”，还要看到一些地方出现的少数“问题富豪”、“特殊公民”问题。当然，也有一些学者对私营企业主的政治参与持谨慎乐观态度，认为有待进一步检验（仇立平，2001；李国庆，2003；张宛丽，2004；谢岳，2005；等等）。正是在此基础上，学者们进而把讨论的主题拓展至国家与社会层面，投注到对私营企业主阶层与政府层面的关系讨论上。

9.2　私营企业主的思想形态

前面已经谈到，思想形态是对人们主观意识、思想、观念和认识方法的一个抽象表述，它包含人们对政治、经济、社会和生活的体验、思考及态度。众所周知，私营企业主是我国改革开放以来最具成长性、发展速度及变化最快的阶层，其影响早已超出经济范畴，他们的思想形态也在不断进行着分化与整合，日益呈现出多元特征。现实为我们提供了大量生动素材，但为了便于更集中地讨论本章所提出的问题，我们对于私营企业主思想形态的分析主要围绕以下方面进行：私营企业主的利益表达与追求方式，政治态度和社会态度，对制度安排的认知和关注度，以及对自身发展的理解定位等。这里我们将结合 2005 年和 2007 年两次“私营企业主思想政治状况调查”和“新社会阶层情况调查”资料，并结合有关访谈资料做深入细致的分析。

9.2.1　利益表达与追求方式

在私营企业主的利益格局中，经济占有始终是有决定意义的。但作为私营经济的行为主体，他们的利益是不会仅局限在经济层面的，随着经济利益的实现和实力的不断扩大，他们的政治意向和关切也会浮现出来。现阶段私营企业主的政治要求和表现是随着他们主体意识的增强、参与意识的提高发展起来的，反映了他们的利益特点和独特心态。

1. 经济实力扩大后积极寻求保护其利益的政治后盾

一般来说，私营企业主对于自身利益的维护是其政治要求和行为的基本方面，也是其寻求政治发展的重要起点。他们在寻求利益保护方面主要有 3

---

① 华正学．私营企业主政治参与中的满意度研究［J］．河北省社会主义学院学报，2005（1）.

种方式。

第一，法律形式保护。即为了维护自身权益和群体利益，在利益受到侵害时他们会寻求法律的支持。根据调查者参与的天津15家鞋帽制造和食品加工企业的座谈会发现，私营企业主对现行的法律政策较之一般市民更为熟悉，他们对国家和地方出台的涉及私营经济发展的条例规定都会认真研读。尤其对私营企业的产权归属和私有财产地位特别关心，对不平等的竞争环境，以及政府拖欠三角债反感强烈。有85%以上的企业主希望政府部门能真的落实好“非公经济36条”规定。

第二，组织形式保护。即以现有政治渠道和各级政府部门为依托，通过不同方式介入到这些组织中寻求支持。如个别私营企业主利用某种身份或地位（如政协委员、工商联会员、各种监督员等），通过这些机构组织进行视察、走访、座谈，对涉及自身利益的一些重大事件提出看法和意见；除此之外，他们还利用在企业中建立的党团组织和工会，对行政管理部门的某些不正之风进行干预。

第三，关系保护。即通过与某些组织及个人建立特殊关系，利用他们的职权和威信，为企业主提供利益保护。这种关系建立的基础是权力、财力和特权，追求的是权力与利益的交换。在这种关系中，由于他们各自占有不同的资源，有着相同或不同的需求，在利益的驱使下，他们不需要更多的中间环节便可以互相表达偏爱，最终建立起某种特殊联系。至于这种关系有多大的能量，不妨看两个实例。

一例是天津一家早几年就已经发迹并赫赫有名的食品饮料公司。在该企业准备扩大生产规模，申请征用土地的过程中，因与有关主管部门不睦（实际是未满足该主管部门提出的安置人员要求），迟迟申领不到执照，且在供水、供电方面经常受到刁难。该企业老板万般无奈，找到了原是同乡同学的好友，现已是主管经济的副区长帮忙，结果仅用3天此事就得到了解决，其中达成的条件是企业答应接收特别关照的4人到企业工作，待遇从优。

另一例是天津一家制造服装的私营企业。该企业有一定经济实力，企业主由于善走“上层路线”，据说已是市里个别领导人家中的常客。从调查走访中发现，与该企业主经常往来的主要是两类人，一是生意场上的商人；二是官场上的大小官员。他除了作为公司的总经理外，另有其他头衔，如政协常委、商会会长等。他曾自我吹嘘，在这一行业他可以称得上是老大，如果有什么麻烦，只要一个电话，就立刻会有人开着警车前来帮助解决。

从以上两例可以看到，当前随着体制改革和社会转型，市场发育过程中的某些制度和规则的不完善和滞后作用，带来了政治权力与经济财力以及社会特权三者之间的互相勾结利用（李培元，1995）。透过政治权力和权力变型来获取经济利益，通过经济财力来支配政治权力并获取社会特权，进而通过特权的运用，掌握并取得政治权力与经济财力的有利时机，这正是私营企业主在寻求利益保护中惯用的手法。

2. 市场主体意识增强后积极寻求反映意愿的政治渠道

由政治边缘群体坐冷板凳，到寻求一定的表达渠道；由被动式地接受体制所安排的一切，到积极寻求利益上的支持，这是私营企业主随着经济实力的不断扩大、政治参与意识和自主意识的增强所表现出的又一个主要特点。具体分析也有3个方面。

第一，希望与党和政府建立多方联系，以获取更多的政治经济支持。私营企业主为了维护其经济利益，经常会借助一定的途径和方式反映诉求。他们普遍希望加强与四个方面的联系：一是希望与统战部、工商联加强联系（56.4%），以使其成为反映自己愿望和要求的桥梁纽带；二是希望与政府有关职能部门加强联系（38.5%），以反映他们在经营活动中遇到的困难和问题；三是希望加强与有关政策制定、产业规划等部门的联系（33%），以了解、掌握有关的发展政策及产业调整情况；四是力图与当地党政官员建立联系。

第二，为达到参政议政的目的，普遍重视各级政治安排。目前私营企业主为了有效参与各项社会政治活动，一般都比较重视各级政治安排。在被调查者中，有14.2%的业主是人大代表，其中88%是县级以上人大代表；33.9%的受访者是各级政协组织成员；有47.1%的私营企业主在工商联中担任职务。来自广东省的一份调查资料也表明，目前在广东有55.3%的私营企业主希望被选为人大代表或被推荐为政协委员；有12.7%的私营企业主希望能在各级政府中获得兼职性安排。

私营企业主热衷于政治安排，通常有两种心态。一是希望直接参与国家的政治生活。他们认为自己有能力、有实力做好身边的事情，既然搞经济为国家和社会提供了积累和服务，那么，在政治上也应该有相应的位置和权利。二是认为中国社会向来以官本位为核心，等级分明，私营企业搞得再好也没有任何等级可以适用，为了摆脱低人一等的障碍，就必须通过各种渠道捞取政治资本，即便是一种名分的东西，也可在同行中抖抖威风。所以，对政治地位的不满是私营企业主追求政治发展的起点。

第三，寻求组织，寻找位置。出于维护自身利益的需要，近年来私营企业主对于加入各种社会组织表现出较高热情。在有关“新社会阶层情况调查”研究中发现，5个新阶层中，私营企业主中的党员比例是最高的，达到

39.7%，有接近四成的人员对中国共产党组织表示出加入愿望。有11.7%的人提出加入民主党派的期望，另有31.5%的人提出加入工商联及各业公会的要求。见表9-1。

表9-1　　五大新社会阶层的政治面貌与政治期望　　单位：%

阶层 政治面貌	民营科技企业人员	个体户	私营企业主	外资企业人员	中介组织人员	在总样本中的比例
中共党员所占比例	32.9	20.8	39.7	24.2	27.7	29.0
期望成为中共党员的比例	43.7	43.9	37.3	36.4	31.1	38.7
希望加入到其他党派或社会组织的比例	23.4	35.3	23	39.4	41.2	32.3

其余也有表示希望加入企业家联谊会或是俱乐部的。他们参加这些组织一方面是为了精神上获得依靠，有表达心声和愿望的渠道；另一方面也可为扩大政治发展提供阵地，为与党政机关或有关要员建立正式或非正式的联系提供场合机会，有助于自身的发展。

3. 为提高声望地位积极寻求参与公众事务的社会舞台

私营企业主为了表达自己在经济、社会和政治等方面的愿望和要求，使更多的人了解重视自己，他们不仅在政治组织上寻求发展的渠道，同时在公众事务上也积极寻求发展途径。以天津的调查为例，通常私营企业主比较注意与所在社区保持良好关系，关心社区事务，在被调查者中有86.4%的人都曾对本社区的福利事业和社区建设项目作过捐款，平均捐款数额达2.8万元，他们希望借此能提高自己的声誉。在参与公共事务的同时，他们重视交友与开言相结合，珍惜每一次公开露面的机会，希望借此展示自己。如利用各种机会与新闻界接触，与作家交朋友，请人写报告文学、通信、专访等，通过大众传媒为自己做宣传。他们与有关团体相结合创办报纸，树立自己的形象，借此来影响公众舆论。

在交友方面，私营企业主较之其他群体更注重通过各种渠道和机会与政府官员、知名人士等建立联系，调查中发现，一些业主在他们的办公室或是家中陈列着许多领导人到企业参观考察的照片、合影或题词，他们对这种荣誉十分珍惜并为此津津乐道。为建立深厚联系，他们通常舍得花金钱和精力，如有关部门组织由某位重要领导带队的私营企业代表团出国考察，某业主虽已去过多次考察国，但与该领导是第一次，为了与这位领导建立联系，他不惜推掉其他工作参加考察团活动。据调查，在私营企业主中，大约有27%的人希望与当地有关领导人建立联系，以此提高地位、扩大影响。从这个意义上说，尽管将大量的时间、精力和金钱花费在与他人的交往上是一种经济上的浪费，但它们却是坚实的社会资本投资，其利润终将会以物质的或象征的形式表现出来。

9.2.2 社会态度与诉求意愿

社会态度，通常是指人们对社会环境中独立于主体之外的人和事物的认知、情感及行为倾向。从个人层面来看，社会态度决定着人们对学习、工作和生活的理解、热情与责任感；从社会层面来看，社会态度影响着人们对社会的评价、对社会发展的信心；从行为层面来看，社会态度体现为人们参与社会实践、服务于社会的行动。

1. 总体上来看

私营企业主对于改革开放以来的社会变化和发展是持拥护态度，并给予高度评价的。他们对国家和社会发生的重大事务表现出极大的关心热情。据新阶层调查情况来看，改革开放过程中涌现出的五大新社会阶层，普遍对党和国家的方针政策表现出比较高的关心度。在相关调查中，调查者曾对关心程度做了5个层级划分，分别为“很关心”、“比较关心”、“一般”、“不太关心”、“很不关心”，并分别赋予不同的评价值。结果显示，在被调查的五大人群中，他们的评价值都在“比较关心”一级，私营企业主赋值的结果则更高一些。见表9-2。

表9-2　五大新社会阶层对党和国家方针政策的关心程度

	关心度评价值	有效个案数
民营科技企业	3.9127	401
个体户	3.8860	430
私营企业主	3.9946	367
外资企业	3.7737	327
中介组织	3.8424	425
五大新社会阶层	3.8836	1950

调查显示，私营企业主对于国家的经济状况、政策的走势方向，对于改革的路子是否能坚持走下去表现出特别的关心。有这种关心的原因无非有两点，一方面是他们是改革的先行者和受益者，对国家和社会有一种责任感；另一方面是党和国家政策与他们的切身利益息息相关。

2. 在对社会发展的态度方面

新社会阶层总体上对社会未来充满信心，特别是私营企业主对社会发展的信心直接决定着企业的作为，以及对自我的定位发展。调查显示，新社会阶层的绝大部分人员都具有积极的未来态度。这种态度的产生主要是因为，从改革开放到现在，国家对非公经济的发展政策和环境越来越宽松，非公经济人士的社会地位明显改善，对此私营企业主的感触最深。他们普遍认为，中国共产党作为中国的执政党，对中国未来的发展具有决定性的作用。在新社会阶层中，认为中国共产党的执政能力"非常优秀"和"比较优秀"的比例达到59.8%，但也有1/3的新社会阶层人员认为共产党执政能力"一般"。这说明一方面新社会阶层对共产党的执政能力总体上是正面积极肯定的，反映出新社会阶层对社会的信心；但另一方面也表明，共产党的执政能力还有待进一步提高。

3. 对于诉求渠道的认识

总体上，随着改革的深化和社会的进步，各阶层的利益诉求也在不断增多，新的社会阶层发展到一定阶段必然会产生利益表达方面的要求，期望通过一定途径表达自己的意愿。目前在诉求渠道方面大致有这样几个途径：执政党、政府行政、职能部门、单位企业（职业团体）、政党团体、其他（社会组织）等。中国的社会管理体系中有两条线，一是从上到下延伸至社区或村的组织体系；二是隶属于相关部门、单位的管理体系。调查显示，目前新社会阶层成员发表意见或建议主要还是通过私下交流，占30.3%；向党委、政府机关或人大、政协反映的比例为16.9%和11.3%；选择媒体或通过社会团体反映意见的所占比例为18.2%和18.7%；另有4.6%通过其他途径来发表意见和建议。

对于现有诉求渠道是否能充分表达私营企业主的利益和要求，调查结果显示，明确回答能通过人大、政协、各党派表达自己意愿的不足1/3。私营企业主对现有诉求渠道的满意度见图9－1。

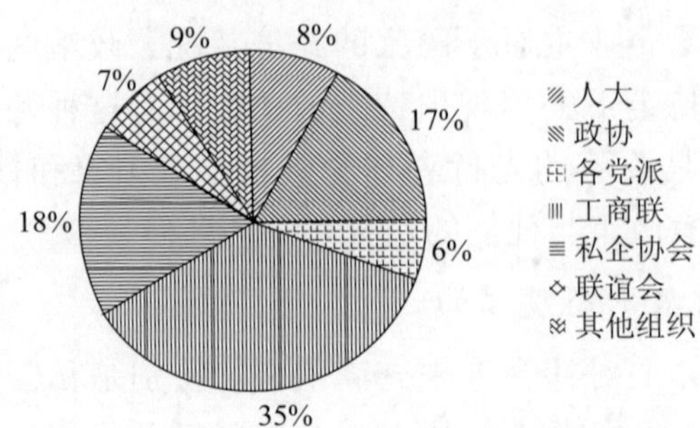

图 9-1 私营企业主对现有诉求渠道的满意度

为什么会出现这种情况？在有关访谈中，我们曾就此问题与有关企业主进行交谈，他们虽然从各自不同的角度阐述了自己的理由和看法，但归纳起来主要有以下 3 点。

（1）现有诉求渠道在反映社情民意方面还不畅通

私营企业主要与这些组织机构实现沟通，首先需要建立起某种关系或联系，譬如争取成为某个组织中的成员，经常参加某些社会活动，与某一方领导人建立起个人联系等，否则意愿的表达就会遇到阻碍。

（2）在现有渠道中存在着非制度化、非规范化的情况

某些被反映的问题得不到及时有效处理，而官方机构中的官僚作风和形式主义也增添了人们的反感，因此，私营企业主对通过这些渠道反映意愿持保留态度。

（3）行政管理部门对私营经济和私营企业主还存在偏见

行政管理部门将其简单地视为被管理的对象，并将其放在从属的地位，因而，这在一定程度上也影响了私营企业主对现有渠道的认同。据来自广东省的有关研究显示，在如何提高自己的社会地位方面，有 78%的业主认为要尽量扩大企业的规模，增强自身实力，以获取更大的社会承认。有 46.5%的人表示要在生活中注意树立良好形象，更多地支持和参加社会活动，以影响公众舆论。另有 32%的人表示要通过担任人大代表或政协委员来提高地位表达心声。除此之外，还有 12.6%的人表示为了能表达和实现自己的意愿要求，他们会主动寻求不同对象的支持，扶持自己的代言人。

9.2.3 对统战工作的认识评价

众所周知，统一战线是中国共产党在长期的革命实践中形成的一条极其重要的宝贵经验，是中国共产党保持长期执政兴国的重要财富，也是实行最

广泛的团结阵线，形成最佳政治资源配置，以完成党的事业的重要法宝。统一战线在不同的历史时期有着不同的表述，其工作的重点和要求也有所不同。改革开放以来，特别是进入21世纪以来，新阶层的出现引起了党和政府的高度重视，他们也成了统战工作的主要对象。

1. 新阶层对统战工作的认识

近年来，党所领导的统一战线在新阶层中开展了大量工作，如宣讲辅导国内国际形势；推介代表性人士进入人大、政协，实现有序政治参与；为企业排忧解难，搭建发展平台；倡导实施光彩事业等。客观上讲，党在新阶层中，尤其是私营企业主阶层开展的工作，取得了良好的效果，其中突出体现在两点：一是使这样一些新生的阶层人士找到了归属感，实现了与主政者的有效联系和沟通；二是保证了党和政府及时准确地了解掌握他们的情况，尤其是思想政治方面的要求和想法，为制定和调整有关方针政策提供了依据。

那么，作为统战工作的主要对象，新阶层尤其是私营企业主阶层对统战工作又是怎样认识的呢？他们是如何评价的？通过有关调查了解到，从总体上看，在五大新社会阶层中，表示对统战工作比较了解或非常了解的人约占被调查者的30%，显示最高的是私营企业主，他们与党的统战工作接触最多，感触也最深；其次分别为个体户、民营科技企业的创业人员和技术人员、中介组织的从业人员、受聘于外资企业的管理技术人员等。见表9-3。

表9-3　五大阶层对统战工作的认知状况

	非常了解（%）	比较了解（%）	一般（%）	不太了解（%）	很不了解（%）	样本数（个）
民营科技企业人员	3.74	25.19	37.66	25.44	7.98	401
个体户	10.21	22.04	38.52	23.20	6.03	431
私营企业主	3.81	39.78	38.42	15.53	2.45	367
外资企业人员	4.60	15.03	30.98	37.73	11.66	326
中介组织人员	1.65	18.16	37.97	32.31	9.91	424
五大新社会阶层	4.87	24.01	36.94	26.63	7.54	1949

注：由于取值时四舍五入，数据存在极小误差。

在对统战工作的评价方面，除有23.4%的人表示“不太清楚”外，有32.6%的人认为本阶层统战工作开展得“很好”或“比较好”。五大新阶层成员虽对统战工作开展情况的评价存在差异，但总体看差异不大。相比较而言，私营企业主阶层对统战工作情况的评价最好，中介组织的从业人员对其评价最差。在私营企业主中，有占10%左右的人表示非常了解统战工作，有39.8%的人比较了解统战工作，近50%的私营企业主认为统战工作开展得“比较好”和“很好”。他们中参加过统战部举办的培训活动的比例占39%，另有约52%的人参加过工商联举办的培训等活动。

2. 私营企业主的态度和热情

党在私营企业主阶层中开展的统战工作，不只是单方面意志的体现，而应是执政者与企业主之间所发生的一种积极的互动。其积极意义在于为党和政府与企业主搭建了一个互通交流的平台，这个平台的作用就是桥梁和纽带的作用。同时，这个平台也担负着教育引导工作，担负着培养一支拥护党的领导、维护党和政府的执政地位的可靠队伍的重任。

但是对于这一点，私营企业主还没有充分意识到它的重要性，换句话说，在对此是否取得一致认同和态度热情方面还存在一定差距。例如，在访谈中调查者曾接触到一位私营企业主，他自称已是三届老政协委员。用他的话说，当年参加政协是误打误撞，因为干得比较早，就被安排进了政协。当时还觉得很神秘，但这么多年下来，最大体会就是“学会了见什么人说什么话”，按正统的说法叫做学会了“运用政治语言和思维考虑问题”。在接触交谈中，当谈到政协委员应是具有一定代表性的人士，需要他们发挥引领作用时，这位私营企业主不假思索地说，“代表人士”只是个空头支票，谁也不会拿它当回事。对于同行中存在的不法经营、偷税漏税等行为，他认为那是人家的本事。他的口头禅就是“有我的嘛!”（It has nothing with me.）。他信奉一辈子不要与两个部门打交道：公安局和医院。对于党和政府的培养，他认为这仅是一种应景的需要，是“被参与”和“被培养”。在调查中我们感到，持这种想法和做法的企业主不在少数，这种思想和认识有一定的代表性。

统一战线是中国共产党人的一项创举，具有鲜明的党性原则和制度设计要求。党所领导的统一战线及其开展的一系列工作，相对于新阶层和私营企业主的成长来说，具有广泛的社会意义，是具有中国特色的生态环境。从党的事业出发，统战工作足以使参与者逐渐融入到政治系统，达到有序政治参与的目的，但从工作对象来说，参与并不等于认同，合作的前提是有共同的思想和利益。当前中国社会正经历着巨大而深刻变化，统战工作要起到团结、调动、发挥一切积极因素的作用，还需要在实践形态上多下功夫。

9.2.4 思想形态表现的边际效用递减特征

根据上述实例及有关经验研究，或许能这样概括，尽管一些或者个别成功的企业主在体制结构调整和经济利益分化中成了最先获益者，靠他们的勤劳和智慧取得了在市场活动中的主动权，并且也被党和政府吸纳到有关的政治系统中，但是，在他们内心深处仍然有着极强的压抑感和不平衡性，他们对于自己的处境和地位并不满意。对于现有政治系统和社会组织，虽然他们中的个别人也是这些组织中的成员，但是他们的认同并不高，而且常常成为议论和攻击的对象。

除此之外，还有一个十分重要的现象，照理政治作为经济的集中体现，私营企业主的政治愿望和要求应该是随着经济实力的不断扩大而增长的。但实际上它并非总是正相关。如果以私营企业主的经济实力为横坐标，以政治需求和愿望表达为纵坐标，由此形成一个相应的坐标系，就会发现，私营企业主的政治参与热情并不是随着经济实力的不断增加而增长，相反，呈现出边际效用递减特征。当初始得到政治参与机会时积极性高涨，而当组织上为其安排的政治参与机会越多，政治角色越多，希望他们能更好地代表非公经济人士利益愿望的时候，其政治热情和表现则趋于平缓，甚至出现下降的趋势。见图 9－2。

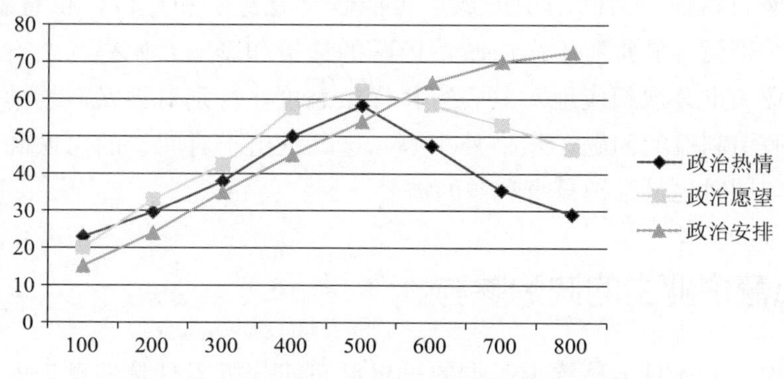

图 9－2 私营企业主思想形态表现的不对称曲线

怎样解释这一现象？对此我们进行了专门调查，结果发现导致这一现象产生的原因至少有以下几个。

第一，目前我们对私营企业主政治要求和表现的考察主要是在现有政治渠道基础上，根据他们参加政治组织的热情、愿望和主动性等指标来判定。

作为经济实力较强的私营企业，通常无论是在业务拓展方面，还是在企业的知名度方面，都具有了一定的影响和声望，多数企业主也会有一些政治安排。既然进入政治系统的目的达到了，有些私营企业主便自认为已知道是怎么回事了，于是，对政治的热情和迫切性就会有所下降，进而他们认为这种具有名誉性的安排对其企业和本人来说并不十分重要。持这种观点和认识的私营企业主大约占被调查者的35%左右。

第二，政治性保护并非是私营企业主的唯一依靠。他们认为，这种保护虽是必要的，但也是有限度的，靠得太近难免不能自拔，而失去独立性。出于自保和对财产安全的考虑，私企规模越大，业主的财产越多，他们的自我保护心理也越重，于是，他们也会采取更加灵活和迂回的方式，如当出现政治或经济风波，令他们担心自身利益可能受到损害时，他们就会选择逃避的方法，以避免由于过分依赖造成损失。所以，他们一方面接受有关的政治安排，但又不积极在政治上做更多的表现，也较少发表看法；另一方面，为以防不测，他们中的许多人通过各种渠道与海外建立联系，有的则持有某些国家的绿卡。在天津调查的结果显示，目前赞同上述做法的私营企业主大约占到30%。

第三，如前所述，私营企业主在谋求经济发展和政治发展的过程中，与社会各界必然会形成并建立起以利益交往为核心的人际关系网。业主的知名度和资产实力越强，其网络中的成员可能越具有身份和地位，越有影响力。换言之，个别高官显要对于高层政治内幕的透析和影响，使得与之有某些特殊关系的业主也必须相应地对其言行持谨慎态度，特别对涉及政治感知、政治功效和政治利益的问题，须格外小心，这既是出于对朋友的忠诚和维持关系的需要，同时也是维护自身利益的需要。

9.3 私营企业主的政治参与

如果说，上述对于私营企业主的思想形态的分析还只是偏重于宏观和抽象意义的概括，那接下来对于私营企业主政治参与的分析则是更具体和更深层次的研究。思想形态与政治参与是反映阶层意识与阶层认同的重要方面，对于私营企业主的政治参与分析，既是对其思想形态研究的继续，也是为了更深入地探究他们的政治活动特点而增加的研究本身应有的敏感性和预见性。

作为一个重要的社会行动主体，私营企业主的政治参与，不仅涉及什么人、为什么要参与，也涉及参与什么、参与所要指向的政治系统作何反应，同时更涉及怎样参与、参与的途径和方式。政治参与作为政治体制的一部分，其必然会受到整体性政治系统的影响，因此，我们对于私营企业主政治参与过程的研究，将首先从这种参与的主客体及其相互关系和参与途径上来进行分析，进而提出有关论点加以讨论。

9.3.1　“谁参与”——参与主体分析

通常来说，政治参与的主体可指一切参与政治的政党、组织、民众团体和公民。私营企业主阶层的政治参与，笼统地讲，私营企业主即是这一参与过程的主体，但是，正如商人与政府的关系一样，实际上，在谁更有资格、更有机会和可能参与政治方面，并不是所有的业主都能成为主体。某些相关研究（李路路，1998；刘伟，2000）已经发现，对于政治比较关心，能够有更多机会和可能参与政治系统活动的人毕竟只是一部分，他们基本上是企业发展规模较大，社会资源较多，具有一定知名度和较强经济实力的企业主。在这一参与主体中，实际上包含着各种不同来源和经历、不同素质和追求的人，这些人通常具有以下四个主要特性。

第一，他们是随着中国经济的所有制结构调整和利益分化而出现的一个新兴社会群体，是从各个不同群体派生演化出来的一部分人。在原有组织结构中，他们不但有特定的位置，也有特殊的关系和资源。虽然他们游离原有的阶层或组织，但他们远未完全脱离与原有系统的关系和联系，包括思想情感、生活方式、利益往来等，这在一定程度上影响着他们政治经济利益的形成和表达。

第二，这一主体存在和发展的基础多是物质动因。由于他们之间建立的是以经济利益为基础的私人间朋友关系，缺乏明确规范的责任、权利、义务，一旦这种物质的重要性降低了，其社会关系和思想感情的亲密程度也会随之淡薄下来，所以，伴随经济的增长和利益的膨胀，他们还没有能够形成内部人规则①，没有形成统一的阶层意识和利益表达方式，相反，出于主观和客观原因，他们会更加注重保全自己，在各自所能施展的领域，以其特有的方式实现所追逐的目标。

第三，这一主体中的许多成员并非来自普通民众，在原有系统中他们可能就是精英一族，要么是处于政治边缘化的人。他们投身于私营经济并非出

① 这是市场形成中在市场内部所建立的一种自发规则。它通常由市场先行者出于保护个体或是小团体的利益的原因提出并形成一个内部人遵循的交易规则，并在随后的与外界的互动交往中成为整个市场秩序和规则建立的基础。参见北京天则经济研究所（1996：186-204）。

于经济学意义上的企业精神，而是有着某种抱负或是出于无奈之举。这些特殊生活经历，塑造了他们特有的政治敏锐性，他们既为自己能够把握住时机、闯出一条生路而庆幸，也为保住来之不易的一切而小心翼翼。他们凭借以往生活经验和对现实利益的考量，对政治生活做出反应，因此，所谓政治诉求和某些民主化的口号并不会带动起他们高涨的热情。

第四，在政治参与过程中，这些成功人士实际上是依托双轨制和某些体制化关系资源所带来的利益而不断获得经济上和政治上的有利地位的。由于他们在现行体制中善于应变及利用各种资源，善于根据需要决定交往、根据利益大小决定交往的频次和程度，所以，作为政治参与主体中的个人，他们并不一定是最优秀的企业家，但大都善于处世和懂得运用政治的人。至于他们为什么要参与政治，这里不妨摘录几位业主的谈话，看一下他们的真实想法。

A君（曾是下乡知青，回城后在一个集体企业工作数年，后创办自己的企业。现任全国工商联执委、市政协常委、市商会副会长、区政协副主席、区商会会长等职。）

我开始干企业的时候，并没有想到会有今天。当时只是一门心思要把企业干好，结果在朋友的帮助下企业一步步兴盛起来。那时我作为区里的私企大户（1993年前后），常被区工商联和私企协会找去参加一些活动，这样自然也就认识了一些大人物，并先后被推荐当上政协委员、全国工商联委员。我不是为了政治而参加政治，但是既然人家找到了我，就说明看得起我，起码是得到了官方的认可。虽然为了应付许多活动，占去我的很多时间，但是当别人带着羡慕的眼光，请我帮助他们也介绍一些这样的机会时，我也感到挺自豪，况且这些头衔有时还能在关键时刻发挥特殊作用，它使我结识了许多大人物，解决了一些棘手问题。

B君（原银行职员，留学回国后下海经商办企业。现任全国青联委员、市政协委员、市工商联常委、区人大代表等职。）

我一直都很注意个人形象，做私企老板其实很不容易。以前许多人并不正眼看我们，虽然我们有钱，也只是到了饭店才有面子，才能潇洒起来。所以，为了表明我能行，证明我有实力，我不仅希望把企业做大办好，同时也希望能在社会上有地位，尤其是希望受到政府的重视。举个例子，如果不是政策上允许我们干私企，谁又能有今天。所以，我只能选择与他们多配合，多参加活动。

从以上几位私营企业主的表述中我们不难看到，他们介入政治的动机，主要是为了建立一个有利于个人发展的社会空间，更实在地说，是为了维护和扩大自己的利益。这一点正像功利选择说中所描述的，人们的政治生活样式以及人们在政治生活中的作为，其实都是一种对利益比较和选择的结果。人们并不是本能地要参与政治，也不是生下来就具有了参与政治的权利，而仅仅是参与政治能给人们带来一定的利益，或是能够避免一种更大的祸害时，人们才去参与政治。

9.3.2 “参与什么”——参与客体分析

所谓政治参与客体，一般是指参与主体试图加以影响和推动的主要政治内容，如参与活动本身，影响政治决定，分享政策制定过程等。由于政治活动都要通过一定的组织渠道、机制和程序体现出来，因此在政治体系中，这些组织渠道、机制和程序实际上也就构成了政治参与的结构。

在中国政治参与结构通常被称为政治参与体制，它主要包括四方面内容：一是民意代表体制，如人民代表大会制度，通过人民代表的工作，来实现广泛的公民政治参与；二是政治协调体制，如政治协商会议制度，通过各民主党派、人民团体和无党派人士的参政活动，实现多党合作和政治协商；三是社会监督体制，如党纪政纪监督、行政监督和民主监督、舆论监督等，它通过人民来信来访、揭发举报和参与重大案件查处，来实现公民的直接或间接的政治参与；四是民意表达体制，如信访制度、调研制度、人民公仆接待日制度、政府办公热线等，通过这些最为普遍的政治参与形式，以使民众能够把各种意见及时准确地传递给政治系统。

上述政治参与体制的建立，从形式上作为中国民主政治发展的主要成果，宣告了人民所享有的政治参与权利。但是，它在充分保障人民行使权利的时候，也存在着不完善性，甚至是某些严重缺陷。对此前人曾有过许多论述（亨廷顿，1989；徐勇，1992；陶东明等，1998），概括起来主要有两方面问题。

1. 这种政治参与体制一定程度上仍存在着制度化程度低、配套性差的问题

以政治协商制度为例，虽然全国政协组织在新中国成立之初就已经成立，迄今也已产生过 12 届全国委员会。但是对于政协的地位、职能和活动规则等，尚缺乏正式的法律规定。只有原则而缺乏切实有效的保障措施，如在社会监督和民意表达方面，基本上是围绕着党和政府某一时期中心工作，建立在某些经验和习惯基础上进行，所以，提倡时可能兴盛一阵子，而公民参与只是增加了一些附和之声，久而久之，导致参与者对政治参与体制的信任度下降，致使政治参与只有一个空洞的外壳，而缺乏真正的实际意义。

2. 从结构功能角度来看，中国政治参与体制的分化程度不高，自立性比较低

几乎每一种参与体制都不单纯是为了公民政治参与的需要而建立的。在这些参与体制中，公民不是唯一的行为主体，甚至不是主要的行为主体。这些体制在担负着某些政治参与功能的同时，会受到党政机构强有力的支配，而成为党和政府用来进行政治控制和社会调控手段。如人大和政协在担负着表达民意、广泛吸纳社会各界参与政治的功能同时，也担负着将党和国家最高领导层的意志和决策进行传达、贯彻，以及进行社会动员的重要职能，这后一种功能有时还会表现得更为突出，造成公民在实际的政治参与过程中基本上处于被动接受地位，缺乏自主性，影响到公众政治意愿的真实表达和实现。

基于以上情形，私营企业主的政治参与，由于受自身素质和地位的限制，总体上还处于松散无力状态，参与者所能扮演的只是个人行为，更大的联合还缺少机制。由于受政治主体影响，这种参与一般有三个特点。一是参与力度小。由于个体所能形成的影响和产生的压力对于强大的政治系统来说微不足道，因而很难造成大的影响力。二是随意性强。个体参与由于受个人因素影响，很难形成一贯和明确的目标。三是参与层次低。由于个体参与围绕着个人利益或是少数人的利益发生，其影响也多限于某些官员的个别态度，或政府对某一问题的个案处理，较少可能组织起来对政治中心提出诉求，参与者不会提出任何不利于切身利益的主张，所以这种参与对于主政者来说是合意的。

9.3.3 “怎样参与”——参与途径分析

鉴于政治参与者所具有的阶层属性和诉求意愿，结合当前中国特有的政治格局，私营企业主的政治参与途径概括起来大致有两类：一类通过正式的组织形式参与政治系统活动，实现与利益诉求的结合；二类通过院外形式，授意和私下交易，实现政治利益结合。

从组织形式上讲，私营企业主介入政治的途径也有两个。一是通过自身努力，作为某些团体组织成员，参加到参政议政活动中，以满足了解党和政府的方针、政策，反映有关的意见的要求。二是通过加入党派组织，实现与中共及政府部门的经常性联系。由于前者是群众性组织，在政治参与上并不具有直接的意义，所以，相对而言后者对于企业主更有吸引力。他们选择加入党派组织的目的，多是为了取得一种政治身份，为进而向更高层次发展创

造机会。

从院外形式上讲，作为组织化参与的一种补充，私营企业主在政治参与中普遍关心的是与个人利益发生直接关系的那部分政治内容，缺乏普遍的政治责任感。同时，对政治系统缺乏足够的信任，所以，他们把政治参与作为达到非政治目的的一种手段，在组织系统以外，也会积极寻求非组织途径参与政治，为其获取某些经济利益和政治安排提供帮助；通过编织社会关系网，建立个人的保护伞；通过钱权交易，影响某些政策的执行。

应该指出，当前中国社会存在的经济地位差别，已经对政治参与产生了重大影响。收入差距的加大，金钱和物质财富作为一种社会资源开始逐渐升值，并越来越成为对政治决策过程产生影响的独立力量，在这种情况下，由于权力转换的延迟效应和制度发展的不平衡性（宋时歌，1998），以权谋私、权钱交易等腐败现象就有了滋生土壤。同时，地方政府为了政绩和增长目标要求，在吸引投资和争取赞助等方面，也会给一些企业和业主以特殊的经济政策和政治参与机会，如在市场准入及税收方面给予较大的灵活性，提供优厚的土地使用权、聘请担任某些政治职务等，这些客观上也促成了院外活动的形成，而且事实上，凭借物质财力和社会资本对政治决策发生影响并不全是以非法的形式出现的。

9.4 政治参与的结果分析

综上所述，在私营企业主的政治参与过程中，由于这个参与主体尚没有成为一支独立的政治势力，大多数人对政治的关心仅是出于自我保护的需要，而未形成一种自觉完整的政治要求。他们介入政治的目的，更多的是为了获得政治中心的认可，为了捞取一定的政治资本，巩固和扩大他们的经济利益。由于他们与主政者之间并不存在尖锐的利益对抗或政治分野矛盾，所以，他们愿意被现时的政治系统吸纳并获得各种政治参与机会，而这实际上又是政府加强其社会控制力的一种手段。这样的政治参与体现的是主政者和参与者共同的利益需要，即一方面主政者需要私营企业主的政治参与，以支持其政策并增强现行体制的合法性基础；另一方面政治参与者可以通过有限度的参与达到自己的目的。因此，当前中国私营企业主的政治参与是一个从“超经济强制”到“关系性合意”的过程。

9.4.1 关于“超经济强制”的假说

超经济强制（Extra-economic Coercion），按字面意思解释，就是超出一般经济形态的某种力量和影响方式。所谓“超经济强制”，就是指主政者依据政治系统所具有的权威形成的一种特别控制力（force）。它是一种特别的组织形式和结构安排，即主政者在推行自己的意志时所采取的实际控制方式。如通过政权组织形式，建立各级政治组织和官方半官方的组织联系渠道；通过行政网络机构，实施各种分级登记管理；通过对传媒和出版、宣传等部门的审查规定，实现党对意识形态领域的控制。超经济强制体现的是拥有权力的政治主体所能推行自己意志的实际能力和权力支配方式。作为构成社会控制和服从秩序的一种手段，超经济强制所带来的政治强权，以及公民意愿的表达是很值得探究的问题。

从历史上说，在中国封建社会的长期统治中，封建国家的统治基础就是专制主义的中央集权和人身依附关系的确立。对于这一点，毛泽东曾在早年对湖南农民运动的考察报告中有过精辟论述（毛泽东，1965），即在封建制度下的民众，不仅受着皇权、族权、神权和夫权的支配，在个人权利上还受着国家的巨大束缚，形成个人对国家的依附。新中国成立以后，在对马克思主义的理解上，人们自然接受着新社会的产生在于生产资料所有制的变革这样一种结论，而没有看到在实行这种变革之前，商品经济发展所创造的种种前提，所以长期以来，我们的社会主义事业努力追求的是建立生产资料公有制，推行完全的计划体制，否定商品经济的存在，当然也否定个人在经济中的权利。

改革开放以后，伴随经济体制变革和社会事业的发展，上述情况已经得到了极大改善。相对于改革开放前，政府在社会资源分配中的作用开始下降，对社会进行政治控制的范围逐渐缩小，控制的强度也有所减弱。过去人们必须通过政府才能得到的生产和生活资料，现在大部分已经能够通过市场调节得到。在破除所有制禁锢之后，人们开始拥有了支配自己的财产、收益和消费的自由。尤其是新兴私营企业主阶层和其他有产阶层的出现，正在形成自己的特殊利益，并逐渐产生向政治系统表达自己利益的愿望和要求，这一切都表明中国社会正经历着一系列深刻的变化。

但是，现代社会是一个组织化的社会，也是一个需要规则和秩序的社会，否则改革和发展无从谈起。对于新阶层的利益诉求和政治表达，从管理者的角度来说，其通常会采取两种做法。一是通过规范化和制度化安排发挥作用。如政治参与只能限定在已有的政治系统中进行，任何超出现有架构形式之外的活动都将不允许；在参与形式上，通过制订规范化的呈文、审阅、批复的程式，任何的政治表达都将记录在案，以备日后考察应用。这种制度要求对于参与者来说可能具有特别的意义，它会影响到某些政治安排或资格的改变，所以，参与什么、如何表达至关重要。二是通过在企业中抓党的基层组织建设，培养代表人士，实现党对私营企业的领导。如通过吸收企业中的领袖人物和政治骨干加入政治系统中，给以一定的政治安排，使他们可以亲身体会到政治主体对于他们的要求，还可以达到掌握其各种动态，使其言行控制在主政者所规定的范围，避免产生任何形式的结盟的目的。同时通过召开思想政治工作交流会、统战工作研讨会、调研分析会，以及加强对各种传媒的审查规范，实现党对意识形态领域的直接控制。

由于超经济强制的作用，从私营企业主的利益表达和政治参与来看，至少会带来以下几方面情况。其一，影响参与者政治声音的真实表达。他们在这种政治化的过程中，更多地口头上学会了运用党的某些段落语言来应付各种政治场合的要求，而将真实的私欲和要求隐秘起来。其二，由于受主客观因素和个人利益的作用，参与者会更加注重院外活动的发展，他们在寻求与政治系统联姻的时候，会更加运用非组织的渠道，扩大个人利益的实现，因而很难形成和提出具有阶层利益要求的整合目标。其三，由于参与者的行为受到各种来自体制和意识形态方面的约束，所以他们的政治参与热情会呈现出非一贯性和非持续性的特点。加之院外活动具有易操作、高回报的特点，因此，也会促成某些人利用现有的不健全的体制大兴腐败之风。而政治权力与物质利益相结合的结果，不但会对整体改革利益造成侵蚀，危害政府形象和公众利益，还会使参与者对现行政治制度怀疑、否定，对政治体制改革失去热情和信心。

9.4.2 “关系性合意”的形成

事实上，作为对“超经济强制”的回应，在现实生活中，这种强制表现及其作用有时并不像主政者所期望的那样有效，它会受到来自体制内和体制外的双重影响，出现另外一种情形。

第一，当社会个体并不认同或被迫接受社会先于自己的那些社会角色和社会位置，而在相应规范的约束下又打算有自己的意图表现时，就会采取一种与这种结构和制约相变通或相权衡的方式来行动。这时的社会个体所关注的问题是如何将自己的主观意图或计策同外在的规范调适起来，既能在行动的边界上不违反形式上的要求，又能实现个人主观策略性的介入，从而造成对自己有利的结果。对于这一点，实际上许多中国人在现实生活中都可以经验性地感觉到，所谓的“打擦边球”、“上有政策，下有对策”均可视为对这类现象的描述（翟学伟，1999）。

第二，在社会转型和市场演进过程中，由于改革的不完善性和院外活动的发生，可以通过交易中的自动补偿方式消除和缓解变革中的利益冲突，因此，主政者虽占有主动地位，可以制定各种制度规则，但在执行层面，由于受到原有组织体制和人事制度方面的制约，各级政府为了保全自己的地位和利益，也会利用这些规则和安排，通过手中的权力和可支配的资源，为其政绩的取得寻求支持，而为政不廉者更可得到意外的收益。私营企业主虽然表面上处于下属群体地位，有时还不能充分地用自己的语言表达和反映他们的利益要求，但是由于他们具有与市场规则更为一致的扩张力，具有一定的经济优势，所以，他们也会寻求各种机会表达自己的意愿，特别是作为地方经济的台柱子，私营企业主为了扩大这种经济上的优势，提高自己的身价，他们也会主动通过各种方式寻求地方保护和支持。事实上，如果他们能与政治家的要求相配合，通常会得到更多的照顾，得到包括经济在内的更多回报。

据此，从私营企业主的政治参与过程分析，超经济强制下的政治参与不过是参与主体对客体来讲所谋求的一种有限度的利益表达和追求方式。这个参与过程是一种关系性合意的建立过程。在这个过程中所发生的一切，一定意义上都是双边或多边力量调和交易的结果。关系性合意（Relational Convenience），就是指政治参与中的主客体在现实政治经济环境下所建立的一种非正式的利益关系。它是具有不同地位和权力、资本和资源的组织或个人，对于各自利益的追求及满足所采取的一种切实的行动安排，是在利益方面所达成的某种取向一致，如角色保全、相互性促进、连接规范等。

关系性合意的产生，一是源于参与者对现实制度安排的选择和不同利益追求；二是源于人们对于预期收益的价值判断。也就是说，当人们对自己所处的位置和利益寻求最为有利和最为有效的发展空间时，现实制度规则所能提供给人们的最佳选择就是建立一种合意，它可以保证主客体间以最简洁、最小化的成本和风险去获得最大化利益支持①。通常这种合意有以下一些重要特征。

① 在对“关系性合意”进行讨论的时候，有一个与此有关的重要研究必须提及，即美国当代著名法学家麦克尼尔（Macneil）于1980年完成的“新社会契约论”研究（The New Social Contract，1980，Yale University.）。他在此项研究中，不仅将社会学中的社会网和关系法学原理导入契约法领域，给现代契约关系作了全新阐释，而且他还提出了“关系性契约（Relational Contract）”的概念。他认为，“所谓契约，不过是有关规划将来交换过程的当事人之间的各种关系”。换句话说，就是对未来交换过程的当事人所进行的一种统筹安排。在这一定义中，关键的词语是“交换”和“过程”，它包含着时间维的扩张、当事人的相互依存性、在承诺和期待基础上所进行的规划，以及非一次性结算等因素。应该说本文提出的所谓关系性合意，实际上是受到了这一研究的启发。但是，由于在中国目前尚不具备法制规范的市场经济体系，人们不仅从社会传统上缺乏契约观念，而且，公民与政府在权利义务方面也存在着许多实际的不对称因素，所以，在此基础上所建立的政治、经济和社会关系，还远不是一种严格的契约规范，而只是具有关于未来合意性质的非正式规定。这种非正式性决定了当下合意的存续和履行，通常不是共同协议的结果，而是由等级结构中的某种权威要求形成的，它会受到行政一官僚行为的强大影响。参见麦克尼尔：新社会契约论，中国政法大学出版社，2004年版。

1. 关系性

即有关系的双方才可能达成合意。这其中包含 3 层意思。①合意双方必定要有关系。也就是说，一方的存在和表现对另一方具有某种必要和意义，它可以是制度性安排的结果，也可以是实际利益的需要。②以这种关系作为背景，双方具有以最简洁、最小化成本和风险处理彼此关系的愿望和可能。即将某些组织性目标转变为具有个别发展意义，并以某种要约形式进行操作。③这种关系一定是能够给双方带来实际好处的。依靠这种关系不仅可以满足现实的利益要求，例如，在其位就要谋其政，谋其政就可谋其利，而且它还应该能为可预知的将来提供最大化利益支持。

2. 相互性

即价值共识中的相互依赖和报偿。虽然关系人双方的地位有时并不平等，其影响力也会存在不对称结构，但是合意双方都懂得，这种主体性不是任意和孤立的，它们只有在共同营造未来的共同体中才会有真正的体现，合意本身正是为了追求这种主体性所具有的价值的。关系性合意不是简单的个别性交换，它是一种互惠性的交流。尽管合意双方都会把角色保全作为基本的出发点，但是，保持对各自利益的相互促进亦是这种关系存续的重要基础。

3. 庇护性

即以相互性为基础维持共存依赖关系的手段。文克等（Wank，DavidL，1996）对于私营企业与政治权力的关系研究，描述了中国自经济体制改革以来发生的由单向依赖向共存依赖的关系变化，他认为这种变化至少对于私营企业和政府官员具有 3 方面作用：其一，利用权力关系可以获得更多的贸易机会和资源；其二，可以避免政治和政策的恣意化和无力化；其三，在取得政绩的同时，可以增加对个人利益的支持（周雪光，1999）。庇护性对中国组织和人际关系的影响，不仅具有一般的经济学意义，而且具有重要的政治意义。它是关系性合意的一种价值体现。

4. 非一次性

即预期需要依托这种关系来保持多次交易和连锁使用。由于关系性合意的发生是合意双方有意识地选择和追求的结果，它存在着一定的交易成本，因此，关系的存在是十分重要的，任何可能产生不快而导致关系的密切程度下降，或付出更多成本的行为，都要尽量避免，因为关系的维持具有价值，从而双方就有了形成持久关系的需要。事实上，正是在合意活动发生之前，双方已能够确认这种关系会有多次交易，会伴随某些特定作用的持续发挥，所以，合意通常不是一次性的，它会随着关系的演进形成一条环环相扣的连续链条。

9.5 简要结论与探讨

综上所述，对于私营企业主思想形态和政治参与的分析，我们认为有以下几点值得注意。

（1）从中国30多年的改革实践，以及面向市场转型所引发的各项制度变迁来看，超经济强制的积极意义是为了降低变迁过程的成本，使变革能朝着主政者的利益和期望方向进行。它虽不具有法制的强制性，但对于人们的政治、经济和社会活动却产生着巨大的影响。由于转型期政府行为和市场功能均存在着明显缺陷，在超经济强制下所衍生的政治参与，必定只是一种有限度的参与，它不仅要求参与者不能危害主政者所建立的各种秩序，而且，还要顺从主政者所做出的各种政治安排。这种高度一致化和程序化的要求，不仅影响到参与主体以怎样的姿态和方式参与政治，也会使社会的自组织能力比较差，造成某些非程序和非法活动的隐患。

（2）私营企业主在思想形态和政治参与方面表现出来的特点，是私营企业主对自己所处的社会地位、环境以及制度安排的一种回应，它是一种价值判断的结果，是建立在切实的物质利益基础之上的一种人生观的社会选择。关系性合意的存在，虽然只是隐喻性的，但它对于政治参与中的主客体来讲，却是在现有体制中所能谋求的最好结果。正如法国社会学家布迪厄对“体制化网络”的描述：虽然每个社会中，它的成员都可按占有资本的数量划分为不同的阶层或等级，但是，每个占有资本的个人或团体，总是在竭力保持和扩大自己的资本。统治阶级通过对于资本的占有而获得特权，从而为维护其统治确立合法性，而其他阶层则通过不同资本之间的转换，为获得物质的或象征的利益提供保证，以使其获取更多实际的或潜在的资源（Piere Bourdieu，1986）。

（3）私营企业主的政治参与过程，实际上是在超经济强制下不断寻求关系性合意的过程。由于现实规则对于参政者来说无非有两种选择，即要么拒绝接受这种制度性安排，要么学会扮演好这个角色，显然采取对立的态度并非高明之举。而与政治系统既保持合作的态度，又能够为个人利益寻求最大化的支持，采取一种与这种结构和制约相变通或相权衡的方式来行动，就会显得尤为重要。从一味地攀附、依赖政治，求得他人的保护，到为自己捞取政治资本，不断扩充资本优势，再到与政治保持一定的距离，通过关系性合意求得个人参与目的的实现，这是参与主体所能追求和期待的理想状态，也是私营企业主成长过程中重要的社会生态。

10 私营企业主阶层发展走势展望

核心提示：

● 私营企业主阶层的兴起，不仅源于经济体制变革和市场化带来的巨大推动，还有赖于这支队伍本身的成长。私营经济由小变大，地位和作用不断提高的过程，一定程度上反映出转型社会特点和企业主的特殊成长经历。他们的政治经济利益和阶层意识的形成、表达和实现，取决于他们与政治主体间所建立的关系和利益的协调程度，他们全部利益的实现与其所承担义务的完成状况，影响到他们的地位获得、利益表达、社会位置以及未来走势。

● 私营企业主作为在传统体制中挣脱出来的市场先行者和最大获益者，他们从开始出现就注定具有多方面属性，成为社会结构中异质性最强的一部分，这决定着他们在追逐利益过程中扮演多重角色、发挥多重作用。他们不仅促使国民经济微观基础发生了根本变化，还直接和间接地引发了一系列变革，实现了从单一所有制到多元经济的转变；城乡二元结构在私营经济的冲击下发生动摇；带动了社会关系和利益格局发生深刻变化；推动了相关法律体系的不断完善；活跃了人们生活，引领思想观念、思维方式发生了变化。

● 私营企业主的成长是改革时代的缩影，反映了社会生态的总体变动要求。他们用行动诠释改革的发展进程，用创造改变着人们的生活，他们是这个社会中重要的一分子，也是社会主义的建设者。可以预见这个阶层还在发展，还会不断地分化整合。在探讨私营企业主阶层未来走势方面，当前更要认清所处的环境要求，用世界眼光和民族精神继续深化改革，要重视企业人力资本和社会资本构建，以诚信建设为重点，提高私营企业主的社会责任。

● 本研究不只局限于对现有阶层状况进行解读和描述，更着眼于将阶层意识转化为阶层责任，提高他们的阶层意识与阶层认知水平。注意从阶层意识与社会力量的变化调整来思辨，从阶层意识与阶层责任的辩证关系来诠释。只有将阶层意识提升到阶层的社会责任以及两者的结合上，才能使阶层在提炼内涵中得到升华，才能促使其履行好社会角色，发挥应有的社会功能。沿着中国社会生态发生的积极变化，构筑社会交流对话机制，从分化整合中探寻走向富强之路，这是本研究的落脚点，也是本研究做出的尝试和努力要达到的目的。

对于如何看待私营企业主阶层的成长，如何判断他们的阶层意识与阶层认同的形成走向，我们在前面的章节进行了多角度分析。仅从已经论述到的各个方面来看，私营企业主的社会认知与阶层认同可谓色彩斑斓、纷繁不同，有分化，有整合，有一致，也有不同，甚至是矛盾冲突，这种多元特征是其真实面貌的写照，也是阶层成长中无法回避的问题。对此，我们虽不能都给出满意的解释，更不能用简单的好与坏、是与非来评判。但有一点是明确的，即他们的成长是改革时代的缩影，反映了社会生态的总体状况和变化。私营企业主的阶层意识和认知表现，清楚地表明他们是这个社会中重要的一分子，他们在用行动诠释改革的发展进程，用创造改变着人们的生活。沿着中国社会生态发生的这些变化，不断提高了私营企业主的阶层意识与阶层认知水平。构筑社会交流对话机制，探寻共同致力于中华民族走向富强的发展路径，这是本项研究的目的之一，也是本章在对上述问题的思考基础上得出的启示。

10.1　对私营企业主阶层的总体评价

纵观当代中国私营经济及私营企业主阶层的形成发展，其影响因素十分复杂，可以从多个角度进行解读。但是，一个基本事实不容忽视，即它是伴随改革开放的步伐和要求，凭着自身的不懈努力逐渐壮大起来的。改革开放的设计安排、政府行为的强势作用，以及民众渴望摆脱贫困的致富热情，构成了这个时代最为核心的社会生态条件。而从传统体制中生长出来的私营企业主，作为市场的先行者和最大获益者，他们从开始出现就注定具有多方面属性，成为社会结构中异质性最强的一部分，因此，这也决定着他们在追逐利益过程中扮演着多重角色，发挥着多重作用。

10.1.1　私营经济引发的变革与发展

在改革开放30多年来取得的成就中，私营经济的发展是一个非常关键的要素。私营经济的崛起，不仅促成国民经济微观基础发生了根本变化，还直接和间接地引发了一系列变革，在诸多方面改变了中国的社会结构。其中主要体现在以下几点。

1. 改变了所有制结构，从单一的公有制一统天下变为“三分天下”

今天的私营企业已占国内全部法人企业的65%以上，创造了中国GDP增量的约60%；它们以不到2%的人口占有一多半的民间金融资产，资本规模直追国有企业的净资产；在国内生产总值方面，它们更是三分天下有其一，成为各地发展各项事业的重要财政来源；它们使用着全国半数以上的技术专利，直接或间接地贡献着全国1/3的税收；私营企业注册资金15万亿元，投资总额超过30万亿元；此外，还有16万民营科技企业，总资产在9万亿元。

2. 促使社会就业结构发生了根本变化

30多年前，中国社会的就业结构还是以二元化为主。除种地的农民，其他都是端“铁饭碗”的“单位人”。如今，私营企业每年吸纳着半数以上新增就业人员，解决了80%以上新增非农人口就业。私企从业人员超8000万，加上相关行业的从业人员，总人数在1.6亿左右，全国就业人口的75%以上在私企。就业方式和结构变化，促成了人们就业观念和择业观念的转变。

3. 城乡二元结构在私营经济的冲击下发生动摇

中国农村改革催生了个体户和私营企业。下乡知青回城创业，催生了城镇私营经济发展。当年的农民进城或办企业或打工，突破了城乡之间的鸿沟。如今农民工超过1.3亿人；而城里人更看好乡下的土地和人力资源优势，下乡办企业；还有更多的农民工回乡创业，成为致富一方的领军者，城乡之间的鸿沟正在被冲破。

4. 带动了社会阶层结构发生变革调整

私营企业主异军突起，他们经过多年磨炼，不仅成为市场经济的“弄潮儿”，而且还树立了一个高投入、高风险、高收益的形象。他们突破旧体制束缚，秉持着创业愿望、创新意识以及对自由的渴望、对法治的需求。他们不仅是物质财富的创造者，也是精神财富的创造者，是民主政治建设的促进派和推动力量。如今有更多的人正在加入到这支队伍中。

5. 影响到利益关系格局发生深刻变化

过去倡导按劳分配，实际上是平均主义大锅饭。今天，私营企业实行按劳分配与按生产要素的贡献大小分配相结合的分配制度；在劳动关系上，推行市场化、合同化、雇佣化的劳动人事管理。这些对旧体制的触动最大，也是涉及全社会的基本利益关系变化。由于市场化格局的建立，冲击着垄断行业和分配制度，它所带来的利益关系调整将会越来越深刻。

6. 推动了相关法律体系的不断完善

多种经济成分的出现，要求法律保障必须跟上。自1982年首次宪法修改以来，至今已进行了5次修改。每次修宪都使得我国的法律体系更加适应社会的发展要求。1988年修宪承认私营经济；1993年修宪明确建立社会主义市场经济；1998年修宪明确基本经济制度；2004年修宪保护私有财产；2007年通过物权法，私有财产平等受到法律保护。这不仅是建立和完善市场经济体制的必然要求，也是我国迈向法治国家的进步。法律正在成为人们维护公平正义的重要手段。

7. 带动了政治生态的多元良性变化

20世纪末，私营企业主第一次走进人民大会堂，参加全国人大会议，与中央领导人共商国是，这在当时成为一个非常大的新闻。现如今，私营企业主当人大代表、政协委员已是很正常的事。据全国工商联统计，在其系统中担任各级政协委员的就有48359人。从党的统战工作来看，党和政府对非公经济人士的意见呼声极为重视，非公经济人士不但成为当前最主要的工作对象，同时，党和政府还提出要充分肯定和发挥新社会阶层的重要作用。中央明确提出了“充分尊重、广泛联系、加强团结、热情帮助、积极引导”的20字方针，并制定了“以社团为纽带、以社区为依托、以网络为媒介、以活动为抓手”的工作方法。

8. 活跃了人们生活，引领了思想观念、思维方式发生变化

时下，中国人民的社会生活形态已不同于改革前，人们的生活时空和环境正发生着变化，人们享有的自由空间，对生活方式、生活质量的追求变化，以及价值观念与精神状态，正在不断走向成熟。私营企业主在消费生活方式上具有的前卫性与个性的结合，也反映出他们的工作生活状态以及对财富的追求想象，这些正在影响着人们的生活和思维方式的转变。

10.1.2 阶层分析带给我们的思考

（1）对私营企业主阶层如何观察和分析，选择怎样的角度加以认识，不仅是一个方法问题，还是一个重要的理论和实践问题。从历史和现实的角度看，私营企业主的产生和发展都是一个历史的过程。他们的兴起不仅源于经济体制变革和市场化所带来的巨大推动，还在于社会的整体转型，以及他们对自我和社会的认知把握程度。探讨私营企业主的阶层意识与阶层认同的形成走势，不能脱离时代所能提供的生存和发展条件。脱胎于原有各个阶层的私营企业主，本身具有多样化的社会属性。而源于不同利益的驱使，也使得他们在政治、经济、社会、人格等方面形成了不相一致的特征，对此，必须从历史和现实的角度加以分析，才能找到这一阶层的生存依据，才能看到这一阶层的历史作用，才能得出一个客观准确的结论。

（2）对私营企业主阶层意识和阶层认同的研究，需要从保持生态系统内部活力与生态环境相适应的角度，从保持生态平衡与发展的战略角度，从宏观世界所提供给我们的发展机遇，以及民族复兴角度加以观察认识。阶层意识与阶层认同研究的落脚点，是要通过有关分析，获得对其总体阶层状况的把握，进而为规范和促进未来发展提供帮助。因此，我们的分析和判断，必

须从阶层意识与社会力量的相互联系来思辨，从阶层意识与阶层责任的辩证关系来诠释。只有将阶层意识提升到阶层的社会责任以及两者的结合上，才能促使阶层在提炼内涵中塑造与升华，才能促使其履行好社会角色、发挥其应有的社会功能。

（3）前面章节已经谈到，私营企业主作为改革开放以来中国经济结构与社会结构分化整合的产物，他们是在“群体快速组合”与“内部高速流动”的交互过程中生长起来的阶层。伴随社会转型的巨大变迁，私营企业主阶层自身也充满着矛盾性、异质性和复杂性。他们还不是一个自为的阶级。私营企业主的成功发迹，大多带有浓厚的个人英雄主义色彩。他们在生活方式、价值取向、行为选择上的个人主义、自由主义思想，不仅严重阻碍了其阶级意识的形成，也使作为维护阶级利益所需的整体阶级行动缺乏内在的必然性。

（4）正确对待私营企业主阶层的政治愿望和发展要求。改革开放之所以能不断取得进展，根本在于它不断地破除旧有体制中不适应社会发展要求和人民愿望的各种禁锢。从私营企业主的政治表现来看，由于迄今为止这个参与主体尚没有成为一支独立的政治力量，大多数人对政治的关心是一种自我保护的反应，而未形成一种自觉完整的政治要求。他们介入政治的目的，更多地是为了一种名分，为了捞取一定的政治资本来巩固和扩大他们的经济利益，所以，他们与主政者之间并不存在尖锐的利益对抗，或是政治分野。

（5）尽管由于其内部分化，他们在经济状况、社会地位和生活方式等方面还没有形成团结一致采取整体阶级行动的迫切性和必要性，但利益集团政治却是其现实走向。在市场经济多元化促发的利益主体多元化、政治诉求多元化、价值取向多元化的现代社会发展过程中，私营企业主在现实社会中的群体意识与行为取向是一个复杂的变数，而且，其对社会秩序稳定和发展的作用也是一个重要的变量。对此我们认为，政治系统应重视这方面的走向。同样我们也认为，倘若没有国家与社会良性互动与互构，没有其他阶级的合作共赢，其也难以构成现代社会秩序良性运行和协调发展的重要功能系统。

10.1.3　私营企业主阶层的总体概括

总体上，就私营企业主的形成演化和阶层状况看，他们是正面积极的，是与当下社会发展要求一致的，与其所处的位置和角色也是基本匹配的。他们作为新社会阶层的一部分，从构成和成长轨迹上有以下特征：①他们是由工人、农民、干部和知识分子分化形成的；②他们中多数是非中共人士；③他们的生产经营活动遍布各主要行业领域；④他们中聚集了大部分高收入者；⑤他们的政治诉求在逐步增强；⑥他们的职业和身份具有不稳定性；

⑦这一阶层有不断扩大的趋势。

同时，就当代中国私营企业主的阶层地位和作用来说，以下判断从总体上也是成立的：①他们是邓小平所倡导的“让一部分人通过劳动先富起来”的实践者和受益者；②他们是中国改革开放的推动者；③他们是社会主义市场经济的构建者；④他们是工人、农民、知识分子的盟友；⑤他们为改革的不断推进提供了稳定基础。

除此之外，还有一个最重要的概括：他们是中国特色社会主义的建设者，他们是在建设有中国特色社会主义理论指导下产生和成长的。中国共产党发展私营企业的政策目标是建设有中国特色的社会主义，当代中国的私营企业主是在建设有中国特色社会主义轨道上前进的；中国私营经济产生和发展的实际效果也是建设有中国特色社会主义的一部分。这种概括的内涵应当是指导思想、发展目标、行为规范、实际效果的统一。

中国现阶段的私营企业主是参加创造财富活动，并以自己的劳动收入作为生产和生活资料主要来源的社会主义社会的劳动者。但是，由于他们拥有较多的私人财产、雇佣劳动，所以，在价值取向、思想观念、利益要求、政治愿望以及生活方式等方面，有别于财产较少的一般劳动者。同时，在他们较多的私人财产中，有一部分是无偿占有他人劳动的。但由于社会历史条件的不同，他们没有经过，也不可能再经过一次资本原始积累过程，所以，他们不同于历史上的民族资产阶级。私营企业主的社会属性，集中反映出变革社会不断开放包容的特点，当然，也决定了他们有着不同于其他阶层和群体的社会特质，有着不同的利益追求。

10.2 需要认识把握的若干重要问题

开展阶层研究有不同的观察视角和方法。研究的目的和出发点不同，得出的认识和结果也会不同。我们对于私营企业主阶层的研究，就是要通过有关分析，从总体上获知阶层的构成演化特点及规律，根据他们的利益诉求和行为特征，探讨不同阶层之间的沟通渠道，最大限度地形成社会发展合力，实现由阶层意识向阶层责任的转化，从而在更高层次上推进阶层升华与社会进步。为此，我们认为，当前有以下几个方面问题值得重视和落实。

10.2.1 建立良好的社会对话机制

对这个问题党和政府一直十分关心，也做了许多工作。在党的统战部门通过举办研讨班，开展对话会、时事讲座，建立联席会议制度和评价体系，已经在新阶层中取得比较好的效果。问题是这样一套以统战为原则设计的工作，还只是强调引导他们有序地参与政治，其核心是为了将他们纳入到现行的政治体制中，它的重要性和必要性毋庸置疑。但是，它的认同度和参与度如何，对于实现全体公民的有效参与和沟通来说，渠道和范围还是窄了一些。建立良好的社会对话机制，不应只是党的意志体现，还应确立更广泛的民众交流机制和平台。

全国政协委员、中国经济社会理事会常务理事、香港中国商会会长陈经纬在出席“21 世纪论坛·2010 年会”上曾就有关“社会对话与和谐”问题发表了他的看法，他认为，探讨社会对话与和谐，对世界、对中国都有现实意义和长远意义。没有对话，就谈不上和谐，也就没有合作共赢。通过社会对话促进社会和谐，要靠各级政府和全社会的共同努力。在参与构建和谐社会中，民营企业需要建立良好的社会对话机制和平台。

私营企业主的成长历程，以及社会转型中发生的种种情况证明，中国的私营企业是参与社会对话、构建和谐社会的一支不可忽视的重要力量。截至 2010 年一季度，中国登记注册的私营企业数量已达 755.7 万户，占全国企业数的 70%以上，注册资本为 15.3 万亿元，私营经济已占中国 GDP 总量的 55%以上，解决了城镇就业的 70%和新增就业的 90%，成为吸纳、扩大社会就业的主要渠道、增加城乡居民收入的主要来源，因而也是稳定社会、促进和谐的重要基础。

为了更好地推动我国的和谐社会建设，其中一项重要任务就是要把私营企业的社会对话机制建立健全起来，以适应当今社会结构变动、利益格局调整、思想观念变化的新形势和新要求。多年来，数以万计的私营企业主投身光彩事业，积极参加扶贫开发、新农村建设、抗震救灾等公益慈善事业，这些举动可以说是私营企业主履行社会责任、参与社会对话的实际行动，不仅为促进中国不同地区共同富裕作出了重要贡献，也为构建和谐社会发挥了重要作用。

当然，要建立有效的社会对话机制，促进社会和谐，仅靠企业的力量是不够的，需要不断建立和完善雇主、雇员和第三方的良性对话机制。这个第三方既包括政府，也包括非政府组织和社会团体。陈经纬指出，作为企业，我们理解和支持政府以及其他相关组织为维护雇员权益所制定的相关政策和采取的积极举措。但应当看到，中国的私营企业发展历史较短，整体实力仍较脆弱。一些中小型私企各项规章制度尚不健全，不重视社会对话，给社会和谐造成一定负面影响。这些企业需要雇员和社会的包容理解，更需要政府和有关组织在“公平、客观、公正”的基础上加以正确引导和有效协调，逐步建立起行之有效的三方对话机制，通过社会对话实现互利共赢，推动企业长足发展。

10.2.2 注意把握好利益结合点

如何看待私营企业的快速增长，如何面对私营企业主的利益诉求，其实有一个最简单的道理，就是所有事情都可以从两个角度去思考。一个角度是这件事情对社会有没有价值，另一个角度是这件事情对个人有没有利益。这样就会有四种组合形式：①你干的事情对社会有价值，对自己没有利益；②对社会有价值，对自己也有利益；③对社会没有价值，对自己有利益；④对社会没有价值，对自己也没有利益。第一类可以称作圣贤之举；第二类是君子所为，即在追求利益的同时，也能为社会作出贡献，也只有对社会作出贡献才会获得价值；第三类是小人行径，干的事情只对个人有利，对社会没有价值，甚至还破坏社会秩序；第四类是傻子干的事情，既对社会没有价值，也对个人没有意义。

由此，我们看出私营企业主主要做的是第二类事，即在为个人谋取利益的同时，也为社会作出贡献。他们投资办企业，吸纳社会就业，为国家纳税，个人也获得了丰厚的利润回报。而正是在这一点上，私营企业主普遍表示，他们最关心和关注的事情，是“把企业事情如何办好”。企业主要干好自己的企业，这本身就是一项很有价值和意义的工作。

企业主不能干第三类事情，即对社会没有价值，只对自己有利的事。一个理想的社会，应该是任何人只要能够对社会作出贡献，就应该得到回报或奖赏。而反过来说，若要取得个人利益，也要承担一定的责任。在这一点上，其实不像人们想象的那样拿出钱来就意味着对社会作出了贡献。举一个简单的例子，假如李东生将企业清盘卖掉，他可以拿出几千万捐给社会，然后一走了之。那么，李东生是继续经营 TCL 对社会贡献大，还是将企业卖掉对社会贡献大？应该是前者，只有用这些钱继续把企业做好，才能对社会有更大贡献。

利益，其实不仅仅是物质利益，还应该包括地位、名誉。有人对利的重视超过名，有人对名的重视超过利，但是随着社会的发展，人们对名誉的重视会越来越高。对名声的重视，可以使人作出比较规范的事，这是社会很重要的约束。我们应该注意培养和建立这样一种机制，要让企业家有独立性，有他们的利益，同时，也让他们感受到社会责任的重大。要创造更为宽松的环境，善于把握和处理他们的利益诉求。

如何看待和认识私营经济及私营企业主阶层的发展，从根本上说要注意两点。一是如何看待他们的扩张，即必然性问题。这个问题实际上在中国走过的 30 多年改革历程中已经有了答案，就是一切从中国的国情和现实生产力的发展要求出发。二是如何看待他们的地位作用，这一点在党的文件中也说得很清楚，就是看他们是否勤劳致富，以及富裕之后干什么，对国家和社会是否作出了应有的贡献。搞清楚这两点，对于开展富有针对性的工作有着重要的指导意义。

10.2.3 关于继续深化改革的问题

1. 从私营经济的发展看，改革开放的任务远未完成

中国改革的特点是渐进式、双轨制，而且是政府主导。好处是稳步推进，防止了大折腾，办事效率高；坏处是后遗症逐步显现，一些深层次问题还没有解决，新的问题又出现。30 多年的改革成绩巨大，但要清醒看到，改革仍处于初级阶段，任务还很艰巨。当前，深化改革的障碍集中表现为意识形态的滞后、既得利益集团的阻力，这二者的结合使得改革缺少了动力。

第一，意识形态上的障碍。如何理解公有制为主体？所有制问题重“名”还是重“实”？所有制的实质是资产为谁所用、为谁谋利，不应离开这个根本目的，而过分关注比重问题。所有制要服从于生产力的发展，服从于发展成果为谁所用，目标是共同发展、共同享用。要改变思维定式，从生产力发展和共享上深入思考，破除所有制崇拜。

公有制的实现形式至关重要。实践证明，公有制只有通过股份公司、公司治理，才能得到真正的实现。否则，内部人控制的公有制，实际上是变相的私有。解放思想，应当在所有制理论方面有新的突破。我们应当把“公有制为主体”改为“公有制为主导”。“主体”是个数量概念，“主导”是个质量概念。

第二，既得利益集团的障碍。2003 年 10 月，中共中央《关于完善社会主义市场经济体制若干问题的决定》要求大力发展和积极引导非公有制经济，指出它们是促进我国社会生产力发展的重要力量。2005 年 2 月，国务院发文提出“非公 36 条”，核心是放宽准入，平等竞争。建议清理和修订限制非公有制经济发展的法律法规和政策，消除体制性障碍；允许非公有资本进入法律法规未禁止进入的基础设施、公用事业及其他行业领域；非公有制企业在投融资、税收、土地使用和对外贸易等方面与其他企业享受同等待遇。

2007 年党的十七大再次强调“两个毫不动摇”，强调平等竞争，平等保护，推进公平准入，改善融资条件，破除体制障碍，促进个体、私营经济和中小企业发展；同时，要求发展各类生产要素市场、各类金融市场，形成多种所有制和多种经营形式结构合理、功能完善、高效安全的现代金融体系；优化资本市场结构，多渠道提高直接融资比重；等等。所有这些要求，都有待认真落实，而落实的阻力就在于既得利益集团和部门的保护。政府部门不应成为利益主体，部门权力利益化现象必须要革除，既得利益集团的障碍必须打破。

2. 面对国际国内形势变化，今后的改革任务仍很艰巨

近几十年来，世界矛盾体系发生了结构性变化，劳资矛盾相对缓和，而国与国之间的竞争日趋加剧。各国政府都在通过调整国内政策竭力促使劳资之间形成团队精神、企业精神，以便尽快发展生产力，提高综合国力。发达国家奉行输出矛盾战略，他们在国内搞缓和，在国外搞竞争，这是经济全球化和科技革命带来的必然结果。

在国内，现在改革最主要的是要解决动力问题。经济结构不合理要从利益格局中找原因。投资过热，结构调整，产业升级要从体制、制度上找原因。内需不足的原因，是国民财富分配不合理、储蓄与消费不平衡。根据新华社引述的摩根士丹利公司最新估算，截至2007年年底，包括外汇、黄金等在内的全球官方储备达到6.41万亿美元。2007年年底中国官方储备达到1.57万亿美元，占全球储备的24.49%，位居世界第1。日本和俄罗斯分列第2和第3位，官方储备分别为9960亿美元和4830亿美元。外贸顺差加大，外汇储备多，造成流动性过剩、投资过热、通货膨胀，收入、利润分配不平衡。资源溢价本应归国家，但现在却由国企和有特殊背景的企业独占。面对这些变化和问题，可以说，今后的改革任务仍很艰巨，而唯有进一步解放思想、健全法制规范才能实现新的突破。

第一，要真正搞懂中国特色社会主义理论，必须重温新民主主义理论。有中国特色社会主义理论的基础是初级阶段理论。初级阶段理论表明，资本主义工业化的任务仍未完成。既要完成资本主义没有完成工业化的任务，又要坚持社会主义的目标，这就需要开创中国特色发展道路。

第二，要真正实现革命党向执政党的转变。革命党的任务是夺取政权，执政党的任务是建设新社会。革命要依靠群众，执政更要依靠群众。不能认为政府投资才是社会主义，老百姓投资就是资本主义。应该强调既要提高执政能力，又要降低执政成本，创造民间活力，促进社会进步。

第三，政府需要进一步转变职能。各级政府及其部门不能成为利益主体，政府不能办成公司。政府要从支配资源中解脱出来，从审批中解脱出来。政府职能的转变，国企改革的程度，直接决定了私营经济的发展空间。政府转变职能要与发展、规范社会组织同步，要与利益主体脱钩。政府不该管、管

不好的事，要坚决交给协会、商会去处理，充分发挥民间组织作用。

第四，国企改革、垄断行业改革要深化进行，国有企业应为各行业发展提供基础性支撑。私营企业则要克服在发展初期和社会转型过程中所形成的不规范行为，以及劣根心理，争取公平而不要争特权，靠法治而不靠人治。私企改革的目标要立足社会化。

最后应该指出，中国的体制改革和市场化发展，总体上为私营企业主向企业家阶层转变提供了历史机遇。可以肯定，随着这一阶层的不断成熟壮大，它对中国的现代化发展和民族复兴大业的实现将会起到越来越重要的作用。但是，我们在认识和评价私营经济及私营企业主阶层的发展时，也要注意另一个倾向，就是不能拜倒在私营企业主的金钱力量之下，不能搞寡头经济，更不能搞寡头政治。我们需要正确认识和解决私营经济存在的劣根性，需要依照法律和市场经济规律办事，唯此才能保证它们沿着社会主义道路不断前行。

10.3 私营企业主今后的着力点

10.3.1 要认清当前所处的环境和要求

30 多年来个体私营经济的发展，得益于改革开放的大环境和大背景。转型期私营企业发展的影响因素十分复杂，仅从形成和发展的体制环境因素来看，有学者指出，它的成长并不是一个独立的市场培育过程，而是与现有体制机制缺陷结合在一起、形成的一种不健全的成长方式，甚至某种程度上具有畸形特征。更有学者提出是共产党扶植了一个资产阶级①。那么，怎样看待私营经济的兴起呢？经济学家钟朋荣曾一针见血地指出：私营经济的发迹史是在我国处于一个特殊的历史时期形成的②。这个时期有几个明显特点：一是我国长期处于短缺经济状态，市场空子很多；二是我国处于政策和法规不完善的时期，政策空子很多；三是我国处于一个新旧体制转轨的时期，体制空子很多；四是我国处于一个投资者不成熟的时期，造市取胜的空子很多；五是我国处于一个消费者不成熟的时期，假冒伪劣、造假取胜的空子很多。在这样一个外部发展空间相对失范和不成熟的市场环境下成长起来的企业和企业主，存在着许多天然缺陷，这是事实。

---

① 参见本书 2.1 节“研究视角与理论假设”中的有关论述。

② 钟朋荣作客搜狐谈民营企业发展现状，http：//business.sohu.com/04/92/article210369204.shtml，2003-06-23.

但是，今天的中国不同于改革之初的情况，面对越来越规范的市场环境和要求，私营企业主再固守当年的想法和做法，显然已不合时宜。用全国工商联副会长、重庆力帆控股集团董事长尹明善的话说就是，当前我国的投资环境、法律政策和社会人文环境全变了。企业家在谋求生存发展的路上，必须要吃透以下 3 个变化①。

1. 投资环境变化

以前，私营企业主只要抓住一个机会就能创造出巨大财富，当时叫“一招鲜，吃遍天”。但现在市场竞争更充分了，已进入“四高一低”时代。“四高”是原材料价格高、能源价格高、用工成本高、人民币汇率升值高；一低是出口退税率低。这些都在很大程度上加大了企业经营成本。“四高一低”是任何企业都挡不住的。

2. 政策环境变化

以前对私营企业是先发展后规范，现在是边发展边规范，甚至在环保、劳动用工等方面是先规范再发展。以往企业可以随便开除员工，现在就不允许了。以前国营企业的竞争力普遍弱于私营企业，现在经过减员增效等手段，国有经济在很多竞争领域已超过私营经济，一些国有企业的工资和福利已优于非公经济，对员工的吸引力大大增强。

3. 社会人文环境变化

以前私营企业为社会提供税收和就业岗位，社会和媒体都抱着感谢的态度，而现在大家都认为这是私营企业主应该做的事，对私营企业主提出了更高的要求。随着社会法制观念的加强，今后劳动法、环保法对企业主的要求会更严。其实，过去的许多规定对私营企业还是很宽容的，才使得老板们能有投机的可能获得丰厚利润，现在制度越来越完善、挣钱也就比较难了，需要企业更强的竞争力，企业必须从内部创新解决问题。

10.3.2 要重视企业人力资本和社会资本构建

1. 所谓人力资本发展，包括非公企业各级各层次人才的发展

根据我们的观察和研究，对于不少企业主来说，中高级管理人才和专业技术人才的流失，是攸关私企长期发展的关键问题。接班人的培养问题，也包含在这个层面。一些“富二代”对于是否接班或有不同看法，或还不具备接班能力。职业经理人队伍尚不成熟，企业内部制度和经营管理上存在差异，

① 尹明善．企业家要吃透三个变化［J］．浙商，2008（9）．

这使其与企业主在许多情况下都难以实现良好合作。这一切都是值得关注的问题。

在多数私营小企业中，专业技术人员队伍的状况不容乐观。虽然各类大中专毕业生在就业困难的形势下开始选择私企，但这往往是一种不得已而为之的选择，可能从一开始就制约着积极性和创造性的发挥。其中的原因有多方面，但从企业层面来讲，缺少预期的发展条件是阻碍其进入的关键原因之一，而这种阻碍的形成，既有社会方面的原因，也与部分企业主缺少与员工分享企业发展成果的意愿相关。

至于熟练劳动力队伍的发展，在许多私企中更是一块短板。长期以来，私营企业主已经习惯了单纯使用各种非熟练劳动力，并不害怕员工的频繁流动，因为这样可以保持较低的人工成本。这种情况短期内是有利可图，但从长期看不利于熟练劳动力队伍的成长和稳定，因而也不利于企业自身的发展。目前的情况是，多数企业很少对雇工进行必要和发展性的职业培训，社会提供的这种培训也不足，这是中国目前劳动力队伍发展的一个瓶颈问题。推动熟练劳动力队伍的成长和发展，不仅是社会的责任，也是企业的责任。在业已形成买方市场的今天，产品质量是市场竞争中制胜的关键，而劳动者的技能和服务水平、工作熟练程度则是产品质量的重要保障。

2. 企业的社会资本建构是一个非常复杂的话题

许多研究表明，企业的良好发展需要积累和建构起良好的社会资本，包括企业文化、劳资关系以及企业与社会互动等。企业文化建设在一些大中型企业中已经或者正在成为一种重要的自我发展取向，但在许多小企业中，不少业主仍然把资本利润最大化作为唯一目标，还没有认识到企业文化建设是他们创造生机和活力的源泉。目前在企业文化建设过程中还存在一些令人担忧的“误区”。一是有些企业为了塑造自身的“文化形象”，在脱离企业实际的情况下“创造”了一套“理念”或“精神”。由于这些不被员工所认可，因此实际上成为一种脱离企业的空谈。虽然对外可能会起到一时的“包装”功效，但对于企业治理而言没有意义。二是一些企业以为企业文化一经建立便可“长治久安”，忽视了根据企业内外部变化，及时对企业文化进行改造创新，致使对企业发展本来起积极作用的文化变成了企业发展的障碍。实际上，当一种企业文化由于惰性而变成一个封闭的系统时，它很可能会扼杀企业的创造精神，从而排斥外来人才的加盟和企业对社会资源的链接利用。

3. 发展良好的劳资关系是企业社会资本建设的一个重要方面

简单地说，所谓良好的劳资关系，其核心就是雇主与雇工之间的良好利益互动关系，对于一个企业组织来说，雇主与雇工都属于基本的利益相关方，他们之间的关系好坏，取决于其利益分配是否公平合理。长期以来，这个问题在许多非公企业中一直没有得到很好的解决。根据有关统计，在地方 GDP 的收入构成中，劳动者报酬所占比重已从最高年份的 50%以上降到 35%以下。在劳资冲突方面，仅劳动仲裁部门受理的各种劳资纠纷案件，几乎每年都以两位数的比例增长，与劳资关系相关的群体性事件也呈增加趋势。一些人提出通过国家干预来减少劳资冲突，但实际上，国家干预的效果并不理想，例如，政府发布的最低工资线在一些地方甚至成为企业主们执行的最高工资线。

从发达国家的经验来看，劳资关系的调节与劳资矛盾的缓和更需要从企业治理的角度加以考虑。在适当的制度条件下，要形成雇主与雇员之间平等谈判协商的机制，在谈判和相互妥协中解决各种利益关系矛盾，这当然是一个过程，但有远见的企业家们不应当忽视这个问题，要把劳资关系的协调与企业人力资源管理结合起来，而不是将它们对立起来。

良好的企业劳资关系不仅具有直接增进企业社会资本、促进企业发展的作用，还具有某种外溢效果，即有利于改进企业与社会的关系。企业与社会的关系，其内涵远比这丰富。仅从企业方来讲，企业与社会的关系是较好地承担社会责任的结果。企业的社会责任包括依法纳税、积极承担环保责任以及参与社会慈善事业等，也包括在力所能及的范围内积极参与所在地区的经济社会发展等。在企业利益与社会利益，尤其是与所在地区的社会利益发生某种矛盾的时候，要主动争取减少对社会利益的侵害，或是通过协商等途径致力于达成企业与社会的共赢。

总之，关注私营经济组织发展，要重视企业人力资本和社会资本构建。以往谈到私企发展问题多注意的是外部环境，尤其是外部制度环境。其实，无论外部制度环境如何有问题，私营经济从在 20 世纪 80 年代末期获得合法地位以来，一直处于超常发展之中。在这个过程中，外部制度环境也一直在不断改善，尽管其中至今仍然存在这样那样的问题，但现在我们应当将更多的注意力转向企业内部，转向其内部治理方面，而不是停留在批判外部制度环境的不足上。

10.3.3 以诚信建设为重点，提高私营企业主的社会责任

私营企业主的诚信问题一直以来都是人们关注的焦点。在这方面，他们还存在着各种认识上和实践上的误区，主要体现在以下方面。

1. 认为信用只和银行有关系

一些人认为，只要按时归还了银行的借款本息，企业就是守信用。其实

不然，信用的内涵、外延极为广泛，企业的信用不仅和银行有关联，它还关系到企业与国家、市场、企业员工的关系。

2. 认为偷税漏税是经营之道

目前，仍有部分私营企业主惯常做“多本账”，以应付有关部门检查，挖空心思捞取不法之财。他们把偷税漏税看做是提高企业自身效益的“经营之道”。

3. 对假冒伪劣产品的青睐

当前，扰乱、破坏市场经济秩序，让广大消费者深恶痛绝的一大社会公害，仍是假冒伪劣商品的泛滥。虽然在有关部门的频频打击之下，制假售假的不法行为得到一定遏制，但仍有一些私营企业主充当着不光彩的角色，有的人甚至直言不讳地说：不制假、售假就挣不了大钱。

4. 认为对企业员工的承诺是内部事情，与企业信誉关系不大

其实，企业对员工的信用关系，正是体现在对员工的承诺是否兑现、员工的合法权益是否能够得到有效保障上。

一些私营企业主至今不能走出信用误区的原因很多，其中关键有三点：一是目前我们的信用体系建设还不够完善，有关监察、宣传的力度还没有起到应有的效果；二是失信后的处罚成本还不足以遏制其行为的发生；三是建立企业信用制度是全社会长期的系统工程，需要形成合力共同解决。对私营企业来说，要克服这方面存在的问题，主要应从3方面抓手。

第一，建立企业信用档案制度，通过国家制定相应的法律法规来保障，需要先进的管理手段和技术支撑，需要政府的统一领导和各部门的协作。

第二，工商管理部门要按照国家赋予的职能，尽快实施企业信用分类监管，切实规范市场主体行为。要根据企业的信用状况，及时发出警告，必要时可以公开企业信用记录，以强化企业主的信用意识；同时，开展法律法规培训，培养企业主的自觉意识。

第三，要加大惩戒力度，不给失信者留有任何的好处和侥幸空间。

对私营企业主来说，要想适应市场经济和法制社会发展要求，保障企业的正常健康发展，私营企业主应该确立以下诚信原则。

（1）企业对国家讲诚信：必须严格依法执行国家法律规定，依照企业章程组织生产和经营。

（2）企业对社会讲诚信：应该提供优质产品和服务。

（3）企业对市场讲诚信：应该按照市场规则，尊重客户，认真履行合同。

（4）企业对员工讲诚信：应维护他们的合法权益，包括人身安全、人格、待遇、社会地位。

最后，在这样一个诚信体系中，政府更应该首先讲诚信，因为它是法律和制度的制定者，它的诚信更应该是首要的和关键的，这样才能真正带动起全社会的诚信建设。

10.4 结语：从共生走向繁荣和谐的明天

改革开放以来，在思想认识领域有两个重大突破：一是逐步确立起了个人在经济中的地位和权利，在国家层面和法律制度中，私营经济得到了充分肯定和保护；二是将社会变革中出现的新的社会阶层，确定为中国特色社会主义事业的建设者。前者极大地调动了私营企业主立志创业、敢当人先的积极性和创造性；后者则在政治上让他们得到了基本肯定，增添了私营企业主的荣光和热情。

社会是一个构造复杂的系统。在社会这个生态系统中，存在着诸多既各自独立又相互依存的分支系统，它们各部分建构合理、运行和谐会产生共同的推动力，促进社会的发展和进步，反之，配载不合理，超越或是滞后于社会所提供的时空条件，这个社会就不但不能产生高效的运动，而且还会引发种种矛盾，甚至造成社会解体。私营经济及私营企业主阶层的产生是一个历史的必然过程，当代中国的私营经济及私营企业主阶层的兴起有其深刻的根源和社会意义。私营经济在它全部的社会功能没有充分发挥出来之前是不会自然消失的，而它在当今中国社会发展中所展示出的能量，以及为建设中国特色社会主义所作出的贡献，足以表明改革开放政策的英明伟大。

建设有中国特色社会主义是一项前无古人的伟大事业，需要调动全民族的智慧和创造力，需要在日益复杂的社会环境中形成一种发展的动力。在时间的长河中，30多年虽然短暂，但对于中国私营经济的发展来说却蔚为壮观。在这一短暂的阶段，人们创造了前人们梦寐以求、几代人的奋斗都难以企及的成就。这说明中国人是能够把自己的事情办好的，社会主义有着自我更新和创造的能力。贫穷不是社会主义，贫穷也不属于中国。这不是口号，这是现实。

共同致力于中华民族伟大复兴，这是自近代以来中国人的梦想，也是中华民族在新时期，凝聚人民智慧，统一人们意志，调动一切积极因素，为建设繁荣富强新中国而奋斗的民族精神。新中国成立以来，由此上溯至数千年中国私营经济产生以来，从来没有像现在这样，获得过如此高速度的发展。经过磨难的中国人，懂得了“发展才是硬道理”，中国共产党人更是明确了执政的根本任务，以及完成这一根本任务的基本途径。私营企业主是推动社会变革和发展的重要力量，也负有振兴民族经济，实现民富国强的重要使命和责任。本课题从分析他们的阶层意识与阶层认同入手，探寻塑造和升华其阶层责任的方法与途径，这是本研究的出发点，也是必须把握好的方向。我们相信，私营企业主阶层经过不断的分化、整合、凝练，必将日益走向成熟。

参考文献

[1] 张曙光，北京天则经济研究所．中国制度变迁的案例研究［M］．上海：上海人民出版社，1996.

[2] 边燕杰．市场转型与社会分层——美国社会学者分析中国［M］．北京：北京三联书店，2002.

[3] 邓小平．邓小平文选：3卷［M］．北京：人民出版社，1993.

[4] 陈婴婴．职业结构与流动［M］．北京：东方出版社，1995.

[5] 迟维韵．生态经济理论与方法［M］．北京：中国环境科学出版社，1990.

[6] 丁栋虹．制度变迁中企业家成长模式研究［M］．南京：南京大学出版社，1999.

[7] 董明．政治格局中的私营企业主［M］．北京：中国经济出版社，2002.

[8] 何建章．当代社会阶级结构和社会分层问题［M］．北京：中国社会科学出版社，1990.

[9] 胡绳．中国共产党的70年［M］．北京：中共党史出版社，1991.

[10] 胡鞍钢．第二次转型：国家制度建设［M］．北京：清华大学出版社，2003.

[11] 金耀基．金耀基自选集［M］．上海：上海教育出版社，2002.

[12] 李路路．再生产的延续：制度转型与城市社会分层结构［M］．北京：中国人民大学出版社，2003.

[13] 李培林．中国新时期阶级阶层报告［M］．沈阳：辽宁人民出版社，1995.

[14] 李培林，张翼，赵延东，等．社会冲突与阶级意识［M］．北京：社会科学文献出版社，2005.

[15] 李强．当代中国社会分层：测量与分析［M］．北京：北京师范大学出版社，2010.

[16] 刘伟．中国私营资本［M］．北京：中国经济出版社，2000.

[17] 陆学艺．当代中国社会阶层研究报告［M］．北京：社会科学文献出版社，2002.

[18] 陆学艺．当代中国社会流动［M］．北京：社会科学文献出版社，2004.

[19] 钱津. 劳动价值论［M］. 北京：社会科学文献出版社，2001.
[20] 任杰，梁凌. 中国政府与私人经济［M］. 北京：中华工商联合出版社，2000.
[21] 孙立平. 转型与断裂：改革以来中国社会结构的变迁［M］. 北京：清华大学出版社，2004.
[22] 陶东明，陈明明. 当代中国政治参与［M］. 杭州：浙江人民出版社，1998.
[23] 童大林. 论社会主义商品经济［M］. 北京：中国友谊出版公司，1992.
[24] 王邦佐. 中国政党制度的社会生态分析［M］. 上海：上海人民出版社，2000.
[25] 王沪宁. 行政生态分析［M］. 上海：复旦大学出版社，1989.
[26] 尉建文. 中国私营企业主关系网络调查［M］. 北京：中国社会科学出版社，2009.
[27] 夏建中. 社会分层、白领群体及其生活方式的理论与研究［M］. 北京：中国人民大学出版社，2008.
[28] 谢岳. 大众传媒与民主政治［M］. 上海：上海交通大学出版社，2005.
[29] 许庆朴，李爱华. 有中国特色社会主义理论探源［M］. 北京：人民出版社，2002.
[30] 徐勇. 非均衡的中国政治［M］. 北京：中国广播电视出版社，1992.
[31] 晏志杰. 劳动价值学说新探［M］. 北京：北京大学出版社，2001.
[32] 阎志民. 中国现阶段阶级阶层研究［M］. 北京：中共中央党校出版社，2002.
[33] 杨继绳. 中国当代社会各阶层分析［M］. 兰州：甘肃人民出版社，2006.
[34] 俞可平，李惠斌，杨雪冬. 社会资本与社会发展［M］. 北京：社会科学文献出版社，2000.
[35] 余谋昌. 生态哲学［M］. 西安：陕西人民教育出版社，2000.
[36] 张厚义. 私营经济与市场经济［M］. 北京：社会科学文献出版社，2002.
[37] 张江河. 论利益与政治［M］. 北京：北京大学出版社，2002.
[38] 张静. 身份认同研究：观念态度理据［M］. 上海：上海人民出版社，2006.
[39] 张其仔. 社会资本论：社会资本与经济增长［M］. 北京：社会科学文献出版社，1997.

[40] 张琢. 九死一生：中国现代化的坎坷历程和中长期预测 [M]. 北京：中国社会科学出版社，1992.

[41] 郑必坚，龚育之，逄先知. 论《邓小平文选》第三卷的政治意义和理论意义 [M]. 北京：中央文献出版社，1993.

[42] 郑伯壎. 差序格局与华人组织行为 [M]. 台北：台湾大学心理系本土心理研究室出版，1995.

[43] 汉斯·萨克塞. 生态哲学 [M]. 文韬，佩云，译. 北京：东方出版社，1991.

[44] 马克斯·韦伯. 经济与社会 [M]. 林荣远，译. 北京：商务印书馆，1997.

[45] 曼海姆. 重建时代的人与社会：现代社会结构研究 [M]. 张旅平，译. 北京：三联书店，2002.

[46] 皮埃尔·布迪厄，华康德. 实践与反思：反思社会学导引 [M]. 北京：中央编译出版社，1998.

[47] DAVID R. SHAFFER. 发展心理学 [M]. 邹泓，译. 北京：中国轻工业出版社，2005.

[48] 安东尼·M. 奥勒姆. 政治社会学导论 [M]. 董云虎，李云龙，译. 杭州：浙江人民出版社，1989.

[49] 巴里·康芒纳. 封闭的循环：自然、人和技术 [M]. 侯文蕙，译. 长春：吉林人民出版社，2000.

[50] 彼特·布劳. 社会生活中的交换与权力 [M]. 李国武，译. 北京：商务印书馆，2008.

[51] 查尔斯·霍顿·库利. 人类本性与社会秩序 [M]. 包凡一，王源，译. 北京：华夏出版社，1999.

[52] 凡勃伦. 有闲阶级论 [M]. 蔡受百，译. 北京：商务印书馆，1964.

[53] 杰达·马特拉斯. 社会不平等：社会阶层化与社会流动 [M]. 丁庭宇，译. 台北：桂冠图书公司，1990.

[54] 李普塞特. 政治人：政治的社会基础 [M]. 张绍宗，译. 上海：上海人民出版社，1997.

[55] 林南. 社会资本：关于社会结构与行动的理论 [M]. 张磊，译. 上海：上海人民出版社，2005.

[56] 罗伯特·A. 达尔. 现代政治分析 [M]. 王沪宁，陈峰，译. 上海：译文出版社，1987.

[57] 麦克尼尔. 新社会契约论 [M]. 雷喜宁，潘勤，译. 北京：中国政法

大学出版社，2004.
[58] 塞缪尔·亨廷顿. 变革社会的政治秩序［M］. 王冠华，等，译. 上海：译文出版社，1989.
[59] 詹姆斯·科尔曼. 社会理论的基础［M］. 邓方，译. 北京：社会科学文献出版社，1999.
[60] 詹姆斯·M. 布坎南. 自由、市场与国家［M］. 平新乔，莫扶民，译. 上海：上海三联书店，1989.
[61] 安东尼·吉登斯. 现代性与自我认同［M］. 赵旭东，等，译. 上海：上海三联书店，1998.
[62] 汤普森. 共同的习惯［M］. 王加丰，译. 上海：上海人民出版社，2002.
[63] 陈光金. 从精英循环到精英复制——中国私营企业主阶层形成的主要机制的演变［J］. 学习与探索，2005（1）.
[64] 陈光金. 中国私营企业主的形成机制、地位认同和政治参与［J］. 黑龙江社会科学，2011（1）.
[65] 戴建中. 现阶段中国私营企业主研究［J］. 社会学研究，2001（5）.
[66] 董明. 论当前我国私营企业主阶层的政治参与［J］. 宁波市委党校学报，2005（1）.
[67] 管敏政. 我国已形成一个新的资产阶级［J］. 真理的追求，2001（5）.
[68] 华康德. 解读布丢的“资本”概念［J］. 国外社会学，1995（4）.
[69] 华正学. 私营企业主政治参与中的满意度研究［J］. 河北省社会主义学院学报，2005（1）.
[70] 姜南扬. 私企主政治参与的过程、特点与效应［J］. 中国党政干部论坛，2005（4）.
[71] 李宝梁. 从超经济强制到关系性合意——对私营企业主政治参与过程的一种分析［J］. 社会学研究，2001（1）.
[72] 李路路. 向市场过渡中的私营企业［J］. 社会学研究，1998（6）.
[73] 李培林，张翼. 消费分层：启动经济的一个重要视点［J］. 中国社会科学，2000（1）.
[74] 李培林. 社会冲突与阶级意识——当代中国社会矛盾问题研究［J］. 社会，2005（1）.
[75] 林炎志. 共产党要领导和驾驭新资产阶级［J］. 真理的追求，2001（5）.
[76] 刘国光. 改造经济体制模式，完善社会主义制度［J］. 经济研究，1984（12）.

[77] 刘欣. 转型期中国大陆城市居民的阶层意识 [J]. 社会学研究，2001 (3).
[78] 秦海霞. 关系网络的建构：私营企业主的行动逻辑 [J]. 社会，2006 (5).
[79] 仇立平. 回到马克思：对中国社会分层研究的反思 [J]. 社会，26 (4).
[80] 宋时歌. 权力转换的延迟效应 [J]. 社会学研究，1998 (3).
[81] 孙立平，李强，沈原. 中国社会结构转型的中近期趋势与隐患 [J]. 战略与管理，1998 (5).
[82] 孙立平. 总体性社会研究：对改革前中国社会结构的概要分析 [J]. 中国社会科学季刊（香港），1993 (2).
[83] 孙立平. 以利益表达制度化实现长治久安 [J]. 领导者，2010 (4).
[84] 汪和建. 自我行动的逻辑：理解“新传统主义”与中国单位组织的真实社会建构 [J]. 社会，2006 (3).
[85] 王春光. 统合：透视当代中国社会阶级阶层关系的新框架 [J]. 河北学刊，2010 (4).
[86] 武力. 中国当代私营经济发展六十年 [J]. 河北学刊，2009 (1).
[87] 萧功秦. 中国社会各阶层的政治态势与前景展望 [J]. 战略与管理，1998 (5).
[88] 尹明善. 企业家要吃透三个变化 [J]. 浙商，2008 (9).
[89] 余晓敏，潘毅. 消费社会与新生代打工妹主体性再造 [J]. 社会学研究，2008 (3).
[90] 翟学伟. 个人地位：一个概念及其分析框架 [J]. 中国社会科学，1999 (4).
[91] 张超. 私营企业主阶层化特征 [J]. 吉林大学社会科学学报，2006，46 (6).
[92] 张宛丽. 非制度因素与地位获得：兼论现阶段社会分层结构 [J]. 社会学研究，1996 (1).
[93] 张宛丽. 现阶段的社会群体利益关系 [J]. 社会学研究，1997 (1).
[94] 张卫，张春龙. 新社会阶层的社会特征分析 [J]. 江海学刊，2006 (4).
[95] 张翼. 中国城市社会阶层冲突意识研究 [J]. 中国社会科学，2005 (4).
[96] 张翼. 中国人社会地位的获得—阶级继承与代际继替 [J]. 社会学研

究，2004 (4).
[97] 赵延东. 社会资本理论评述 [J]. 国外社会科学，1998 (3).
[98] 郑理. 企业家队伍的三个变化 [J]. 天津中小企业，2010 (3).
[99] 郑凌燕. 民营企业构建和谐劳资关系的实证研究 [J]. 中国劳动关系学院学报，2006 (6).
[100] 周雪光. 西方社会学关于中国组织与制度变迁研究状况述评 [J]. 社会学研究，1999 (4).
[101] 朱光磊，杨立武. 中国私营企业主政治参与的形式、特点、意义和限度 [J]. 南开学报，2004 (5).
[102] 鲁斯·A. 华莱士. 社会生态学和对它的攻击 [J]. 国外社会学，1998 (2).
[103] 关于支持留学人员回国创业的意见 [N]. 人民日报，2011-03-29.
[104] 上规模民企十年间实现巨大飞跃 [N]. 中华工商时报，2008-10-07.
[105] 李国庆，黄平. 私营企业主的兴起：研究中国社会的变迁的一个视角 [DB/OL]. http://www.sachina.edu.cn/Htmldata/article/2005/10/369.html，2005-10-05/2013-09-01.
[106] 中华全国工商业联合会. 中国私营经济年鉴 (2006. 6—2008. 6) [M]. 北京：中华工商联合出版社，2009.
[107] 陈光金. 私营企业主的社会来源、阶层意识与政治——社会参与分析 [R]. 北京：社会科学文献出版社，2003.
[108] 李宝梁. 私营企业主的思想形态与行为方式分析：社会网的观点 [C]. 北京：社会科学文献出版社，2002.
[109] 李培元. 政治市场理论与政治过程的商品化 [C]. 台湾：(台湾) 中央研究院中山人文社会科学研究所，1996，8 (1).
[110] 刘兆佳，李明堃，尹宝珊，等. 市场、阶级与政治：变迁中的华人社会 [M]. 香港中文大学亚太研究所，2000.
[111] 萧新煌，尹宝珊. 台湾、香港和新加坡中产阶级的集体社会政治意识 [A]. 刘兆佳，尹宝珊，李明堃，等. 市场、阶级与政治：变迁中的华人社会 [C]. 香港：香港中文大学亚太研究所，1999.
[112] ANDREW G. WALDER. Career Mobility and the Communist Political Order [J]. American Sociological Review，1995 (60)：309-328.
[113] BARBARA ADAM，ULRICH BECK，JOOST VAN LOON. The Risk Society and Beyond：Critical Issues for Social Theory [M]. London：Sage，2000.

[114] CHING KWAN LEE. Engendering the Worlds of Labor: Women Workers, Labor Markets, and Production Politics in the South China Economic Miracle [J]. American Sociological Review, 1995, 60 (3).
[115] DAVID CHANEY. Lifestyle [M]. London: Routledge. 1996.
[116] DAVID L. WANK. The Institutional Process of Market Clientelism: Guanxi and Private Business in a South China city [J]. The China Quarterly, 1996 (147): 820-838.
[117] FRANK PARKIN. Class Stratification in Socialist Societies [J]. British Journal of Sociology, 1969 (20): 358-360.
[118] GEORGE KOLANKIEWICZ. Social Capital and Social Change [J]. British Journal of Sociology, 1996 (47): 427-441.
[119] IVAN SZELENYI, E. KOSTELLO. The market transition debate: Towards a synthesis [J]. American Journal of Sociology, 1996 (101): 1082-1096.
[120] JIMY SANDERS, VICTOR NEE. Immigrant self-employment: The Family as Social Capital and the Value of Human Capital [J]. American Sociological Review, 1996 (61): 231-249.
[121] JONATHAN UNGER. Bridges: Private Business, the Chinese Government and the Rise of New Associations [J]. The China Quarterly, 1996 (9): 795-819.
[122] NAN LIN, WALTER M. ENSEL, JOHN C. Vaughn. Social Resources and Strength of Ties: Structural Factors in Occupational Status Attainment [J]. American Sociological Review, 1981 (46): 393-405.
[123] MICHAEL BURAWOY, JANOS LUKÀCS. The Radiant Past: Ideology and Reality in Hungary's Road to Capitalism [M]. Chicago and London: The University of Chicago Press, 1992.
[124] MICHAEL BURAWOY, KATHERINE VERDERY. Uncertain Transition: Ethnographies of Change in the Post socialist World [M]. Rowman and Littlefield Publishers Inc, 1999.
[125] MICHAEL SAVAGE. Class Analysis and Social Transformation [M]. Buckinghan: Open University Press, 2000.
[126] PIERRE BOURDIEU. Distinction: A Social Critique of the Judgement of Taste [M]. London: Routledge and Kegan Paul, 1984.
[127] ULRICH BECK. Risk Society: Towards a New Modernity [M].

London：Sage，1992.

［128］VICTOR NEE. Social Inequalities in Reforming State Socialism：Between Redistribution and Markets in China ［J］. American Sociological Review，1991（56）：267－587.

［129］VICTOR NEE. The Emergence of a Market Society：Changing Mechanisms of Stratification in China ［J］. American Journal of Sociology，1996（101）：908－949.

［130］VICTORIA E. BONNELL，THOMAS B. GOLD. The New Entrepreneurs of Europe and Asia ［M］. M. E. Sharpe，2002.

［131］XUEGUANG ZHOU. Partial Reform and the Chinese Bureaucracy in the Post-Mao Era ［J］. Comparative Political Studies，1995（28）：440－468.